비트코인 세계사

단 한 권으로 끝내는 블록체인과 암호화폐 개론서

오 공 지음

/ 목 차 /

존재하면서 동시에 존재하지 않는

사토시 나카모토에게 이 글을 바친다

서문

분산기술의 합의에 가치를 담다

Ⓑ BTC: Block-To-Chain

"지금까지의 모든 사회의 역사는 계급투쟁의 역사다." 이 문구는 공산주의 창시자인 칼 마르크스와 프리드리히 엥겔스가 쓴 「공산당 선언(Manifest der Kommunistischen Partei)」에 나온 문구로 인류 역사는 경제적 이해관계의 대립에 기초한 착취계급과 피착취계급의 계급투쟁의 순환이며 그것이 사회발전의 추동력이었다는 의미를 지닌다.

또한 "우주 안의 모든 것은 특정한 법칙을 따른다. 모든 생명체는 일정한 구조와 상태를 갖지만 나중에 결국 무질서한 혼돈과 낭비의 상태로 나아가며 이때 그 방향을 거꾸로 되돌리는 것은 불가능하다." 이 법칙은 우주를 지배하고 있는 '엔트로피(Entropy)'로, 인류사회에서 정치체제의 흥망, 국가의 성쇠, 상공업의 변화, 부와 빈곤의 원천 그리고 물질적 복지 등을 좌우해왔다.

이러한 '투쟁의 역사'와 우주의 섭리를 모른다 해도 그 흐름의 반복과 방향은 거부할 수 없는 대세이며 과거에도 존재해왔듯 현재와 미래에도 계속 이어질 것이다. 이쯤 되면 이런 생각이 든다.

그것이 정말 사실이라면 우리의 생각과 행동을 잘 조절하여 우리의 삶을 풍요롭게 할 수 있는 마법의 열쇠를 얻을 수 있지 않을까.

블록체인과 비트코인은 그러한 역사의 수레바퀴와 자연의 섭리 속에서 그만의 잠재력을 품고 세상에 나온 '기존 화폐와 시스템의 대안'이다. 흔히 화폐는 경제와 금융 분야 위주로 막강한 영향력을 갖고 있지만 그 힘의 원천은 정치, 사회, 군사 등 다방면에 기반 한다. 그런 의미에서 볼때 기존 화폐와 시스템을 대체한다는 것은, 최강대국이 자국화폐를 세계기축통화로 삼거나 여러 국가들이 연합해 동일화폐를 사용하기로 하는 것보다 그 의미가 더 크다고 볼 수 있다. 게다가 그 대안이 적절한 시기에 적절한 기술을 기반으로 많은 이들이 참여한다면 단순 대안을 넘어서는 새로운 표준이 될 수도 있다. 바로 그 점이 우리가 블록체인과 비트코인에 주목해야 하는 이유이며, 그 파급력은 가까운 미래에 다음과 같은 모습으로 실체화될 것이다.

"새로운 경제패러다임"

인류사회의 권력이동은 소수의 지배계급에만 집중되는 중앙화에서 다수의 피지배계급으로 분산되는 탈중앙화로 바뀌기를 반복해왔다. 그렇게 반복될 때마다 인류사회에는 새로운 비전과 이정표가 제시됐고 사람들은 그것을 쫓으면서 인류문명을 과거보다 더 크게 꽃피웠다. 블록체인에 의해 구현되는 거래의 투명성과 분산성은 수천년 동안 국가가 중앙집권적이고 폐쇄적으로 독점해왔던 화폐발행권한의 탈중앙화를 촉발했고 비트코인은 충분히 납득할만한 기존 화폐와 시스템의 대안으로서 그것의 탈중앙성을 계속 가속화하고 있다.

"디지털 골드러시"

19세기 북미에서의 골드러시는 수많은 사람들이 부를 축적할 수 있는 역대급 기회였다. 금을 쫓은 이들의 일부는 막대한 부를 쌓을 수 있었고 나머지 사람들도 돈과 사람이 모인 덕분에 시장, 교통, 수송 등의 인프라 확장과 지역 간 무역과 투자 기회를 잡을 수 있었다. 그 시기에 미국 연방 정부보다 더 일찍 그리고 더 경쟁력있는 민간 돈(Private money)이 제작됐고 실제로 그것은 남북전쟁에도 금전적 거래수단이 될 정도로 신뢰도가 높았다. 하지만 당시 정부는 장애물을 두어 간섭하거나 법적규제를 통해 차단하는 방식으로 민간 돈을 무기력하게 만들고 정부주도의 돈을 제작해 국가주도의 화폐독점시대를 이어갔다. 그로부터 약 200년이 지난 뒤 선구자들의 고민과 유사프로젝트들의 시행착오 덕분에 디지털 골드로 불리우는 비트코인이 세상에 나왔고 또 한번 돈과 사람이 모이는 새로운 골드러시의 주인공이 되려 하고 있다.

"차기 글로벌 버블"

기술과 기계가 발달하면서 인간은 더 큰 물질적 풍요를 누리게 됐지만 그와는 별개로 점점 더 많은 이들이 급여로는 집값과 생활비를 감당하기가 점점 더 어려워졌다. 이런 시기에 거대기관들은 더욱 교묘하고 세련된 금융공학기법을 개발하여 다양한 파생상품을 출시했고 개인들은 반강제로 가계자금, 노후자금 등을 벌기위해 너도나도 투자를 하기 시작했다. 그러면서 자연스럽게 커지는 판돈은 버블을 탄생시켰고 버블 없이는 부의 창출 기회를 잡기는커녕 경제성장동력이 떨어지기까지 했다. 물론 버블의 후폭풍 때문에 한 국가, 심지어 전 세계가 고통 받기도 했지만 아무일도 없었다는 듯이 새로운 버블이 생기거나 우연찮게 차세대 먹거리가 나타나기를 반복했다. 비트코인 역시 역대 버블과 비교해도 엄청난 속도로 시세 상승을 하며 그 안에 위기와 기회가 있음을 만천하에 알리고 있다. 설령 버블이 꺼진 뒤에도 이전 버블이 그랬듯이 버블의 잿더미에서 새로운 혁신과 기술이 나올 것이라는 데에는 의심의 여지가 없을 것이다.

Ⓑ BTC: Beyond Technology & Currency

신이 창조하고 자연이 가꾼 선물이 금이라면 블록체인은 현대판 디지털 광산에서 비트코인을 창출했고 그 덕분에 부(富)와 기회가 가득한 디지털 골드러시 시대가 도래했다. 화폐독점권의 중앙화가 극에 달하던 시점에 탄생한 이 새로운 혁신은 탈중앙으로의 수레바퀴를 힘껏 밀면서 많은 이들에게 분산의 희망과 버블의 희열을 느끼게 만들었다. 그 덕분에 파워엘리트가 씨를 뿌리고 그들의 추종자들이 가꾼 기존 화폐와 시스템의 민낯이 서서히 드러나면서 중앙집중화된 돈에 대해 우리는 역사상 최초로 근본적인 의문을 갖기 시작했다. 비로소 대중은 암묵적으로 비슷한 의문을 던지면서 새로운 화폐와 시스템을 갈구하는 사회적 합의가 형성되기 시작했다.

이 모든 것은 블록체인과 비트코인이 약 10년 동안 세상에 던진 시사점이기도 하다. 물론 비트코인 이전에도 훌륭한 철학과 구현모델의 시행착오가 있었고 비트코인 이후에도 그것보다 더 나은 기술과 성능의 구현모델들이 나왔지만 결국 최고의 브랜드이자 주인공은 비트코인(Bitcoin, BTC)이다.

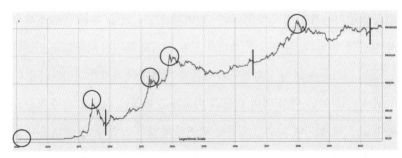

〈 역대 비트코인 시세-로그 차트(동그라미: 최초블록 및 정점, 직선: 반감기) 〉

그런 의미에서 이 책에서 다룰 본문의 순서와 내용은 역대 비트코인 흥망성쇠의 흐름 순으로 진행할 것이다. 즉, 비트코인의 최초블록과 유의미했던 역대 4번의 정점들, 그리고 그들 사이에 발생한 유의미한 확장들과 주요 이벤트를 소재로 하되 역사, 인문, 경제 등 다양한 관점으로 블록체인과 비트코인을 다룰 예정이다.

얼핏 보면 블록체인과 비트코인은 4차 산업혁명을 주도하는 다른 혁신인 인공지능, 빅데이터, 사물인터넷 등과 비교할 때 그 중요성이나 파급력이 덜해 보일수도 있다. 하지만 블록체인과 비트코인의 간단명료하면서도 우아한 디자인과 시스템은 이전 혁신들이 그랬듯이 우리 일상의 많은 부분을 바꿀 것이다. 이러한 필자의 판단이 합리적인지 여부는 앞으로 전개될 블록체인과 비트코인의 본질을 논하면서 따져보기로 하며 그것을 통해 독자분들 역시 그것에 대한 비판적 사고가 생기길 기대해본다.

- 2020년 가을 전주한옥마을에서

Part 1

"최초 블록과 그 이후"

(2009.1.~2012.11.)

Chapter01

블록 탄생: 블록체인, 그리고 대안의 확장

- 비트코인 탄생 2009년 1월 -

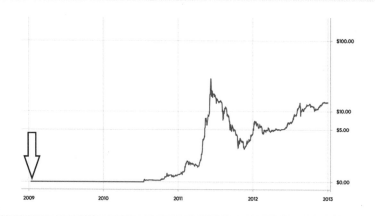

#사토시나카모토 #오스트리아학파 #암호학자

#사이퍼펑크 #컴퓨터공학자

Ⓑ 기원전: Before Satoshi

– 선구자들과 사토시 나카모토(Satoshi Nakamoto)

비트코인의 창시자인 사토시 나카모토(이하 '사토시')는 2008년 10월 비트코인 백서를 공개하면서 다음과 같이 언급했다.[1]

"기존 화폐의 근본적인 문제는 그것을 작동시키기 위해 대중의 신뢰가 절대적으로 필요하지만 역설적으로 화폐의 역사는 권력기관의 신뢰 위반으로 가득 차 있다. 또한 우리는 은행들이 우리 돈을 송금하는 것을 신뢰해야 하지만 결국 신용 거품의 물결 속에서 일부만 남게 된다"

화폐발행권을 가진 정부가 직접적인 동의 없이 대중의 신용을 바탕으로 은행들을 구제 금융 하던 2009년 1월 사토시는 블록체인 관리 프로그램인 '비트코인 코어(Bitcoin Core)'를 출시하면서 '비트코인(Bitcoin)'이라는 대안 화폐와 시스템을 만들어 그 거래내역을 블록체인으로 기록하게 했다. 비록 비트코인은 그 시작은 미약했지만 그것의 비전과 가능성을 발견한 이들 덕분에 가치와 생태계가 계속 커졌다. 그런데 그 성장과 발전이 온전히 사토시의 탁월한 감각과 뛰어난 역량 때문이었을까. 그것을 가능하게 만든 비옥한 토양과 튼튼한 씨앗이 그전에 존재해서일지도 모른다. 사토시의 비트코인, 비트코인의 사토시 이전에 무슨 일이 있었고 사토시와 비트코인으로 인해 무엇이 가능해진 것일까.

- 오스트리아 학파

이 학파는 '각자의 목적을 위해 모인 사회체제에서의 규제는 특정 행위를 강요하므로, 결국 사회는 권력자의 의도대로 구성된다'고 주장하는 학파다. 그래서 이들은 경제 분야에도 시장경제의 순기능을 옹호하고 정부 간섭을 비판했다. 프리드리히 하이에크(Friedrich August von Hayek, 이하 '하이에크')는 오스트리아 태생의 영국의 경제학자로 1974년 노벨경제학상을 받은 오스트리아 학파의 대표적인 인물이다. 하이에크는 1976년 「돈의 국제화: 동시 통화의 이론 및 실무 분석(In The Denationalisation of Money: An Analysis of the Theory and Practice of Concurrent Currencies)」이라는 논문을 통해 "정부가 2천년 이상 돈의 독점권을 행사하면서 사람들을 속이고 착취하는 것을 대중은 왜 그렇게 오래 참아왔는지 의아하다"면서 "그 현상에 대해 누구도 의문을 제기하지 않을 만큼 그것은 확고하게 자리 잡았으나 일단 확립된 것의 타당성이 의심되면 빠르게 무너질 것이다"라고 언급했다. 그는 한발 더 나아가 다른 분야의 혁신에서처럼 "새로운 형태의 화폐는 기업가들이 개발해야한다"고 주장했다. 즉, 정부의 돈의 독점권은 더 이상의 혁신이 나타나지 않는 폐해를 남길 뿐이라는 것이다.[2]

머리 로스바드(Murray Rothbard, 이하 '로스바드')는 하이에크와 동시대 오스트리아 학파 미국의 경제학자로 자유시장경제를 설파한 인물이다. 그는 자유시장이 정부간섭시장보다 우월하다고 믿는 학자로서 특히 하이에크와 함께 1971년 폐지된 금본위제로의 회귀의 필요성을 주장하면서 누군가 신뢰해야하는 부분지급제도1)와 같은 문제는 환율조작을 포함한 모

---

1) 은행이 전체 예금액 중 일정 비율의 현금만 보유하는 제도. 이것을 도입한 이유는 예금자들이 실제로 돈을 한꺼번에 인출하는 일이 드물기 때문. 단, 그런 일이 발생할 경우 그 은행은 파산, 즉 뱅크런이 발생함.

든 부패의 근원이 될 수도 있다고 지적했다. 또한 그는 「정부가 우리의 돈에 무슨 짓을 했는가(What Has Government Done to Our Money)」라는 책을 통해 "역사적으로 돈은 정부가 통제하는 최초의 것들 중 하나였고 18세기와 19세기의 자유시장 혁명조차 화폐영역은 영향이 없었다. 그래서 이제는 돈에 대한 근본적인 관심을 가질 때가 됐다"고 명시했다.

블록체인과 비트코인을 굳이 거론하지 않더라도 하이에크와 로스바드의 돈과 경제에 대한 선견지명은 시기적으로나 사상적으로 파격적이며 많은 세월이 지난 현재까지도 적지 않은 시사점을 주고 있다.[3]

– 암호학자들

컴퓨터 과학자 휘트필드 디피(Whitfield Diffie)와 전기공학 교수인 마틴 헬먼(Martin Hellman)은 둘 다 암호학자로 공개키 암호분야 개척자들이다. 그들은 1976년 공개키암호화를 발명했고 같은 해 「암호학의 새로운 방향(New Directions in Cryptography)」이라는 저서를 통해 공개키 암호화(Public key encryption)에 대한 결과를 발표했다.

1978년 또 다른 암호학자들인 론 라이베스트(Ron Rivest), 아디 샤미르(Adi Shamir), 레너드 애들먼(Leonard Adleman)은 그들의 성 앞 글자를 딴 최초의 공개키 실용시스템인 'RSA암호화 알고리듬'을 개발했다. 공개키에 의해 메시지가 암호화되고 오직 개인키(Private keys)에 의해 그 메시지의 암호를 푸는 이 간단명료한 암호방식은, 컴퓨터에 대한 관심이 고조된 당시뿐만 아니라 현재에도 널리 활용되는 방식이며 컴퓨터 암호학에 큰 전기를 마련했다. 그 덕분에 그전까지만 해도 군사 및 정보기관의 전유물이었던 암호학이 이들로 인해 대중화의 물꼬를 텄고 정부와 당국의 도청이 점차 무력화되는 등 개인정보보호에도 기여를 했다.

- 컴퓨터 공학자들

데이빗 차움(David Chaum)은 미국의 컴퓨터 과학자이자 암호학자로 암호학과 개인정보보호 기술의 선구자다. 그는 누구도 크게 신경쓰지 않았던 개인정보보호를 암호학과 연결하려고 시도했다. 1981년 「추적불가 전자메일, 주소 그리고 디지털 가명성(Untraceable Electronic Mail, Return Addresses, and Digital Pseudonyms)」이라는 논문을 통해 그는 혼합네트워크(Mix network)를 제안했다. 이것은 송신자로 하여금 전달 메시지와 수신자정보를 암호화해서 서버에 보내면 그 서버는 받은 메시지를 재정렬하여 다른 서버에 보내는 방식으로 메시지와 송수신자를 감춘다. 뒤이어 그는 1982년 「상호의심스러운 집단에 의해 구축관리 및 신뢰가능한 컴퓨터 시스템(Computer Systems Established, Maintained, and Trusted by Mutually Suspicious Groups)」이라는 논문을 통해 안전한 블라인드서명(Blind signature)기법을 적용한 디지털현금(Digital cash)을 소개했다. 이것이 흥미로운 점은 전달하려는 특정메시지를 공개하지도 않고도 공개적으로 검증과 서명을 받는 것은 물론 그 서명을 제3자에게 확인시켜 줄 수 있다는 점이다. 또한 1983년 「추적불가능한 결제를 위한 블라인드서명(Blind signatures for untraceable payments)」이라는 논문을 통해 익명의 전자화폐 시스템인 이캐시(Ecash)를 구상했고 이것은 1990년 디지캐시(Digicash)회사를 설립할 때 구현됐다. 그는 디지캐시를 통해 10달러 미만 수준의 소액결제도 구현했고 실제로 미국의 일부 은행과 독일의 도이치방크는 이캐시 시스템을 활용했다. 그러나 전자화폐를 현금의 모든 속성을 지니게 하려는 아이디어와 사생활보호가 인간본성과 직접 연결되어있다는 사상을 갖고 그가 다양한 논문과 구현체를 내놓았음에도 당시 개인정보보호의 중요성이 크지 않았던 점과 인터넷이 대중화되지 못한 점 등을 이유로 시대를 너무 앞서간 시대유감으로 역사에 남았다.

그럼에도 지금은 흔해 보이는 그의 논문과 구현체는 암호학의 진보와 개인정보보호의 인식변화에 적지 않은 영향을 미쳤다. 암호화 기술의 진보와 인식의 변화가 사회적, 정치적으로 긍정적인 변화를 일으킨다고 믿는 사람들이 일으킨 자유주의 운동인 '사이퍼펑크(Cypherpunk)'가 대표적인 예다. 이 운동은 당시 정보기관이나 군대에서나 이용되던 암호학을 대중화시키는데 큰 역할을 했고 주로 이메일을 통해 정책, 철학, 기술 등 광범위한 분야에서 다양한 집단논의가 이루어졌다. 그 덕분에 당시 빠른 속도로 대중화되는 인터넷의 발전과 탈중앙화 및 보안에 대한 개념이 유의미하게 정립됐다.

애덤백(Adam Back)은 영국의 암호학자로 1997년 익명성을 보장하고 이중 지불을 방지하는 '해시캐시(Hashcash)'를 만들었다. 그것을 만들게 된 목적은 스팸메일 발송을 차단하기 위해서였는데 우선 발신자가 이메일 전송 시 컴퓨터 연산작업을 통해 해시캐시라는 스탬프가 첨부되도록 설정하여 스팸메일 발신자에게는 스팸메일 제작 시 시간과 비용이라는 부담을 주게 하고 수신자에게는 스탬프 첨부여부로 스팸메일을 걸러내도록 했다. 이 방식은 비트코인의 방식과 같지는 않지만 비트코인 블록생성 규칙에 핵심적인 요인인 작업증명방식을 시스템으로 구현했고 암호화폐 채굴 시스템의 기반을 닦았다는 점에서 큰 의의가 있다. 참고로 그는 데이빗 차움이 만든 자격증명 시스템(Credential system)을 활용한 'Credlib'

이라는 도서관을 구현했고 2014년 블록스트림을 공동창립해 현재 비트코인의 개발을 이끌고 있다.

웨이 다이(Wei Dai)는 컴퓨터 과학자로 익명성과 분산저장방식을 지닌 비머니(B-money)를 제안한 사람이다. 그는 앞서 언급한 사이퍼펑크에 심취했었고 마이크로소프트에 근무한 경력이 있다. 애덤백의 해시캐시가 나온 지 1년 뒤인 1998년 그는 해시캐시와 관련된 사이퍼펑크 메일링 리스트를 통해 「B-Money 익명의, 분산된 전자 캐시 시스템(B-Money Anonymous, Distributed Electronic Cash System)」을 발표하여 통제할 수 없는 돈의 모델을 제안했다. 비머니는 실제로 비트코인의 핵심개념과 궤를 같이하는데 이것을 얻기 위해 컴퓨터 연산 작업이 필요하고 그 연산 작업은 분산계정을 최신 업데이트하는 커뮤니티에 의해 검증되며, 검증자는 보상을 받고 그 보상을 거래하기 위해서는 암호화된 해시에 의한 인증과 디지털서명이 필요하다. 특이할만한 점은 그와 사토시와의 관계인데 이 둘은 이메일을 통해 각자의 아이디어를 논의하기도 했다. 2008년 8월 사토시가 웨이에게 보낸 첫 번째 메일에서 비머니에 대해 매우 흥미로우며 당신의 아이디어를 확장할 문서를 공개할 것이라고 말했고 2009년 1월 세 번째 메일에서는 백서에 명시된대로 어떤 서버나 신뢰자 없이 완전 탈중앙화된 시스템을 구현했다며 비트코인 출시를 알렸다. 실제로 비트코인 백서 참조자료에는 웨이 다이의 비머니 논문이 포함되어 있다.

닉 자보(Nick Szabo)는 미국의 컴퓨터 과학자이자 법학자로 '스마트컨트렉트(Smart contracts)'라는 개념을 정립한 인물이다. 스마트컨트렉트의 목적은 엄격한 계약 법률과 고도화된 관행을 인터넷상에서 전자상거래 프로토콜 설계에 접목시키는 것으로 상호합의한 조건에 따라 안전하고 투명하게 거래할 수 있고 전통적인 계약방식보다 저렴하다는 기대효과가 있다. 웨이 다이의 비머니가 출시된 1998년 닉 자보는 분산형 디지털 화폐인 '비트골드(Bitgold)'를 고안했는데 이는 컴퓨터를 활용해 암호 문제를 풀고 각 문제해결책이 다음 문제풀이의 일부가 되어 네트워크 참여자들의 합의하에 문제해결과 검증을 반복해 체인을 이어간다는 점에서 비트코인 구조의 전신이라고 평가받는다. 향후 그와 그의 아이디어는 스마트 컨트렉트를 구현한 '이더리움(Ethereum)'이라는 암호화폐의 탄생의 토대가 됐고 중개인 없이 개인 간 계약을 체결하기 위한 분산표준을 만드는데도 여전히 큰 영향력을 발휘하고 있다.

- 전자 골드(E-gold)

암호화폐의 선구자들이 제안하거나 구현한 디지털화폐와는 달리 Gold & Silver Reserve가 1996년부터 2009년 사이에 운용한 전자 골드는 1972년 닉슨쇼크 이전의 미국 달러처럼 금과 일정비율로 연동되는 화폐이자 시스템이었다. 당시 인터넷의 전파를 활용해 웹 사용이 가능한 모바일로 전자골드 결제를 시도하는 등 새로운 화폐결제시대를 개척했다. 그런 혁신적인 시도덕분에 무정부주의자를 포함한 지지자들은 전자골드를 사용하기 시작했고 2008년에는 전자골드 계좌수가 500만개에 달했다. 관심이 커지면서 전자골드는 매력적인 투자처로 급상승했으나 신규 투자자들을 발판으로 소위 한탕 해먹는 다단계사기가 발생했고 온라인 카지노까지 영역을 확장했다.

이에 미국 연방정부는 2008년 전자골드를 돈세탁과 무면허 자금전송을 빌미로 그 회사를 고발했고 이후 주최측의 어필과 노력에도 고객수가 급감하면서 생태계가 무너졌다. 비록 전자골드가 그 운용과 거래플랫폼 구축에서 완전 탈중앙시스템을 이루지는 못했지만 화폐단위를 1만분의 1 까지 세분화했다는 점과 그 어떤 국가화폐와 경쟁하지 않았다는 점에서 비트코인에 의미있는 시사점을 던져주었다.

Ⓑ 기원후: Anno Bitcoin

‐ 사토시 원년

사토시는 2008년 10월 비트코인의 백서를 공개하면서 다음과 같은 자평을 했다.[4]

"많은 이들이 1990년대 이후 실패사례들 때문에 전자화폐를 배척했다. 하지만 그렇게 실패한 이유는 중앙에서 통제한 시스템의 특성 때문이었으리라. 분권형, 무신뢰형 시스템을 시도한 것은 비트코인이 최초다."

스스로 자부할 만큼 비트코인은 블록체인이라는 기술을 통해 세상에 또 다른 혁신의 가능성을 보여줬다. 다행히 그의 자부심이 전혀 무색하지 않을 만큼 경제, 기술, 심리, 사회, 정치 등 다양한 분야에 신선한 자극을 주고 있다. 도대체 블록체인의 어떤 요인 때문에 그런 파급력을 가질 수 있었을까.

- 개념

블록체인을 간단히 정의하면 일정간격으로 생성되는 데이터 덩어리인 '블록(공간)'을 시간의 흐름에 따라 연결되는 '체인(시간)'으로 연결한 것으로, 일정한 데이터를 끊임없이 누적하여 저장하는 '데이터 보관소(Database)'다. 또한 흔히 보는 중앙통제방식과 달리 중앙단일점 없이 특정 주체에 의해 통제받지 않으면서도 자산기록을 참여자 모두가 상호합의하에 공유해 관리하는 '탈중앙화된 분산원장(Decentralized Distributed Ledger)'이다.

또한 블록체인은, '신뢰할 수 있는 제3자가 없는 상태에서 개인 간(Peer-to-Peer) 전송방식을 완벽하게 갖춘 새로운 전자현금시스템(Electronic Cash System)'인 비트코인의 모체이자 근원이라고 정의할 수 있다.

- 종류

블록체인은 분류하는 방식이 다양하지만 여기서는 크게 '조회'와 '참여' 여부에 따라 분류하겠다.

1) 누가 블록체인을 조회(read)할 수 있는가
   · 공개형(Public) 블록체인: 누구든 블록체인 조회가능
   · 폐쇄형(Private) 블록체인: 제한된 자들만 블록체인 조회가능

2) 누가 블록체인에 참여(write)할 수 있는가
   · 무허가성(Permissionless) 블록체인: 누구든 블록체인에 참여가능
   · 허가성(Permissioned) 블록체인: 허가받은 자만 블록체인에 참여가능

– 특징

이러한 블록체인의 특징은 개인 간 전송방식으로 최초블록부터 네트워크에 전파된 모든 거래내역이 담긴 가장 최근 블록까지 네트워크의 모든 참여자와 사용자에게 똑같이 전송되고 공유되기 때문에 통상적인 범위 내에서는 임의로 수정이 불가하다.

다만 네트워크 내에서 분산원장의 자산을 탈취하려는 자가 악의적으로 거래내역을 잘못 전파할 수도 있다. 가령 N블록까지 이어진 체인에서 악의자가 N블록으로부터 몇 블록 이전의 블록을 기점으로부터 잘못된 내역이 담긴 데이터를 심고 별도체인을 이어서 네트워크에 전파할 경우 네트워크 참여자들은 어떤 블록과 체인이 진짜인지 혼란스러울 수도 있다. 이런 악의적인 시도가 늘 존재하는 것은 아니지만 만약 그러한 악의적인 행동이 시도된다면 네트워크 안에서의 영향력에 따라 그것의 성공률이 좌우될 것이다. 만약 악의적인 시도가 실패한다면 블록은 체인을 통해 이어가겠지만 불행하게도 성공한다면 해당 네트워크의 안전성을 떨어뜨려 네트워크의 다른 참여자의 자산을 탈취할 수도 있고 시스템의 보안에 심각한 악영향이 있을 수 있다.

– 분산 권한과 책임

블록체인은 분산원장이자 탈중앙 네트워크이기 때문에 해킹, 피싱, 버그 등 어떠한 악의적인 시도에 의해 해당 네트워크의 데이터, 자산이 분실되는 경우 구제할 수 있는 방법이 매우 제한적이다. 네트워크를 총괄 관리하는 특정 주체가 없는 특징 덕분에 '분산의 권한'을 누릴 수 있고 중개인 없이 온전히 본인 자산을 활용할 수 있지만 그런 특징 탓에 자칫 자산이 분실되어도 사전에 합의된 복구방식이 없는 한 누구에게 따질 수도 없는 '분산의 책임'을 져야한다.

그래서 특정 블록체인의 메커니즘을 구성할 때 참여자들은 얼마만큼의 장애를 견딜 수 있는지에 대한 합의는 물론이고 향후 개선안을 적정수준으로 적용할 수 있는지에 대한 합의가 매우 중요하다. 이는 네트워크의 초기의 문제, 즉 '생존'의 문제이기도 하지만 동시에 지속가능한 개발, 즉 '웰빙'의 문제이기도 하기 때문이다.

여기까지 보면 블록체인은 단순히 일정크기의 데이터가 시계열에 따라 이어지고 그것의 기록을 모두 공유해 합의하는 분산모델이라고 할 수 있지만 이것의 발전과 확장이 의미하는 것은 결코 그렇게 단순하지 않다. 게다가 블록체인의 최초 구현체인 비트코인은 정보의 바다인 인터넷이 실현하지 못한 진정한 탈중앙의 현실화는 물론 기존 화폐와 시스템의 매력적인 대안의 가능성을 보여줄 수도 있다. 그렇다면 그 가능성을 발현하기 위해 블록체인과 비트코인, 그리고 그 주변 요인은 어떤 길을 걸어왔고 앞으로 어떤 길을 걸어갈 것인가.

Chapter02

암호화폐 거래소의 변천사
- 비트코인 최초 거래소 출시 2010년 3월 -

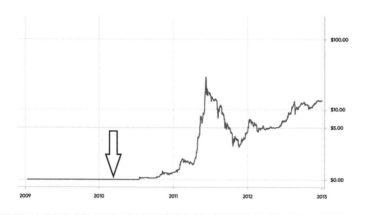

#비트코인마켓 #실크로드 #마운트곡스 #폴로니엑스

#코인베이스 #바이낸스

Ⓑ 가치가 거래되는 곳

비트코인을 얻을 수 있는 방법은 채굴을 하거나 보유자로부터 구매를 해야 한다. 채굴은 누구나 할 수 있지만 채굴기를 구매할 돈, 채굴 장비를 다룰 지식, 지속 관리할 노력, 그리고 이 모든 것을 습득하고 실천할 시간 등과 같은 진입장벽이 있다. 비트코인 초창기 때는 그나마 이런 수고스러움에도 불구하고 채굴에 대한 보상이 두둑했으나 점점 더 경쟁이 심해져 개인차원에서는 수지타산이 맞지 않게 됐다.

채굴기를 한곳에 모은 일정 규모 이상의 채굴장을 보유하지 않는 한, 현재로서는 비트코인이 거래되는 플랫폼(이하 '거래소')에서 구매하는 것이 더 나을 수도 있다. 이러한 거래소의 존재는 여느 자산과 마찬가지로 공급과 수요의 정도를 확인할 수 있고 거래도 가능하다. 그러면 비트코인이 거래되는 거래소는 언제 생겼고 어떤 모습을 보여줬을까.

Ⓑ 비트코인마켓(Bitcoinmarket.com)

비트코인이 출시된지 약 1년 뒤인 2010년 1월 비트코인 커뮤니티[2]에서 누군가 비트코인을 거래할 수 있는 시장을 만들겠다는 계획을 밝혔다.

---

2) https://bitcointalk.org/index.php?topic=20.0

"여러분, 제가 거래소를 만들고 있습니다.

큰 계획을 가지고 있고 아직 해야 할일이 많습니다.

사람들이 서로 비트코인을 매매할 수 있는 진짜 시장이 될 것입니다.

앞으로 몇 주 안에 기본 프레임워크가 설정된 사이트를 만들 것 입니다.

저와 함께 해주십시오."

당시 그는 정말 어떤 기분이었을까. 지금이야 수많은 거래소가 생겨 운영되고 있지만 그 당시에 비트코인 거래소를 만드는 것은 상당한 탐구와 준비가 필요했을 것이다. 당시만 해도 비트코인이 어느 정도의 가치를 지니는지에 대한 공통된 합의가 거의 없었기 때문이다.

거래소 출시 계획을 공표한 지 2개월이 지난 2010년 3월 Bitcoinmarket. com이 출시됐고 당시 비트코인 거래시세는 약 0.003달러였다. 최초의 비트코인 거래소인 점도 의의가 있지만 페이팔(Paypal)로 비트코인을 사고 팔 수 있는 최초의 거래소이기도 했다. 이 거래소는 최초라는 상징성을 얻었지만 선구자 역할을 한만큼 초기에 많은 버그들이 발생해 수시로 패치를 적용해야 했다.[5]

이 거래소의 시사점은 이전에 없었던 비트코인 가치에 대한 질문에 명확한 답변을 제시했고 직접 채굴, e-bay 등을 통해 비트코인을 보유하고 있던 자들에게 진정 가치가 있는 자산을 보유하고 있다는 생각을 하게 만들었다는 것이다.

Ⓑ 실크로드(Silk Road)

2011년 2월에 설립된 실크로드는 비트코인으로 물품을 거래할 수 있는 시장이라는 점에서 기존 거래소와 다르다. 이곳의 이름은 동양과 서양을 연결시킨 역사적인 무역경로를 따왔으며 이 사이트를 만든 로스 울브리히트(Ross Ulbricht, 이하 '울브리히트')는 "사람들이 마약조직 등 위험한 조직에 직접 노출되지 않고도 자기가 원하는 물품을 스스로 결정하고 구할 수 있는 정부 통제 밖의 시장이 필요하다"고 역설했다.

그렇게 탄생된 온라인 암거래시장(Black Market)은 희생자가 발생하지 않는 범죄(Victimless Crimes)에 해당하는 물품들만 거래되도록 관리한 덕분에 아동음란물, 도난신용카드, 살상무기 등이 거래금지물품으로 지정되는 엄격한 정책이 적용됐다. 그러나 시간이 흐르면서 초기의 엄격한 운영정책이 무색하게 거래물품 목록의 약 70%가 마약, 살상무기였으며 나중에는 밀수품까지 거래목록에 추가됐다.

결국 이 온라인시장이 무법천지로 전락한 탓에 2013년 10월 울브리히트는 자금세탁, 컴퓨터해킹 등으로 기소됐다. 참고로 2011년 2월 설립 때부터 2013년 7월 체포될 때까지 거래대금은 9,519,664비트코인, 실크로드가 취득한 수수료는 614,305비트코인에 달했다. 등록된 사용자 국적도 미국, 영국, 호주, 독일, 캐나다, 스웨덴, 러시아 등 다양했고 실크로드에 의한 트랜잭션발생은 122만 건을 넘었다.[6]

실크로드가 비트코인 거래에 던진 시사점은 상당하다. 우선 최초의 비트코인 거래소가 생긴지 1년도 안 되서 비트코인으로 물품거래가 가능한 플랫폼을 통해 결제용 화폐로서의 비트코인 가치를 보여줬다. 또한 특정 국가나 대륙이 아닌 역사 속 '실크로드'처럼 다양한 국가의 사람들이 이 쇼핑몰을 사용해 글로벌 결제화폐로서의 가능성도 보여줬다. 그리고 2013년 4분기에 실크로드 스캔들 외에 미국 연방선거후원금으로 비트코인 허용 등 주요이슈들과 맞물려 비트코인을 대중에게 널리 알리는 계기가 됐다.

Ⓑ 마운트곡스(Mt.Gox)

2010년 7월 eDonkey 제작자이자 리플과 스텔라를 창립한 멕켈럽(Jed MacCaleb)이 세운 마운트곡스는 당시 비트코인 전체 거래의 70%이상을 차지하던 거대한 플랫폼이었다. 이게 어느 정도냐면 2020년 10월 현재 비트코인 거래량 기준 탑20의 거래량은 20% 정도이며 단순 수치상으로만 볼 때 거래량 탑20 거래소들이 무너지는 효과보다 훨씬 크다고 볼 수 있다. 물론 그 당시와 현재의 비트코인 위상과 커뮤니티 규모, 그리고 현재의 선물, 옵션 등 파생상품 규모까지 감안하면 이러한 단순비교는 다소 무리가 있긴 하다.

어쨌든 규모가 큰 만큼 이 거래소는 해커들의 매력적인 타겟이 됐고 결국에는 거래소 자체 개인키 유출로 85만개의 비트코인이 도난당했다. 그뿐만이 아니다. 해킹이 발생했음에도 불구하고 당시 운영자였던 마크 카펠레스(Mark Karpeles)는 그 사실을 감추면서 거래소 내부 시스템 결함이 아닌 비트코인의 블록체인 자체의 기술결함이라고 거짓말을 했다.[7]

비록 마운트곡스는 설립 이래 수년간 엄청난 비트코인 거래를 처리한 덕분에 거래의 유동성과 활성화를 도모했지만 운영진의 위선 때문에 비트코인 영역의 위축을 야기했다. 우선 투명하지 않았던 보안이슈로 인해 비트코인 장기 하락장을 촉발했고 그 이슈에 대한 거짓말로 블록체인 기술에 대한 신뢰까지 훼손했다. 비트코인 메커니즘을 잘 모르는 일반인들에게는 거래소는 수수료만 챙겨 먹는 존재로 비쳤으며 안전하다던 블록체인이 해킹 등으로 무력화된다는 잘못된 인식을 심어줬기 때문이다.

Ⓑ 폴로니엑스(Poloniex)

2014년 1월 미국을 기반으로 설립된 이 거래소는 2016년부터 시작된 상승추세와 2017년 대상승장에서 엄청난 유동량을 자랑하면서 당시 가장 인기 있는 거래소였다. 비트코인과 다른 암호화폐들을 거래하기 위해 법정화폐를 사용해야만 했던 기존 거래소와는 달리 폴로니엑스는 비트코인, 이더리움 등 핵심코인을 기축으로 한 연동마켓을 구축해 코인 간 거래를 이전보다 쉽게 만들었고 비트코인을 암호화폐의 기축통화로 각인시키는데 큰 기여를 했다.

또한 2016년부터 사용자 거래량에 따른 매도-매수 수수료 차등부여 시스템을 도입해 거래소 유입 및 거래 증가와 함께 이용자 충성도를 높이는 참신한 기획성을 보이기도 했다. 여기에 보유코인을 예치하거나 대출할 수 있는 렌딩(Lending), 다양한 배율로 상승과 하락에 베팅할 수 있는 마진(Margin) 등 다양한 서비스를 한데 모아놓은 점도 주목받았다.

다만, 2017년 코인붐 때 폴로니엑스를 벤치마킹한 수많은 경쟁 거래소들이 생겨났고 사람들은 더 공격적이고 진취적인 거래소로 퍼져나갔다. 그 당시의 명성은 유지하지 못 했지만 2018년 2월에는 거대 금융사인 골드막삭스가 투자한 벤처회사 '서클(Circle)'이 폴로니엑스를 인수하면서 기관투자자들의 진입과 USDC라는 1달러 가치 연동 스테이블코인 제작을 통해 암호화폐 영역으로의 확장을 모색했다.

Ⓑ 코인베이스(Coinbase)

2012년 6월 브라이언 암스트롱(Brian Armstrong)이 설립한 샌프란시스코 소재 미국 거래소다. 코인베이스는 미국 최대 코인 거래소로 30개가 넘는 국가의 법정화폐를 지원하고 직불카드로 코인 구매를 할 수 있는 등 높은 접근성과 편리성을 제공하고 있다.

주목할만한 점은 전통적인 미국방식으로 정직하고 발 빠른 행보를 보여주고 있고 이 거래소의 행보를 보면 미국이 암호화폐를 바라보는 지향점을 많이 알 수 있다는 점이다. 이 거래소는 일찍이 암호화폐 금융생태계를 선점 및 주도하기 위해 경쟁사, 유망사 등을 인수합병(M&A)하면서도 금융가, 개발자 등 전문인력을 대거 영입하고 있다. 아울러 영국의 바클레이즈(Barclays)은행과 파트너쉽을 체결하고 에스토니아 은행과 거래를 진행하는 등 기존 금융권들과의 연결고리도 강화하고 있다.

여기에 그치지 않고 개인은 물론 기관을 위한 투자를 위해 대형 투자자들의 투자자산을 대신 안전하게 보관해주는 커스터디 서비스, 여러 코인을 따로 살 필요 없이 한 번에 투자하는 포트폴리오 서비스 등을 제공함과 동시에 유망 기업에 대한 투자와 지갑 역할로서 비중확대 등을 꾀하고 있다.[8]

한때 엄격한 상장정책에 따라 검증된 코인만을 상장시키는 콧대 높은 거래소를 넘어서 수단과 방법을 가리지 않고 암호화폐계의 실리콘밸리 왕좌를 차지하기 위해 광폭 행보를 해오고 있다. 이들의 행보는 결론적으로 '우리가 제도권 수준의 서비스를 미리 세팅해 놓을테니 정부나 당국은 빨리 규정을 확립하고 그에 따른 규제완화와 산업육성을 해달라'라는 일종의 사업시위처럼 보일 정도다.

Ⓑ 비트포렉스(BitForex)

앞서 언급한 거래소들에 비해 그 의미와 상징성은 다소 떨어지지만 비트포렉스는 '트레이딩 마이닝(Trading mining)'이라는 독특한 모델을 도입했다. 트레이딩 마이닝이란 거래소 사용자가 매매를 하면 그 매매량에 따라 거래소 자체코인을 채굴방식처럼 보상해주는 방식을 의미한다.

이런 방식 덕분에 거래소는 수수료의 일부를 떼어주어 이익을 공유하는 대신 사용자 유입을 촉진하여 이익총량을 높일 수 있었고 사용자는 암호화폐를 매매하면서도 그에 따른 수익까지 얻을 수 있는 보너스를 얻을 수 있다.

그 덕분에 비트포렉스 자체코인인 FT는 한때 상장가의 60배까지 올라가며 단숨에 비트포렉스를 거래소 탑10 안에 들게했으나 지속 선순환이

어려운 태생적 메커니즘 때문에 시간이 지나면서 FT시세가 하락했다.[9]

비트포렉스는 트레이딩 마이닝이라는 독특한 모델 때문에 많은 이슈와 논란을 일으켰지만 그 자체만으로도 코인거래에 주는 시사점은 존재한다. 거래소의 큰 돈줄이자 사용자에게 가장 신경쓰이는 것은 거래수수료다. 2017년 코인 붐 이후 거래소 사이에 경쟁이 치열해졌고 수수료할인 등 일회성 이벤트가 한계에 다다르자 그나마 지속할 수 있는 수익모델인 배당과 채굴을 합친 이 모델이 도입됐고 거래소가 보여줄 수 있는 새로운 가능성을 보여줬다는데 의의가 있다.

Ⓑ 바이낸스(Binance)

2017년 7월 창펑 자오(Changpeng Zhao)가 설립한 거래소로 2018년부터 눈에 띄는 성장세를 현재까지 잘 유지해오고 있다. 바이낸스의 가장 큰 키워드는 자체코인인 '바이낸스코인(이하 'BNB')'이다. ICO를 통해 1,500만 달러를 모금한 BNB는 거래 시 BNB보유에 따른 수수료 절감, 소각을 통한 토큰정책 외에도 BNB를 활용해 새로운 프로젝트의 펀딩을 위한 IEO(Initial Exchange Offering)플랫폼인 런치패드(LunchPad) 출시로 그 가치와 활용도를 계속해서 높이고 있다. 물론 펀딩 플랫폼은 이전부터 있었지만 최대 규모에 힘입어 바이낸스의 대표 서비스로 굳혀졌다.

또한 자체블록체인인 바이낸스체인(BinanceChain) 출시, BNB를 활용한 탈중앙화거래소인 바이낸스DEX(BinanceDEX)개발, 그리고 세계최초

분산형 글로벌 증권거래소 설립 등이 관점 포인트다. 또한 비지니스적으로 전통적인 주식시장과 현재의 코인시장의 결합을 위해 주식토큰오퍼링 (Equity Token Offering, ETO)을 도입함으로써 규정을 준수하면서도 토큰증권을 발행해 기술적 인프라 구축 및 기업참여유도를 계획 중이다. 바이낸스는 현재 다른 주요 거래소들에 비해 발 빠른 영업방식 전환 및 발굴로 하락장인 2018년에도 엄청난 흑자를 낸 탑 클래스 거래소의 면모를 보여주고 있고 여전히 성장 중이다.

Ⓑ 거래소의 현주소

- 거래소의 변신은 '무죄'

역대 모든 거래소들을 다루지 않았지만 의미 있는 시사점을 지닌 주요 거래소들에 대해 살펴봤다. 종합적으로 비트코인을 포함한 암호화폐의 교환, 매매 등을 지원한 덕분에 지금처럼 유동성이 커질 수 있었고 추가로 다양한 서비스를 제공해준 덕분에 사용자는 취향에 맞는 투자 서비스를 경험할 수 있었다.

- 거래소의 행태는 '유죄'

거래소의 공로를 무시할 수는 없지만 과오 역시 무시할 수 없다. 일부 투자자들에게 있어 불만이 가장 큰 대상이 거래소다. 혹시 중요한 거래 시점에 먹통을 경험해봤는가, 거래소 사용 중 문제가 발생했는데 고객센터 연결이 매끄럽지 않아 속이 타들어간 적이 있는가. 아무리 암호화폐와 불가분의 관계이고 초기산업의 불가피한 병폐라지만 정도가 너무 지나치다.

확실히 짚고 넘어가야 하는 점은 거래소들은 이미 인지하고 있는 문제와 불편사항들을 올바르게 고쳐야할 뿐 아니라 사용자들의 건의와 충고를 겸허하게 들을 준비가 되어있어야 한다는 점이다.

이런 식으로 충분한 반성과 적절한 이행을 해야 거래소-사용자 간 상생을 도모할 수 있고 더 나아가 블록체인과 암호화폐 도약은 물론 더 나은 이미지로 더 많은 사람들이 사용할 것이며 종국에는 디지털 자산 시대의 대체 불가능한 거대한 축으로 성장할 수 있을 것이다.

- 현재의 거래소에 대한 고찰

'사람과 돈이 있는 곳에 늘 시장이 있다'는 말처럼 암호화폐 영역에도 거래소라는 존재는 절대 뗄 수 없으며 그렇기 때문에 운영미흡, 해킹리스트, 사용불편이 있어도 사용할 수 밖에 없다. 특히, 여전히 많은 사람들이 중앙집중 거래소를 이용하고 있고 당분간에도 그럴 것이다. 왜냐하면 이들은 접근과 사용이 쉽고 당국의 허가를 받고 친숙하고 발전된 기능을 제공하기 때문이다.

하지만 비트코인의 사토시가 백서를 공개하면서 '신뢰해야하는 제3자 (Trusted Third Party)가 없는 화폐와 시스템'을 공표했지만 비트코인과 같은 암호화폐를 거래할 때 신뢰해야하는 제3자 그 자체인 중앙집중 거래소를 사용한다는 사실이 뭔가 모순적이다. 일부 존재하지만 아직은 성장 중인 탈중앙 거래소(DEX)가 더욱 활성화되어야 비로소 자산거래 시 사생활을 침해받는다고 느끼는 이들이 줄어들지 않을까.

Chapter03

주요 언론 데뷔와 스캠설
- 미국 주요 언론에서 비트코인 언급 2011년 4월 -

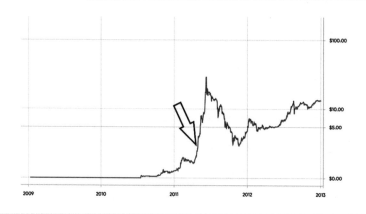

#스캠 #미국달러 #브레튼우즈 #닉슨쇼크

Ⓑ 미국 Forbes, Times에서 비트코인 언급

주요언론을 통한 새로운 기술의 소개는 종종 대중에게 흥미와 관심을 불러일으키는 촉매제가 된다. 비트코인 역시 2011년 4월 당시 Forbes, Times와 같은 주류 언론의 기사 덕분에 대중의 관심을 끌 수 있었다. 사실 언론이라는 요인은 양날의 검과 같아서 언론매체의 수준, 관점, 내용에 따라 호재 또는 악재가 될 수 있지만 잘 알려지지 않은 기술을 유력매체에서 다룬 사실은 대중의 흥미와 관심을 불러일으키는 긍정적인 효과가 있다. 특히 비트코인의 경우 혁신적인 기술이라는 점 외에 개인이나 기관에 매력적인 투자처로 어필될 수 있다는 가능성까지 존재하기 때문에 언론효과가 더욱 주효했을 수도 있다.

당시의 Forbes 기사[10]에 따르면 "비트코인은 국경을 넘어서는 디지털 버전의 국가기반화폐 대체제로 하드디스크에 저장할 수 있으며 사용자들로 하여금 미국 연방준비위원회(이하 '미 연준')의 의장이 달러를 찍어내서 생기는 인플레이션의 변동에 신경쓰지 않게 한다"고 나와 있다. 또한 사토시의 후계자로 불리는 개빈 안드레센(Gavin Andresen)과의 인터뷰를 통해 "은행계좌를 사용하지 않고 인터넷을 통해 중앙통제 없이 익명 구매를 위한 편리한 수단"이라고 소개하면서도 "마약 등 불법적인 물건이 비트코인의 틈새시장이 될 수 있다"고 지적했다. 기사 말미에는 "언젠가는 미 연준이 (비트코인에 의해) 혼란에 빠질 것"이라는 예측을 했다.

비록 긴 기사는 아니지만 비트코인의 간단한 소개와 시세동향, 사용 이점과 부작용 등을 언급한 덕분에 당시 비트코인을 모르는 대중에게 알리는 계기가 됐고 가격상승을 촉발시켰다. 물론 대상의 인지도가 높아지면 그 대상은 그만큼 대중에게 검증을 받을 것이다. 실제로 시간이 지날수록 비트코인은 더 많은 사람들의 입에 회자됐고 그들 중 일부는 비트코인이 디지털 쓰레기나 다단계 사기라며 비판의 목소리를 높였다. 그렇다면 과연 비트코인은 그들의 말처럼 쓸모없는 것일까.

Ⓑ 스캠(Scam)이란

사전적인 의미로 스캠이란 기업의 이메일 정보를 해킹한 후 해당 기업의 상대 거래처인 척 행동하여 무역 대금을 가로채는 범죄 수법을 의미한다. 하지만 암호화폐 영역에서의 스캠은 약간 변형되어 암호화폐를 미끼로 타인의 자산을 부당하게 취득하거나 취득해 도망치는 행위 또는 수단을 의미한다. 그런데 암호화폐 중에서 가장 오랫동안 스캠 취급을 받은 것이 있다. 바로 비트코인이다.

비트코인은 10년이 넘는 기간에 네트워크 장애가 거의 없을 정도로 훌륭한 분산 네트워크 안전성을 지녔을 뿐만 아니라 가명성을 지녔음에도 투명성을 갖춘 블록체인을 통해 혁신성을 보여 왔다. 그럼에도 불구하고 실제 활용성 대비 가치가 너무 높다고 주장하는 사람들에 의해 끊임없이 인류 최악의 스캠이라는 비판을 들어왔다. 그런 비판을 자꾸 듣고 있자면 정말 비트코인이 스캠인 것도 같다. 이런 의문 속에 과연 비트코인이 인류 최악의 스캠인지, 만약 아니라면 인류 최악의 스캠은 과연 무엇인지 궁금하다. 그런 의미에서 비트코인 스캠설에 대해 알아보고 더 나아가 동일한 의문을 우리가 사용하고 있는 법정화폐에 적용하여 따져보겠다. 그 전에 묻겠다.

"당신은 비트코인이 스캠이라고 생각하는가?"

Ⓑ 비트코인 스캠설

2009년 초 비트코인 출시 이후 몇 번의 유의미한 시세상승이 있었지만 2017년은 그야말로 역대급 상승장이었다. 심지어 가치투자를 한다고 자부한 초기투자자들이나 장기투자자들도 엄청난 불장에 정신을 못 차릴 정도였다. 하지만 영원한 것은 없는 법. 끝없이 이어지리라 믿었던 상승장은 어느 시점부터 하락세로 돌아섰고 언제 상승이 있었냐는 듯 기나긴 하락장이 이어졌다. 그제서야 사태의 심각성을 인지한 많은 투자자들은 이성을 찾았고 그와 동시에 비트코인을 포함한 암호화폐에 많은 비판과 의견이 쏟아졌으며 그 의견의 대부분은 부정적이었다. 대표적으로 2008년 글로벌 금융위기를 예측한 경제학자 누리엘 루비니(Nouriel Roubini), 페이팔의 전 CEO 빌 해리스(Bill Harris) 등 유명 인사들이 비트코인은 스캠, 사기라며 비판의 목소리를 높였다. 이들을 포함한 비트코인 비판자들이 비트코인을 스캠이라고 주장하는 이유는 크게 세 가지다.

첫째로 비트코인의 엄청난 가격 변동성이다. 심할 때는 몇분만에 10%이상의 가격 변동을 보이는 비트코인은 단순히 투기 수단이라고 말한다. 실제 비트코인의 역대 시세를 보면 10년이 넘는 기간 동안 많은 부침을 겪어 왔다. 그런데 오직 비트코인만이 이런 큰 변동성을 보였을까. 1차 세계대전 이후 독일의 마르크, 2차 세계대전 직후 헝가리 펭괴, 2000년대 짐바브웨 달러 등 초인플레이션 발생 사례들을 보면 법정화폐 역시 큰 변동성에서 자유로울 수 없다. 그것도 심지어 정부와 당국이 개입해 가치 변동성을 관리하는데도 말이다. 그런데 참여자들이 공급과 수요 등 자체 경제정책을 토대로 가치를 창출하는 아직 덜 성숙된 디지털 형태의 이 새로운 자산을 기존 관점으로 논한다면 균형 잡힌 결론이 나올 수 있을까. 물론 현재시점에서 비판을 받을만 하지만 가격 변동성이 엄청나다는 이유로 스캠이라고 말하는 것은 논리적 비약이며 다양한 관점으로 볼 필요가 있다.

둘째로 비트코인이 제대로 된 가치저장소인지 여부다. 블록체인은 해킹으로부터 안전하더라도 거래소 해킹, 지갑관리 미흡 등으로 비트코인이 탈취당할 수 있기 때문에 어쨌든 해킹에 취약하다는 인식으로 인해 비트코인의 가치저장 신뢰성과 관련 인프라의 신뢰성은 높지 않다. 실제로 매년 수시로 해킹사건사고가 끊이지 않고 거래소 보안 이슈도 더 이상 생소하지 않다. 그만큼 아직 미성숙한 인프라와 부정적인 이미지가 대중에게 각인됐다는 점은 매우 아쉽다. 거래소 리스크에 대해서는 현재 대부분이 중앙화된 거래소이고 분명 보안 리스크가 있지만 콜드월렛 이용, 탈중앙 거래소 개발 등 그 리스크를 줄이기 위한 노력이 늘어난다는 점은 고무적이다. 하지만 진정 근본적으로 따져볼 문제는 비트코인 거래소가 아닌 비트코인 자체에 가치를 저장할 수 있는지 여부다. 인류 역사상 최고의 가치저장소로 여겨지는 금을 예로 들어보자. 금은 부식이나 변색되지 않는 등 많은 시간이 흘러도 그 모습 그대로 보존이 된다. 한편 비트코인은 단일 장애지점이 없는 오픈소스 분산네트워크상에서 유지관리되기 때문에 안전하고 신뢰 가능하다. 이 분산 네트워크의 참여자들은 비트코인이 지속가능하고 더 나은 환경을 갖길 바라는 공통목적이 있기 때문에 일부 장애가 있다 하더라도 네트워크 복원력이 높고 이것은 비트코인의 내구성에 긍정적인 영향을 끼친다. 물론 비트코인에 비해 금이 훨씬 더 긴 기간 동안 검증받았기 때문에 현재로서는 금이 비트코인보다 내구성이 더 뛰어나다고 할 수 있지만 비트코인은 가치저장수단으로서의 가능성은 존재한다.

셋째로 비트코인의 내재적 가치 존재여부다. 사실 비트코인은 그 가치를 담보해주는 특정 주체도 없고 담보하는 특정 물품도 없다. 따라서 단지 무(無)에서 창출된 태생적 한계로 인해 결국 0에 수렴할 것이라는 비판이 존재한다. 충분히 일리 있는 말이다. 실제로 비트코인의 내재적 가치는 정의하기 어렵다. 현재로서는 가격에 비해 쓸모도 없고 개선될 부분이 많다. 당장은 아니어도 원래 그랬듯 0으로 수렴한다고 해도 세상에 아무 일이 없는 듯 지나갈 것이다. 따라서 누군가 신뢰하거나 통제해야 가치가 생긴다는 기존 법정화폐 관점으로 본다면 비트코인의 가치를 절대 이해하지 못할 것이다. 그럼에도 굳이 내재적 가치를 논한다면 다시 한번 금을 언급할 수밖에 없다.

금은 명확히 무엇이라고 정의내릴 수 없지만 다양한 곳에서 발견되어 누구나 채취가 가능하고 시간이 변해도 변하지 않으면서 수량이 제한되어 있으며 장식품 및 산업용 등 다른 쓰임새도 있다. 그런데 비트코인도 그와 유사한 속성을 갖고 있다. 담보물도 없는 이 디지털 자산이 수많은 굴곡 속에서 점점 더 많은 참여자들로 인해 10년이 넘도록 살아남았고 시세는 아직까지 장기 상승세다. 오히려 이러한 비트코인의 현재진행형이 그 어떤 반박보다 더 설득력 있고 명확하지 않을까.

이쯤 되니 문득 어떤 의문이 든다. 인류 역사상 존재해왔거나 존재하고 있는 역대 화폐는 과연 완벽한 것인가. 역발상에 대한 대상으로 최강대국 미국의 자국화폐이자 글로벌 기축통화 미국 달러를 선택해 논해보기로 하자.

Ⓑ 미국 달러의 스캠설

지구상에 존재하는 화폐 중 하나만 고른다면 대부분 미국 달러(이하 '달러')를 선택할 것이다. 하지만 최고의 화폐라고 여겨지는 달러의 본질에 대해서 의문을 제기한 사람은 얼마나 될까. 그런 의미에서 비트코인을 비판했던 근거를 그대로 달러에 적용한다면 의외의 결과가 나온다.

첫째, 달러 역시 구매력 측면에서 가격 변동성을 갖고 있다. 익히 알려졌듯이 달러는 현재도 지구상 수많은 나라에서 자국화폐와 타국화폐의 환율을 결정하는 척도로 사용되나 그것이 달러가 완벽하게 안정적이라는 의미와 동일시할 수 없으며 역사적으로 봐도 달러 역시 변동성이 작진 않다.

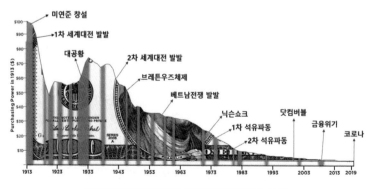

〈 과거 1세기 정도 기간의 달러구매력 변동 추이 〉

위 사진을 통해 1913년 미 연준이 생긴 이후 약 100년간 달러 구매력이 20토막 난 사실을 알 수 있다. 물론 이 변동성은 1세기 동안의 변동성이라서 비트코인의 10년간 변동성에 비할 바는 아니다. 하지만 1차 세계대전(1914~1918년), 2차 세계대전(1939~1945년), 브레튼우즈 체제[3](1944년), 닉슨쇼크[4](1971년) 등 분명히 구매력이 급 하락한 시점들이 있다. 물론 세계대전이라는 극단적인 경우였지만 1차 세계대전 직후 약 5년간 달러 구매력이 절반으로 추락하기도 했다.

비트코인 가격이 2009년 1월에 0에서 시작해 2017년 말에 약 2만 달러까지의 엄청난 상승, 그리고 그 과정에서 큰 변동성을 보이기도 했지만 달러 역시 특정기간에 거의 절반으로 구매력이 떨어지는 등 엄청난 변동성을 보였다. 달러 관점으로 비트코인을 비판하는 것은, 성장할 만큼 성장한 건장한 성인이 태어난 지 얼마 안 된 아기가 자기 앞가림 못 한다고 욕하는 비유로 표현하면 무리일까. 공정한 비교를 해야 한다면 시간이 좀 더 필요해 보인다.

둘째, 달러가 제대로 된 가치저장소인지에 대한 의문이다. 어떤 해킹에도 문제없는 비트코인 자체는 논외로 하더라도 거래소와 같은 주변 인프라를 믿지 못하므로 비트코인 가치저장에 대해 신뢰할 수 없다는 의문을 달러에 똑같이 적용한다면 어떨까. 정부와 당국 등이 통제하는 법정화폐의 특성상 그 국가가 존속하는 한 가치는 유지되므로 이에 대한 검토는

---

3) 2차 세계대전 이후 세계 금융질서를 세우기 위해 1944년 브레튼우즈에서의 회의를 통해 금 1온스당 35달러로 연동하고 달러에 타 국가화폐를 연동해 달러의 금본위제 개시 및 세계 기축통화 지위 획득을 하게 됨.

4) 1971년 8월 15일 리처드 닉슨이 달러를 금과 연동시키는 금태환 정지를 선언한 사태로 그 이후 세계 화폐시장은 기본적으로 변동 환율제로 전환됨.

군이 할 필요는 없어 보인다. 그렇다면 관련 인프라는 어떠한가. 그에 대한 검토를 위해 달러 신규발행 순서에 대해 알아보겠다.

1) 미국 재무부가 미국 국채 발행
2) 공개시장에서 국채 입찰
3) 입찰된 물량은 매각, 유찰된 물량은 미 연준으로 송부
4) 미 연준이 미국 국채를 액면가로 매입
5) 미국 국채를 미 연준의 자산 항목에 기입
6) 미국 국채 인수량에 일대일 대응하는 물량의 달러 발행
7) 미 연준은 부채 항목에 달러 신권 상당액 기입
8) 미 연준 회원, 즉 각 은행 및 정부 계좌에 달러 신권 입금
9) 미 연준 창구를 통해 각 주체들이 달러 인출
10) 달러가 시장에 유통

요약하자면 신규 달러 발행에 미국 재무부와 미 연준, 여러 은행들이 개입되며 교환 및 거래에는 여러 은행과 그 은행시스템이 개입된다. 그렇다면 그 은행들과 은행시스템을 과연 우리가 진심으로 앞으로도 신뢰할 수 있을까. 수천년 동안 사람들은 화폐발행독점권에 대해 정부와 당국을 맹목적일 정도로 신뢰해왔다. 그런데 엄청난 경제위기가 오면 어떠한 은행들이 망하지 않는다고 단언할 수 있을까. 만약 모든 예금자들이 그들의 예금을 동시다발적으로 인출한다면 현재 금융시스템이 버틸 수 있을까. 또한 모든 은행시스템이 어떠한 해킹에도 버틸 수 있다고 장담할 수 있을까. 역사는 우리에게 절대 그렇지 않다고 말해준다.

셋째, 달러의 내재적 가치존재 여부다. 화폐의 내재적 가치의 경우는 그것이 비트코인이든 달러든 가치 판단의 문제이므로 쉽게 결론지을 수 없다. 다만 현존 화폐의 왕인 달러도 엄청난 가치가 있어 보이지만 꼭 그래 보이지도 않다. 달러 역사에 대해 잠시 언급하자면 1944년 미국은 국제 화폐체계에서 달러의 지배력을 확립하기 위해 금 1온스와 35달러를 연동시키는 금본위제 등이 포함된 '브레튼우즈 체제'를 시작했다. 하지만 시간이 흐르면서 미국의 금 보유량 감소에 따라 달러 가치에 대한 의구심이 커지고 금광이 많은 국가들은 금 보유에 유리해 국가 간 부의 불균형이 일어났으며 전 세계로 금이 딸린 달러가 사방팔방 퍼지면서 무역수지 적자가 심화되는 등의 문제들이 발생한다. 결국 1971년 당시 닉슨 미국 대통령이 금본위제를 폐지, 소위 '닉슨쇼크'가 발생한다. 다만 이후 1차 석유파동을 계기로 1973년 미국은 석유 수출 국가(OPEC)들에 대해 향후 모든 원유 거래는 오직 달러로만 한다는 조건을 받아들이게 하여 기막힌 방식으로 달러의 위상을 유지시킨다.

하지만 닉슨쇼크에 따른 달러 금본위제 폐기와 유일한 석유거래화폐 지정에도 불구하고 시간이 지나면서 달러의 구매력은 계속 하락한다. 현재 달러의 내재적 가치는 내부적으로는 정부, 미 연준과 같은 당국이 부여하는 통제형 사회적 합의(Top-down)를 통해, 외부적으로는 강력한 군사력과 경제력을 바탕으로 한 초강대국 파워로부터 발생한다. 그런데 비트코인의 내재적 가치는 어디로부터 오는가. 비트코인 가치는 참여형 사회적 합의(Bottom-up)로부터 온다. 상호 간 신뢰할 수 없는 불특정 다수가 비트코인의 채굴 보상과 매매 수익실현을 목표로 어떤 강제 없이 스스로 원해서 참여하며 그 행위로부터 가치가 생긴다. 또한 비트코인 가치는 그 편익으로부터 나온다. 우리가 어떤 선택을 한다는 것은 그 선택을 했을 때 얻는 것(편익)이 다른 선택을 포기함으로써 놓친 가장 큰 가치(기회비용)보다 크다는 것을 의미한다. 비트코인 역시 마찬가지다. 우리가 법정화폐로 비트코인을 구매하는 순간 엄청난 변동성과 전송 보안 및 실수 리스크 등이 있지만 그 이상의 편의성, 익명성, 검열저항성, 수익성 등을 기대할 수 있다. 다시 말해 점점 더 많은 사람들이 비트코인을 돈 주고 매수한다는 의미는, 수익성을 제외하더라도 달러보다 비트코인을 보유할 때 더 나은 게 있다는 의미다.

Ⓑ 도대체 무엇이 스캠인가

화폐란 사회적 합의에 의해 본연의 가치를 얻고 그 사회 안에서 통용되는 가치저장의 수단이자 교환과 거래를 가능케 하는 매개체다. 그런 개념에서 볼 때 비트코인도 아직은 쓸모가 변변치 않아도 화폐로서 자격이 없다고 하는 말에 대해서는 감히 얘기하건데 지나치다고 생각하며 심지어 스캠이라고 한다면 확증편향이라고 생각한다.

사토시는 블록체인을 활용해 비트코인을 구현했지만 그것이 지속 유지되는 이유는 기술뿐 아니라 그것을 사용하는 사람들과 그들의 특성 덕분이다. 사람들은 상생을 좋아하면서도 경쟁을 쫓으며 관계를 중시하면서도 보상을 쫓는다. 그는 그러한 사람들의 특성을 간파하여 블록체인이라는 무대 위에 사람들이 마음놓고 인간 본연의 모습을 보이면서도 철저한 자유시장에 따라 경제원리가 잘 작동하게끔 설계했다.

이쯤되면 비트코인이 마냥 스캠은 아닐 수도 있겠다는 생각이 들 수도 있다. 혹은 비트코인이 스캠이라면 달러도 스캠일 수도 있겠다는 생각마저 들 수도 있다. 혹시 그런 생각마저 들지 않는 이들이 있다면 학창시절에 기득권계층이 기획운용한 교육을 성실히 체득한 학생이었을 가능성이 농후하다. 단순히 비트코인을 추켜세우고 달러를 격하시키려는 의도는 없지만 비트코인을 비판하는 주장을 역으로 달러에 적용해보니 나온 결과다. 이쯤에서 아까 물어본 질문을 다시 한번 해보겠다.

"당신은 비트코인이 스캠이라고 생각하는가?"

Chapter04

첫 번째 정점: 팬덤,
그리고 합의의 확장

- 비트코인 시세 첫 번째 정점 2011년 6월 -

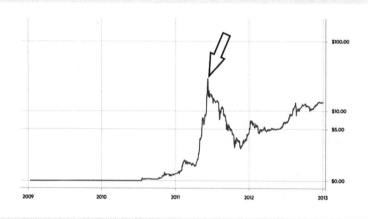

#합의방식 #작업증명방식 #지분증명방식

#안전성 #생존성

Ⓑ 첫 번째 정점

앞서 언급한 비트코인에 대한 Forbes와 Time의 주류 언론 기사 덕분인가 아니면 자연스럽게 초기지지자들이 결속을 다진 덕분인가. 2011년 4월부터 6월까지 비트코인은 28.5배($1→$28.5) 상승하면서 역대 최초의 정점을 찍었다. 상승요인을 특정 지을 수 없지만 비트코인을 채굴하는 방식 덕분에 비트코인을 지지하는 팬덤(Fandom)이 생겼고 그들 위주로 비트코인 네트워크와 커뮤니티가 확장 및 결집하면서 호황을 이끌었다는 의견도 있다. 그런데 첫 번째 정점을 찍고 난 후 블록체인의 새로운 합의방식이 구현되면서 '합의의 확장'이 발생됐다. 과연 비트코인의 합의방식은 어떤 것이며 이후 발생한 새로운 합의방식은 어떤지 알아보자.

Ⓑ 비트코인의 합의규칙

블록체인은 거래내역을 분산시켜 저장 및 관리하는 '분산원장기술(Distributed Ledger Technology)'이다. 그런데 분산된 거래내역을 참여자들이 처리하기 위해서는 그들만의 합의가 반드시 필요하다. 그렇다면 블록체인의 최초 구현체인 비트코인의 합의규칙은 어떠한가.

우선 통신네트워크에서의 합의규칙은 특정 알고리듬을 통해 구현되며 이때 그 알고리듬을 '합의알고리듬'이라고도 한다. 이 합의알고리듬은 크게 두 가지로 구성된다.

1) 누구에게 블록생성 권한을 줄 것인가 → 블록선택규칙

2) 체인분기시 어떤 체인을 선택할 것인가 → 체인선택규칙

가령 비트코인을 얻기 위해 가장 빨리 연산 작업을 완료하는 자, 즉 가장 빨리 채굴하는 자가 블록을 생성하며(블록선택규칙), 이 방식을 '작업증명방식(Proof of Work, 이하 'PoW')'이라고 한다. 또한 2명 이상이 동시에 비트코인을 채굴한 경우 일정 시간이 지나 블록 높이가 가장 높은, 즉 가장 긴 체인을 이루는 체인이 메인체인이 되며(체인선택규칙) 이를 '나카모토 합의(Nakamoto Consensus)'라고 한다.

Ⓑ 비트코인 합의에 담긴 사토시의 계획

비트코인 창시자인 사토시는 왜 그렇게 합의알고리듬을 설계했고 그로 인해 비트코인 네트워크에 어떤 영향이 있을까.

우선 비트코인 합의알고리듬은 철저히 경쟁을 통한 이익중심 행동에 기반 한다. 인간을 포함한 모든 동물은 어떤 행위에 대하여 보상이 주어지면 이익을 취하려는 그 행위를 계속하려는 기질을 타고났다. 그리고 그 보상의 출처인 자원이 한정된 경우 자연스럽게 경쟁이 발생하고 그 경쟁을 규정하기 위해 조건을 건다. 이러한 생리를 비트코인에 적용해보면, 작업의 보상이자 한정된 자원인 비트코인을 얻기 위해 컴퓨팅 파워라는 조건을 걸어 연산 작업조건을 통해 채굴 경쟁을 하고 더욱 많은 보상을

얻기 위해 채굴장을 운영하거나 채굴전용기를 활용하기도 한다. 사토시는 그 점을 간파해 인간이라는 동물의 습성과 심리를 블록체인이라는 첨단기술에 고스란히 녹여냈다.

또한 비트코인 합의알고리듬은 총괄책임자의 개입에 의한 위협인 오너리스크(Owner Risk)를 최소화할 수 있다. 블록체인은 최고난이도 장애허용모델이자 대규모 분산 네트워크이기 때문에 합의도출, 네트워크 운영 등 총괄책임자의 역할이 매우 중요하다. 그런데 역설적으로 비트코인은 창시자이자 총괄책임자인 사토시가 비트코인 출시 이후 어느 날 자취를 감춰버린다. 조용히 역사 속으로 사라질 수도 있었던 비트코인은 그것에 관심을 갖거나 흥미를 지닌 자들이 자발적으로 채굴하고 개발해왔다.

그런데 과연 사토시는 또 다른 도전을 위해 떠난 것일까 아니면 단순히 귀찮아 사라진 것일까. 필자가 보기에 그는 자신이 떠나도 비트코인이 살아남을 것이라는 확신이 있었기 때문이라고 생각한다. 신이 내려준 인류 역사의 최고의 자산인 금은 그것의 미적 가치, 활용성, 내구성에 끌려 누군가가 채굴해서 보유하거나 상품화하여 부가가치 상품을 만들기도 한다. 비트코인이 금과 동등한 위상을 갖고 있다고 하기에는 아직 무리가 있지만 사토시는 자신이 사라져도 비트코인은 그 나름대로의 충분한 가치가 있을 것이라고 생각했을 수 있고 그렇게 되면 누군가는 채굴할 것이고 또 누군가는 개발할 것이라고 확신하지 않았을까. 만약 정말 그런 판단을 했다면 그 덕분에 그는 떠날 수 있었고 궁극적으로 자연스럽게 형성된 팬덤이 만든 '오너리스크 없는 탈중앙화 커뮤니티'가 탄생된 것이다.

Ⓑ 작업증명방식(PoW)의 부작용

아무리 좋은 것에도 명암이 존재하는 법이다. PoW은 태생적으로 이익 중심의 경쟁을 할 수 밖에 없었다. 실제로 비트코인이 출시되고 몇 년 뒤 채굴만을 위한 '채굴장(Mining Farm)'을 만든 사람이 나타났고 그 후엔 경쟁의 우위를 확고히 하기 위해 채굴전용 하드웨어까지 생겨났다.

결국 이런 무한 채굴경쟁은 평범한 개인에게는 비트코인을 채굴하기 어렵거나 경제성이 떨어져서 네트워크 참여분산효과를 낮췄고 충분한 채굴파워를 지닌 자들은 나름대로의 명분과 실리를 갖고 비트코인으로부터 분기되어 나왔다. 문제는 그뿐만이 아니다. 채굴전용기를 통한 채굴경쟁우위의 맛을 본 대형 채굴업체들은 규모의 경제를 앞세워 비트코인 생태계를 장악하기 시작했고 블록체인 네트워크를 유지하는 것이 채굴이기 때문에 에너지, 유지비 등 많은 자원과 엄청난 전기를 소비하여 환경에 악영향을 끼쳤다.

결과적으로 사토시는 간단명료하고 우아한 메커니즘으로 비트코인이 초반에 자생토록 했지만 시간이 지나면서 그 이점 못지않은 단점이 하나 둘씩 생겨나기 시작했다. 그와 동시에 블록체인 개발자들과 참여자들은 그에 대한 반작용으로 다른 합의규칙에 대한 고민을 하기 시작했다.

Ⓑ 합의의 확장

비트코인이 첫 번째 정점을 찍고 하락 횡보가 이어지면서 PoW의 대안에 대한 고민이 커졌으며 그 결과 '합의의 확장'을 낳은 '지분증명방식(Proof of Stake, 이하 'PoS')'이 탄생됐다. 새로운 학문사상이 생겼다하여 전통 학문사상이 하찮아지거나 그 의미가 퇴색되는 것이 아니듯 PoS도 PoW 이후에 생겼다하여 확실히 더 낫거나 뛰어나다고 할 수는 없다. 다만 단조로운 PoW에 비해 PoS은 다양하게 설계될 수 있는 가능성이 더욱 크기 때문에 잘만 활용한다면 블록체인 네트워크 운영의 단점을 최소화하고 장점을 극대화할 수 있는 잠재력이 있다. 그런 의미에서 PoS의 종류에 대해서 알아보자.

1) 체인기반 PoS(Chain-based PoS): 일정 주기마다 랜덤변수를 통해 검증인을 선정해 블록을 생성시키며(블록선택규칙), 그 검증자는 반드시 분기된 여러 체인의 블록들 중 하나를 선택해야 하는데 보통 가장 긴 체인의 마지막 블록을 선택한다(체인선택규칙).

2) 비잔틴장애허용 타입 PoS(BFT-style PoS): 매 라운드마다 검증인들 중에서 특정 알고리듬에 의해 블록생성권한을 얻은 검증인이 여러 체인의 블록들 중 한 블록을 다음정상블록으로 제안하고 2/3을 초과하는 검증인들의 투표로 그 제안블록을 인정하면 확정된다. 이 과정에서 체인 길이와 블록사이즈와는 무관하게 무조건 많은 투표를 많이 받은 블록이 메인블록이 되며(블록선택규칙), 그 메인블록의 체인이 메인체인이 된다(체인선택규칙).

3) 하이브리드 PoS(Hybrid PoW-PoS): 필요에 따라 PoW와 PoS를 혼용하며 PoW에 의해 가장 빨리 채굴하는 자가 블록생성권한이 생기고 PoS에 의해 일정 블록마다 체크포인트를 둔다. 이때 이전 체크포인트 이후 분기된 여러 체인의 블록들 중 가장 많은 투표를 얻은 블록이 메인블록으로 간주되며(블록선택규칙), 그 블록이 새로운 체크포인트가 됨과 동시에 해당 체인이 메인체인이 된다(체인선택규칙).

그렇다면 PoS은 왜 PoW의 대안으로 나온 것인지 키워드별로 알아보자. 첫째로 네트워크에 악의적인 행동을 했을 때 부여하는 '페널티(Penalty)'에 관해서다. 토큰경제 설계상 PoW의 페널티는 채굴에 쏟는 시간+체력+전기에너지+장비구매비 및 감가상각비 정도다. 반면 PoS에서의 페널티는 본인이 맡긴 지분을 삭감하는 것부터 커뮤니티 내 평판을 잃게 하는 것 등 다양하게 설정할 수 있다.

둘째로 '네트워크의 보안(Network Safety)'에 관해서다. PoS에서의 페널티는 PoW에서의 그것보다 참여자 지분을 담보로 갖는 특성상 더 강력하며 그 덕분에 경제적 안전성과 직결되는 네트워크 보안을 높일 수 있다. 가령 PoW에서는 악의자가 네트워크의 50%를 초과한 컴퓨팅파워를 장악하면 네트워크를 사실상 장악하는 것이며, 여차하면 그 네트워크를 망가뜨리고 다른 암호화폐 네트워크로 넘어가서 채굴할 수 있는 반면 PoS에서는 악의자가 그러한 공격을 한다면 자신의 지분 가치마저 삭감되기 때문에 애초에 공격에 대한 동기부여가 약할 수밖에 없다. 또한 합의에 도달하기 위해 PoW에서는 채굴에 소모되는 내부비용과 환경에 끼치는 영향, 농업·산업용 전기사용에 따른 전기보조금 등의 외부비용이 들지만 PoS에서는 딱히 소모되는 내부비용이나 전력, 장비 등에 쓰는 외부비용이 거의 없고 그 비용을 네트워크 보안에 활용할 수 있다. 다만 다수의 선의에 의존해야하는 특성은 존재한다.

셋째로 '탈중앙화의 정도'에 관해서다. 비트코인 초창기부터 현재까지 PoW은 규모의 경제 논리에 입각해 일부 대형 채굴장들이 네트워크의 큰 비중을 차지하면서 네트워크를 지배하고 있다. 이것은 규모가 클수록 그에 따른 단가가 저렴해지기 때문이며 따라서 채굴의 집단화가 사토시 비전들 중의 하나인 탈중앙화에 역행하는 모습을 보이고 있다.

마지막으로 '친환경성'에 관해서다. 채굴전용기와 대형 채굴장 등을 통한 탐욕스러운 채굴경쟁 때문에 비트코인에 들어가는 전기에너지가 일부 국가의 연간 전력소모량보다 많다보니 아무래도 환경에 악영향을 끼친다. 물론 PoW을 대표하는 비트코인의 경우 블록체인의 등장, 네트워크 장애 허용모델의 신기원, 암호화폐의 실현 등 사회, 경제, 기술적으로 긍정적인 영향을 끼쳤으나 그러한 좋은 영향을 유지하면서 친환경적인 대안이 있다면 그리고 그것이 PoS이라고 한다면 대안의 가능성이 전혀 없지는 않다.

Ⓑ 만약 비트코인이 PoS기반으로 출시됐더라면

그렇다면 여기서 잠깐 상상의 나래를 켜보자. 2009년 1월 당시 비트코인이 PoW이 아닌 PoS으로 출시됐다면 어땠을까. 유의미한 가정을 위해 PoS의 비트코인(이하 '비트코인PoS')의 스펙을 정의해보자.

〈 '비트코인PoS' 스펙 〉

‒ 총 발행량: 2,100만개(단, 인플레이션 존재)

‒ 블록생성시간: 60초(약간 유동적)

‒ 블록생성보상: 각자 예치한 지분 비중에 따라 확률적으로 생성된 블록 부여

‒ 합의방식: BFT방식. 즉, 매 라운드마다 투표절차에 따라 선정된 리더가 블록 추가를 제안하는 라운드 로빈(Round Robin) 형식으로, 그 제안은 적어도 2/3의 승인이 필요

※ 기타 세부사항은 논외로 함

　첫 번째 쟁점은 '초기에 살아남기'에 관한 것으로 코인배분 및 커뮤니티 확보 문제다. PoW의 경우 누구나 채굴에 참여할 수 있기 때문에 채굴이라는 보상메커니즘 자체가 곧 코인배분 메커니즘의 일부가 된다. 그런데 PoS는 어떻게 코인을 배분해야 되는가라는 문제에 봉착한다. 처음부터 코인 총량이 정해지거나 유통량이 임의 배분되는 PoS와 달리 PoW에서는 앞으로 존재할 예정인 코인을 배분 겸 발행시키는 작업이기 때문이다. 당시엔 사람들로부터 코인을 모아 프로젝트자금을 모으는 자금조달방식의 개념도 없었지만 사토시 관점에서는 그런 식으로 모금을 하자니 사기의심을 받거나 신원이 노출될 것이라고 생각했을 수 있다. 그리고 그런 식으로 해봤자 많이 참여할 것 같지도 않고 결국 초기 생존이 어려웠을 것이다. PoW의 채굴방식은 철저히 경쟁을 통한 이익추구방식으로 인간의 욕망을 자극한다. 대부분의 인간은 누구나 가질 수 있는 것을 탐하지 않으며 이상하게도 타인이 갖고 있는 것 또는 자신이 소유한 그 이상을 가지려 한다. 따라서 참여하고 경쟁하여 획득하는 능동적 메커니즘이

아닌 무료로 받는 수동적 메커니즘에서는 코인배분은 그렇다해도 채굴 팬덤(Fandom)처럼 생존과 유의미한 성과를 얻기 위한 최소의 사용자 수(Critical mass)를 확보하기 어려웠을 것이다.

두 번째 쟁점은 '지속해서 살아남기'에 관한 것으로 안전성(Safety)과 생존성(Liveness)의 확보문제다. 운 좋게 초기에 살아남아도 지속해서 살아남는지는 따져 봐야하며 이 지속가능성에 중요한 개념이 바로 안전성과 생존성이다. 여기서 안전성이란 문제없는 참여자들끼리는 잘못된 합의가 발생하지 않는다는 뜻이고, 생존성이란 문제없는 참여자들끼리는 시간이 걸려도 반드시 합의를 이룬다는 뜻이다. 비슷해 보이지만 분명 다르다. 즉, 안전성은 상호간 합의가 제대로 이루어지는가에 대한 것이고 생존성은 상호간 합의가 얼마만에 이루어지는가에 대한 것이다. 일반적으로 각종 장애를 처리하는 장애허용모델에서는 안전성을 우선 확보한 다음에 생존성을 확보하는데 비트코인은 안전성보다 생존성을 우선시하는 매우 독특한 구조다. 그 대신에 약화된 안전성을 보완하기 위해 비트코인을 10분이라는 다소 긴 블록생성시간을 잡아두고 모든 참여자들이 그 시간동안 상호통신을 통해 거래의 유효성 검사를 실시한다. 하지만 이는 말 그대로 보완책일 뿐이며 확률적으로 안전성을 확보할 뿐이다. 즉 중앙화가 0%에서 100%에 가까울수록 안전성은 100%에서 0%로 떨어지기 때문에 '중앙화정도에 따른 확률적 안전성'이라고 볼 수 있다. 반면에 PoS의 경우 PoW에 비해 상대적으로 안전성을 높일 수 있는데 그 이유는 그 이름처럼 각 참여자가 예치한 지분인 '유효지분'에 있다. 지분을 담보로 하고 블록을 생성하다가 악의적인 공격 시 페널티로 그 지분의 전부 또는 일부를 삭감할 수 있기 때문에 안전성을 높일 수단이 된다. 다만 생존성이 문제인데 그것을 해결하기 위해 블록생성 조건을 일부 조정한다. 가령 블록생성 시 투표(Vote)와 시행(Commit)이 있다고 전제로 할 때 투표 통과 없이 시행만 해도 블록생성을 허용한다면 안전성은 떨어지지만 생존성은 살릴 수 있다. 결론적으로 PoW의 경우 안전성을 일부 포기하고 생존성을 확보하는 좋은 사례를 10년 이상 비트코인이 보여줬지만 PoS의 경우 앞서 언급한 설명대로 간단명료하게 설계하기가 어렵기 때문에 '비트코인 PoS'는 지속 생존한다 하더라도 겨우 그 생존을 유지했을 것이다.

세 번째 쟁점은 '카르텔로부터 살아남기'에 관한 것으로 탈중앙화의 달성 문제다. 흔히 PoW보다 PoS이 탈중앙화에 유리하다고 한다. 왜 그럴까. 앞서 언급한대로 PoW은 규모의 경제에 따라 규모가 클수록 그에 따른 비용(단가)이 저렴해져서 더 많은 이득을 가져가는 효과, 즉 '1코인은 1코인+@ 가치'를 갖는 경우도 있다. 반면 PoS에서는 '1코인은 1코인 가치' 그대로다. 물론 PoS 역시 부익부빈익빈 효과가 있다지만 규모의 경제 효과와는 그 비교위상이 다르기에 동일선상에서 비교하는 것은 옳지 않으므로 이 부분은 여기서 다루진 않겠다. 합의규칙 자체로만 보면 1코인 당 1코인 가치를 지닌 PoS가 '덜중앙화'된 방식이라고 할 수 있다. 다만 네트워크에 있어 그 방식 자체 하나로만 설명하기 어렵다. 아무리 PoS가 유리하다고 해도 앞서 설명한 초기 코인배분 요인만 봐도 PoS가 압도적으로 더 낫다고 보기 어렵다. 따라서 '비트코인PoS'의 탈중앙화는 현재의 그것과 크게 다르지 않았을 것이다.

결론적으로 만약에 사토시가 비트코인을 PoW이 아닌 PoS를 기반으로 설계했다면 블록체인과 암호화폐가 이렇게 성공하기는 어려웠을 것이라고 필자는 생각한다. 그 이유는 PoW은 인간이 동기부여하는 가장 간단하면서도 명쾌한 경쟁을 끌어와 블록생성과 체인선택을 쉽게 정의했을 뿐 아니라 확률적으로 긴 시간 생존에 유리하도록 잘 설계된 '하드웨어'처럼 작동했기 때문이다. 하지만 이런 간단명료하면서도 생동감 있는 메커니즘은 확률게임과 인간탐욕에 의해 위태로워졌고 그 대안을 찾기 시작했으며 그 부족한 점을 채우기 위하여 상대적으로 쉽게 다양한 콘텐츠를 구사할 줄 아는 '소프트웨어' 같은 PoS가 제안됐다고 봐도 무리가 없을 것이다.

아직까지 PoW와 PoS 중 어느 한쪽이 우월하다고 단정지을 수 없다. 물론 PoW방식이 더 오래 검증됐기 때문에 안전성 측면에서는 더 유리한 고지를 차지하고 있다고 볼 수 있다. 하지만 확장성, 자원소비 등의 한계를 드러내며 PoS로의 합의의 확장이 일어났고 그 결과 PoS가 탄생했다. 이 둘이 경쟁이 아닌 공존과 균형을 이루면서 블록체인의 최적화된 합의 방식을 이룰 수 있는지 지켜볼 필요가 있다.

Part 2

"첫 번째 반감기와 그 이후"

(2012.11.~2016.7.)

Chapter05

금과 비트코인의 채굴
- 비트코인 첫 번째 반감기 2012년 11월 -

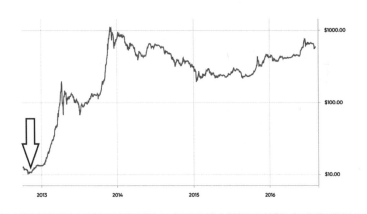

#반감기 #금채굴 #비트코인채굴 #확정성

Ⓑ 비트코인의 반감기

비트코인은 컴퓨터로 복잡한 연산 작업인 채굴을 통해 네트워크 참여자에게 부여하는 보상이기도 하다. 그리고 반감기는 최초블록을 기점으로 매 21만 블록마다 채굴보상이 50비트코인에서 절반씩 점차 줄어드는 메커니즘을 말한다.

비트코인이 가치저장수단의 대안으로 떠오르면서 소위 디지털 골드로까지 여겨졌는데 실제로 비트코인 백서에는 "새로운 비트코인의 일정량의 지속증가는 자원을 소비하면서 기존 유통량에 금을 캐서 늘리는 금 광부와 같으며 비트코인의 경우 소비되는 자원은 CPU와 전기다"라고 명시됐다. 반감기 덕분에 시장에 과하게 유통되지 않도록 자연스럽게 공급조절이 되어 경제적 안전성을 부여함과 동시에 지속되는 수요증가와 공급 감소로 인해 비트코인 시세와 채굴 편익이 올라가 희소성이 높아지게 된다.

비트코인의 첫 번째 반감기는 21만째 블록 즉 1,050만 번째 비트코인이 채굴되는 시점에 도래했으며 당시 열성팬 위주의 작은 시장임에도 불구하고 갑자기 줄어든 보상 때문에 시세에 꽤 긍정적인 영향을 끼쳤다. 따라서 반감기에 따른 채굴에 대한 고찰이 필요하다. 채굴은 네트워크를 유지하기 위해 보상을 주는 메커니즘이기 때문이다.

Ⓑ 채굴의 특성

- 이익중심의 경쟁

채굴에 참여한 모든 채굴자들이 블록생성 및 그에 따른 보상을 목표로 끊임없는 경쟁을 한다. 참여자들은 손해를 보지 않으려 하기 때문에 하나의 블록체인을 유지하기가 용이하다. 이러한 경쟁을 통해 누가 언제 블록을 생산하는지, 코인 보상 및 배분은 어떻게 하는지, 체인분기 시 어떤 체인을 선택해야 하는지에 대한 이점이 있다. 채굴자 관점에서 볼 때 분기된 모든 체인에 따라 채굴하면 컴퓨터 파워가 그만큼 분산되므로 자연스럽게 그 중 블록생성과 채굴보상에 유리한 체인에 선택과 집중하게 된다. 즉, 채굴자들은 경쟁을 통해 스스로 손해를 보는 가능성을 줄임으로써 체인을 선택하게 되고 그 중 가장 긴 체인이 정통성을 인정받게 된다. 다만 채굴에 단점이 있다면 타협 없는 경쟁 때문에 구조적으로 체인이 수시로 분기될 수 있다.

- 확정성(Finality), 안전성(Safety), 생존성(Liveness)

확정성이란 블록체인에 한번 기록된 거래는 돌이킬 수 없고 수정불가이므로 거래 이후 절대 바뀌면 안 된다는 것을 의미한다. 안전성이란 문제없는 참여자들끼리는 잘못된 합의가 발생하지 않는다는 뜻이다. 즉 장애를 일으키지 않는 한 시간이 걸려도 모든 참여자가 같은 거래전송을 처리하는 합의에 도달한다는 뜻이며 이는 결국 확정성(Finality)을 이루기 위한 특성이다. 이런 확정성을 위해 채굴자들은 현재까지 가장 긴 체인(Long chain)에 새로운 블록을 바로 이으려고 한다. 문제는 복수의 채굴자가 동시에 블록생성 시 체인 분기가 발생하면서 분기된 체인들이 순간적으로 모두 가장 긴 체인으로 간주될 때다. 이때 채굴자들은 각 분기체인들에 이어서 블록생성을 위한 경쟁(Race Competition)에 돌입하는데 시간이 지나면서 가장 긴 분기체인이 메인체인이 되면서 나머지 분기체인들은 자연히 사장된다. 하지만 특정 채굴자나 집단이 지배하는 채굴중앙화가 되어있는 경우 과반을 초과하는 컴퓨팅 파워로 체인분기시점을 틈타거나 사장된 체인들을 재생시켜 가장 긴 체인을 만들어버리는 '51% 공격(과반수 공격)'을 통해 기존의 가장 긴 체인의 기록된 거래들이 바뀌는 '재구성(Reorg)'이 발생할 수 있다. 이것을 두고 확정성(Finality)이 무너졌거나 안전성이 훼손됐다고 말한다. 생존성이란 그 합의 대상이 거래, 블록, 참여자 등 그 무엇이든 간에 문제가 없다면 네트워크 내에서 시간이 걸려도 합의가 이루어진다는 뜻으로 일정 시간이 지나 모든 참여자가 문제없이 합의에 도달한다면 그 네트워크는 생존성이 있다고 말한다. 전통적으로 합의알고리듬 설계시 안전성을 확보한 후에 생존성을 줄이는 방식(Safety over Liveness)으로 접근해 네트워크 내에서 합의가 이루어지지 않아도 모든 참여자에게 동일한 메세지를 주고받는 것을 최우선으로 두었다. 하지만 비트코인의 경우 그와 정반대로 생존성을 살리고 안전성을 뒤로 미루되(Liveness over Safety), 10분이라는 다소 긴 블록타임동안 참여자간 합의시간을 준다거나 가장 빨리 연산 작업을 마치는 경쟁체제를 도입해 안전성을 보완했다. 다만 이런 보완책도 51% 공격과 같은 극단적인 사태가 발생할 수도 있으며 결국 확률적으로 안전성을 부여한다는 한계에 부딪힌다.

ⓑ 채굴에 대한 고찰

비트코인 이전에 채굴하면 딱 떠오르는 자산이 있다. 바로 금이다. 흥미로운 점은 인류 역사상 가장 오래되고 매력적인 자산인 금의 채굴 메커니즘이 비트코인의 그것과 의외로 닮은 점이 있다는 사실이다. 과연 어떤 점이 같고 어떤 점이 다른가.

- 금 채굴

금을 채굴하는 방법은 다양하다.

첫째로 패닝(Panning)이다. 이는 넓고 얇은 냄비를 활용해 자갈, 모래 등의 다른 물질로부터 금을 분리하는 수동 기술이다. 일단 금이 잔류해있을 만한 지점에 자리잡고 금 알갱이가 있을 것 같은 모래를 퍼서 물과 함께 흔들고 돌리다 보면 다른 물질보다 밀도가 높은 금이 냄비 바닥에 안착한다.

둘째로 슬루스(Sluicing)방식이다. 패닝보다 좀 더 규모가 크고 진화된 방식으로 슬루스박스(Sluice box)를 사용하는데 금알갱이가 있을법한 모래나 흙을 부은 다음 흔들면서 덜 조밀한 물질이 박스 밖으로 흘러내린 후 금만 남게 한다. 간혹 알갱이가 큰 암석이 있는 경우 기계동력으로 회전시키는 원통체에 물을 분사하면서 큰 암석과 모래나 흙을 분리시킨 후 금의 세부분리를 하는 트롬멜 방식이 있으며 더 큰 돌덩어리가 있는 경우엔 트롬멜 이전에 쉐이커라는 방식을 통해 걸러낸다.

셋째는 사금채취선(Dredging)방식이다. 사금의 가장 진보한 방식으로 강에 부유하는 현대식 기계를 동원해 강의 모래를 퍼서 금을 뽑아내는 방식이다. 누군가 잠수해 흡입호스를 통해 물과 모래를 퍼 올리면 채취선에

탑재된 슬루스박스를 통해 금을 채취한다.

넷째는 하드록채굴(Hardrock mining)방식이다. 앞서 설명한 방식들이 모래 등으로부터 나오는 사금(Placer gold)을 얻는 것이라면 하드록채굴방식은 산이나 돌로부터 나오는 산금(Hardrock gold)을 얻는 것이다. 즉, 헐렁한 퇴적물로부터 금을 얻는 것이 아닌 흔히 광산이라고 불리는 단단한 암석으로부터 금을 얻는 것이며 세계 대부분의 금을 채취하는 방식이다.

- 비트코인 채굴

비트코인 채굴방법은 알면 알수록 흥미롭고 유익하기 때문에 블록체인을 알고 비트코인을 이해하는데 매우 중요하다.

비트코인 채굴에 대하여 본격적으로 알아보기 전에 블록체인을 구현한 최초 사례이자 대표 모델인 비트코인의 합의규칙에 대해서 다시 짚어보자. 통신네트워크에서의 참여자들 간 합의규칙은 특정 알고리듬을 통해 구현되며 이때 합의알고리듬은 앞서 설명한대로 '누구에게 블록생성 권한을 줄 것인가(블록선택규칙)'와 '체인분기 시 어떤 체인을 선택할 것인가(체인선택규칙)'로 정의된다.

비트코인의 경우 누구에게 블록생성 권한을 줄 것인가에 대한 합의규칙이 곧 채굴하는 방식이기도 하다. 블록생성의 합의 규칙인 채굴은 크게 두 가지 목적을 갖는다.

첫째, 비트코인 참여자들이 안전하고 변조되지 않는 합의에 도달하게 하여 비트코인 네트워크의 보안을 유지한다. 즉, 비트코인 네트워크에 더 많은 노드들이 참여할수록 컴퓨팅파워가 더 모아지고 결론적으로 점점 더 해킹하거나 공격하기 어렵게 된다.

둘째, 이렇게 네트워크 보안에 기여한 채굴자들에게 블록이라는 가치 보상을 주어 계속해서 참여하도록 동기를 부여한다. 이 방식은 비트코인을 얻기 위해 가장 빨리 연산 작업을 완료하고 그것을 다른 참여자들로부터 증명 받는 자, 다시 말해 가장 빨리 채굴하고 확인받은 자가 블록을 생성하기 때문에 '작업증명방식(PoW)'이라고 한다. 채굴자 입장에서 볼 때 컴퓨터 자원을 바탕으로 해시(Hashes)라는 64자리 숫자를 찾으려고 하고 운 좋게 타켓이 되는 해시를 찾으면 블록생성의 기회를 얻게 되는데 이때 1MB 크기의 비트코인 블록에 상응하는 거래 묶음을 참여자들로부터 검증받으면 블록보상을 받게 된다. 간단히 말하면 채굴은 컴퓨터로 고난도 수학 문제를 푸는 작업이고 그 문제를 풀 때마다 블록이 생성되면서 그 생성자에게 보상이 주어진다. 흥미로운 점은 채굴이 자원집약적이고 난이도가 조절되도록 설계됐다는 점이다. 자원집약적인 것은 이미 설명했듯이 비트코인을 채굴하기 위해 전기, 장비 등이 투입된다는 의미다. 난이도가 조절된다는 것은 채굴자들이 더 많아질수록 블록생성은 빨라지고 블록생성률이 높아질수록 채굴난이도가 높아지기 때문에 블록생성이 빨라지는 것을 조절하는 것을 뜻한다. 이런 특성 때문에 2016블록(14일) 주기로 생성되도록 계속해서 난이도가 재계산되며 결국 평균적으로 10분에 한 블록씩 생성하게 만든다. 채굴에 대한 보상으로 2009년 1월 3일 최초블록부터 2012년 11월말까지는 블록당 50비트코인을 보상으로 주고 2012년 11월말부터 2016년 7월초까지는 매 블록당 25비트코인을 보상으로 주며 2016년 7월 초부터 2020년 5월까지는 블록당 12.5비트코인을 보상으로 준다. 약 4년을 주기로 블록당 보상을 반으로 줄이는 것을 반감기라고 하며 이는 비트코인의 희소성을 높이고 인플레이션을 줄이는

치밀하게 설계된 공급방식이다.

채굴을 하기 위해 필요한 것은 일정 크기의 물리적 공간, 전기, 그리고 채굴기가 필요하다. 물리적 공간은 채굴자가 계획하고 있는 채굴규모에 맞게 집, 창고 등을 활용하면 되고 당연히 매매비용이나 임대료가 저렴할수록 좋다. 전기는 채굴에 있어 가장 중요한 자원이다. 전기만 저렴하게 얻을 수 있으면 채굴에 매우 유리한 고지를 확보할 정도로 핵심적인 요소다. 채굴규모가 어느 정도 큰 경우 전기를 저렴하게 확보하기 위해 발전소, 송전소, 변전소 등과 협상하기도 하고 채굴을 전문적 또는 집단적으로 하는 경우 중국, 중앙아시아 등으로 진출하기도 한다. 물리적 공간과 전기 못지않게 중요한 것이 바로 채굴기다. 일부의 경우를 제외하고 가장 편차가 큰 요인이 바로 얼마나 채굴효율이 좋은 채굴기를 확보하느냐 여부다. 비트코인 초창기 때만 하더라도 CPU가 장착된 컴퓨터로도 유의미한 채굴이 가능했다. 하지만 시간이 지나면서 비트코인 채굴 경쟁이 생기면서, CPU채굴 시 채굴단가가 채굴보상보다 낮아졌고 CPU채굴보다 효율성이 높은 GPU채굴시대가 도래했다. 이후 GPU채굴기를 수십 개에서 수백, 수천 개를 모아놓은 채굴장까지 생겨났고 진정한 비트코인 채굴경쟁(Mining race)이 발생했다. 그리고 머지않아 GPU보다 더 효율이 좋은 채굴전용기가 출현했다. 그것은 바로 FPGA(Field Programmable Gate Array)인데, 이름처럼 현장에서 자유롭게 프로그래밍 할 수 있는 반도체를 말한다. 이는 생산 시 사전에 프로그래밍되어있지 않기에 가능한 일이며, 능력만 되면 누구나 프로그래밍, 즉 논리회로를 설계할 수 있어서 실제 사용까지 걸리는 시간이 길지 않다. 반면 또 다른 채굴전용기인 ASIC(Application Specific Integrated Circuit)은 사용자 주문에 따라 특정용도로 설계된 주문형 반도체를 말한다. 이것은 생산할 때부터 프로그래밍되기 때문에 사전에 활용타겟에 대한 확신이 있어야 하며 따라서 제작부터 실사용까지 걸리는 시간이 꽤 길다. 비교하자면 ASIC은 특정 설계에 반복적인 사용에는 강하고 효율적이지만 그 설계변경에 대한 대응력이 약하며, 반대로 FPGA는 자유로운 설계 덕분에 재프로그래밍이 용이하지만 유지보수비용이 높다. FPGA, ASIC과 같은 채굴전용기의 도입으로 비트코인채굴 경쟁이 심화되자 서로 힘을 합쳐 채굴을 하려는 움직임이 생겼다. 마이닝풀(Mining pool)은 서로 뭉쳐 하나의 채굴집단을 형성했고 그 채굴에 얼마나 많이 기여했는지에 따라 보상을 배분하는 방식이다. 또한 클라우드 마이닝(Cloud mining)은 대규모 채굴설비를 구비한 업체가 불특정 다수의 투자자로부터 자금을 모은 뒤 채굴 보상을 투자금에 비례해 분배하는 방식이다.

Ⓑ 첫 번째 반감기를 넘어서

비트코인은 2011년 11월 28일 역사적인 첫 번째 반감기를 맞이했고 이후 채굴보상은 50비트코인에서 25비트코인으로 줄어들었다. 반감기 덕분에 비트코인은 인플레이션 줄일 수 있었고 동시에 희소성은 높일 수 있었다. 장밋빛 미래가 전개될 것 같은 비트코인에 이후 어떤 일이 발생했을까.

Chapter06

경제위기와 자산피난처
- 키프로스 경제위기 구제금융 2013년 3월 -

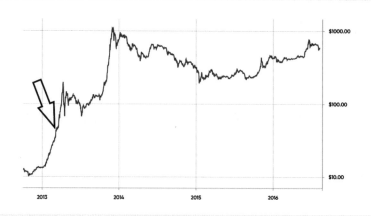

#키프로스 #경제위기 #구제금융 #자산피난처

#초인플레이션 #비트코인시대의위기

Ⓑ 키프로스 금융위기

키프로스는 인구 80만명의 지중해의 작은 섬나라로서 이 나라는 인구의 80%가 그리스어를 사용할 정도로 그리스의 영향이 크다. 그리스가 금융위기를 겪자 키프로스 역시 2010년에 금융위기가 왔다. 2009년 그리스는 재정악화를 은폐했고 2010년 들어 그 실체가 드러나자 결국 국제통화기금(International Monetary Fund, 이하 'IMF')의 구제금융을 받았다. 이때 IMF는 그리스의 국채를 가치절하시키는데 키프로스는 자국 은행들이 GDP의 1.6배에 달할 정도로 엄청난 그리스 국채를 보유한 탓에 45억 유로에 달하는 손실을 입었다. 결국 키프로스 역시 2012년 6월 IMF구제금융을 신청했으나 구제에 대한 협상이 길어진 탓에 2013년 3월이 되어서야 구제금융의 조건이 공표됐다. 정부지출삭감, 대규모 구조조정, 정부기관민영화, 복지축소 등 통상적인 조건들 외에 전례 없던 조건이 하나 있었다. 바로 키프로스 은행 예금자에게 과세하는 조건이다.

유로존 재무장관들과 IMF가 10만 유로 이하의 예금보유자에게 6.75%, 10만유로 이상의 예금보유자에게 9.9%의 일회성 과세를 요구함으로써 58억 유로를 확보하고 이 확보금을 향후 구제금융 상환에 반영하기 위해 내건 조건이었다. 얼핏보면 너무 부당한 조건이라고 볼 수 있겠지만 조그마한 나라임에도 자산손실이 너무 막대했기 때문에 예금자 과세라는 극단적인 조치를 요구했다. 이러한 구제금융조건이 발표되자마자 예금자들은 즉각 반발했고 특히 전체 700억 유로 예금 중에서 200억 유로 예금을 보유한 러시아인들 역시 반발했다. 참고로 러시아인 예금이 많은 이유는 과거 러시아와 키프로스 사이에 맺은 조세협정과 키프로스 은행과 러시

아 은행 간 인터넷뱅킹 제휴 등으로 더 낮은 법인세와 더 편한 금융거래
가 가능했기 때문이었다. 어쨌든 푸틴 대통령까지 가세한 러시아의 반발
로 조정안이 나왔지만 결국 키프로스 의회는 그마저 부결시켰다.

그런데 위기가 발생하면 누군가에게는 위험이지만 다른 누군가에게는
그에 상응하는 기회가 찾아온다. 2013년 1분기의 키프로스 경제상황과
비트코인의 입장이 그랬다.

Ⓑ 자산피난처로 떠오른 비트코인

2013년 키프로스 금융위기로 인해 뱅크런, 예금중지 등 본인 자산을
찾지 못하거나 묶일 수 있다는 불안감과 공포감이 그리스, 스페인, 러시
아 등으로까지 스멀스멀 퍼져갔고 자산을 온전히 보존하고자 하는 사람
들 사이에서 비트코인의 존재감이 부각됐다. 주목할만한 점은 이런 현상
은 두 번째 반감기가 있던 2016년 이야기도 아닌 코인붐이 불던 2017년
의 일이 아닌 고작 2013년의 일이다. 출시된 지 4년밖에 되지 않은 비트
코인의 시세가 그때부터 불안과 공포의 벽을 타고 올라가기 시작했다. 실
제로 비트코인 시세는 키프로스가 격동의 시기를 보내던 2013년 3월 47
달러에서 한 달도 되지 않아 88달러까지 거의 2배 상승했다.

세금징수를 피하기 위해 케이먼군도, 버질아일랜드와 같은 조세피난처
가 부각되거나 독일나치군의 돌격을 피해 엄청난 금을 유럽대륙에서 미
국으로 피난시킨 적은 있었지만 개인 자산을 안전하게 보존하기 위한 매

개체로, 그것도 일반인에게 생소한 비트코인으로 자산을 피난시킨 것은 놀라운 일이다.

정부와 당국이 중앙은행을 구제하기 위해 돈을 찍어내는 행태를 보고 2009년 1월 사토시는 비트코인 출시를 통해 기득권층과 금융시스템을 우회 비판했다. 그런데 키프로스 금융위기가 발생하자 그의 메시지가 누군가에게는 매우 힘 있고 설득력있게 들렸을 것이고 그것은 시장에 그대로 반영됐다.

이쯤에서 갑자기 궁금증이 생긴다. 비트코인 출시 이후 키프로스 금융위기보다 더 큰 규모의 위기가 발생하거나 또 다른 종류의 경제위기가 발생한다면 어떤 모습일까.

Ⓑ 경제위기와 비트코인

- 경제위기란

경제위기는 사전에 예상하지 못한 충격이 발생해 경제주체들이 이례적인 반응을 보이는 것이다. 또한 금융기관이 채무를 상환하지 못하는 여파가 금융시스템 전반에 퍼져 금융기능 상실과 금융시스템 붕괴를 막기 위해 특별한 조치가 필요하다. 비트코인이 마주할 최초의 글로벌 경제위기에 대한 시나리오를 보기 전에 먼저 과거에 실제 있었던 경제위기를 살펴보자.

– 경제위기의 사례들

첫 번째로는 '중남미 외채위기' 사례다. 1960~1970년대 중남미 국가들은 해외자본 유치를 통해 급속한 경제성장을 이뤘으나 석유파동과 경기침체로 인해 대외채무의 상환이 어려워졌고 불안감을 느낀 해외투자자들이 자본을 회수해버렸다. 그 여파로 통화가치가 절하됐고 마이너스 경제성장과 급격한 물가상승을 겪었으며 심지어 일부 국가들은 불경기에 물가까지 오르는 스태그플레이션이 생겼다. 중남미 국가들은 이 위기를 수습하기 위해 대규모 구조조정, 화폐개혁 등을 실시했고 부실금융기관에 공적자금을 투입했다.

두 번째로는 '일본 거품경제' 사례다. 일본은 1980년대 금융시장의 규제를 대폭 완화했고 1985년 플라자합의 이후에는 엔화 강세에 따른 경기침체를 막기 위해 금리를 인하하는 등 확장적 통화정책을 펼쳤다. 그로 인해 1980년대 후반 부동산 가격의 급격한 상승, 저금리로 인한 신용 팽창 등으로 거품이 형성됐다. 이에 일본당국이 경기과열을 막기위해 기준금리를 급속히 인상했지만 거품이 빠지면서 부동산과 주식의 가격이 하락하고 은행들의 부실채권이 증가했다. 이러한 은행위기는 복합위기로 발전하는데 급격히 확대되는 금융부실로 인해 수많은 금융기관이 도산했고 성장률은 물론 소비지출 증가율 역시 마이너스를 기록했다. 일본정부는 이 위기를 수습하기 위해 여러 차례 기준금리를 인하했고 공공투자를 확대하는 한편 부실 금융기관 구제를 위한 자금지원과 금융기관 보유주식 매입, 은행에 특별대출을 실시했다.

세 번째로는 '동아시아 외환위기' 사례다. 자본자유화로 인해 아시아 금융시장에 투기적 성격의 외국자본이 급속하게 유입됐고 그 덕분에 높은 성장을 하게 됐지만 이후 투기자본이 급격히 빠져나가면서 그간 거대해진 단기 외채규모를 감당하지 못하고 외채를 만기 내에 상환하지 못하는 사태가 발생했다. 그 결과 1997년 태국 바트화가 폭락했고 그 외환위기의 여파가 우리나라를 포함하여 인도네시아, 말레이시아, 필리핀 등으로 퍼져나갔다. 이러한 외환위기는 복합위기로 발전했으며 외환위기 국가들은 성장률의 하락과 물가상승률의 상승을 겪었고 환율은 지속적으로 절하됐다. 각국은 이 위기를 수습하기 위해 부실 금융기관과 기업들에 대한 구조조정을 실시했고 일부 국가는 IMF구제지원을 받는 대신 기준금리 인상, 긴축 재정정책, 국내시장의 개방 등을 이행했다.[11]

경제위기가 발생한 원인, 시기, 지역은 동일하지 않지만 이들은 몇 가지 공통점을 갖고 있다. 우선 금융규제완화, 금융시장 개방 등으로 국가 신용이 좋아지고 해외자본이 유입되면서 경기가 과열되다가 거품이 빠지고 금융시장과 실물경제가 침체됐다. 또한 외채, 은행, 외환의 위기가 퍼져 복합적인 위기로 발전했고 이를 수습하기 위해 부실 금융기관을 구제하고 긴축재정정책을 펼쳤다.

가장 최근의 글로벌 경제위기인 서브프라임 모기지 사태도 별반 다르지 않다. 미국에서 저금리가 지속되어 고수익 금융상품의 수요가 증가했고 관대한 신용평가를 바탕으로 다양한 대출이 방만하게 운영됐다. 게다가 증권화와 파생금융상품의 개발로 신용위험이 급증한데다가 새롭고 복잡한 파생금융상품에 대한 금융감독과 규제가 허술했다. 그 결과 미국의 금융위기는 다국적 기업의 참여, 금융기법의 발전 등으로 전 세계 금융시장으로 빠르게 전이됐고 역시 전 세계 실물경제의 침체까지 촉발시켰다. 이후 엄청난 격랑 속에 수습조차 버거울 2009년 1월 비트코인이 출시됐다.

- 비트코인 시대의 위기

키프로스 금융위기 이후에도 경제위기 여파는 계속 이어졌다. 베네수엘라는 2012년부터 유가가 서서히 하락했고 2013년 우고 차베스 대통령의 사망으로 니콜라스 마두로가 대통령직을 승계받고 2014년 미국의 셰일 혁명으로 유가가 폭락하면서 본격적인 경제위기가 시작됐다. 이후 마두로 정권이 위기대응을 제대로 하지 않고 부패정치를 하자 외화자본은 유출됐고 초인플레이션이 발생하는 등 국가경제는 파탄이 났으며 결국 2017년 베네수엘라 정부는 디폴트를 선언했다. 이러한 과정에서 급부상한 것은 비트코인이었다. 실제로 비트코인은 식료품 구매, 임금지불 등 일상에서까지 활용됐고 비트코인의 인기 덕분에 마두로 정권은 이를 역이용해 석유를 담보로 한 페트로(Petro) 코인 발행까지 계획했다.

정치상황과 초인플레이션으로 몸살을 앓고 있는 국가는 더 있다. 같은 중남미에 속한 아르헨티나는 여전히 국채시장과 중앙은행을 제대로 갖추지 못한 데다 어마어마한 국채 중에서 외채가 무려 60%에 달할 정도로 외채의존도가 심하다. 불안한 재정상황과 금융시스템은 디폴트(채무불이행) 그림자가 씌워지기 시작했고 국민들은 그 대안으로 비트코인에 관심을 갖기 시작했다. 또한 짐바브웨에서는 이미 수년 전부터 초인플레이션(Hyper inflation)이 발생해 경제위기가 지속됐고 2017년 군부 쿠데타로 인해 정치적 혼란까지 가중됐다. 결국 자국화폐를 폐기하고 미국 달러를 포함한 외국화폐를 법정통화로 지정하는 수준까지 이르렀고 현금 대체제이자 해외송금용으로 비트코인의 수요와 시세가 급등했다.

- 또 다른 양상의 위기

2016년 6월 영국이 유럽연합(EU)을 탈퇴하는 '브렉시트(Brexit)'가 국민투표를 통해 현실화될 가능성이 높아지면서 국제정세에 따라 요동치는 국가화폐에 비해 상대적으로 안정적인 자산으로 비트코인이 반사이익을 얻었다. 실제로 브렉시트 국민투표결과가 찬성 과반수로 결정나자 하루만에 비트코인 시세가 10% 이상 상승했다.

또한 2019년 중국정부에 대항해 민주화 시위를 벌인 홍콩 역시 신흥 비트코인 수요 급증 지역이다. 중국의 홍콩 탄압과 그에 대응하는 민주화 시위가 장기화되면서 홍콩의 정치, 경제, 사회적 불안이 가중되고 있는데다 중국 정부의 자산거래기록 검열도 추진되고 있어 비트코인이 탈중앙화 자산피난처 역할로 떠오르고 있고 실제로 홍콩 내 거래량도 역대 최고치를 기록했다.

그리고 2019년 말 발생해 현재까지 확산중인 코로나19 바이러스 대유행은 주식, 원자재 등 많은 자산의 시세 뿐만 아니라 비트코인 시세 역시 급락을 촉발했다. 흥미로운 점은 코로나 시대에 주가, 원자재, 금, 은 등의 시세가 급락을 반복하며 과거보다 큰 변동성을 보이자 여태껏 심한 변동성으로 비판받은 비트코인의 시세가 상대적으로 평범해보였다는 점이다. 게다가 비트코인은 금과 시세측면에서 상관관계를 높이면서 떠오르는 희소자산의 면모를 어느 때보다 강하게 보여주고 있다.

앞서 살펴본 경제위기와 그와 다른 양상의 국제위기를 통해 봤을 때 비트코인은 키프로스 금융위기 때나 지금이나 자산을 피난시킬 대안 화폐이자 시스템으로 자리를 매김하고 있음을 알 수 있다. 만약 그렇다면 비트코인 시대에 글로벌 경제위기가 발생한다면 어떤 시나리오가 우리를 기다리고 있을까.

Ⓑ 비트코인시대의 글로벌 경제위기 시나리오

　향후 글로벌 경제위기가 어디서 어떻게 시작될지는 여기서 다루지 않겠지만 점점 더 금융기법이 발달하고 국가 간 경계가 모호해지면서 은행, 외채, 외환 등 특정유형의 위기가 아닌 복합위기가 여러 국가로 연쇄 반응이 일어날 가능성이 크다. 그렇게되면 진원지부터 외화자본이 빠지면서 주식과 자산 가격이 떨어지면서 신용경색이 발생하고 그 여파는 실물경제까지 퍼질 것이다. 이때 대응할 수 있는 자산은 은행에 보관한 예금과 보유하고 있는 현금 등이 있는데 예금은 정부와 당국의 긴급조치로 출금을 막거나 출금이 가능해도 너도나도 예금인출을 하려다보니 뱅크런 사태가 발생할 수도 있다. 남은 자산은 그나마 수중에 있거나 급조한 현금인데 생활자금 외 자산가치를 보존할 유동자산은 과연 어디로 향할까. 가장 직관적인 피난처는 달러 등 현금 그 자체이거나 금, 은과 같은 귀금속일 것이다. 그런데 이제는 비트코인이라는 선택지가 하나 더 존재한다. 누군가는 비트코인을 포함한 암호화폐를 사려고 할 수도 있고 위기가 심각해질 것이라고 생각한 사람들은 뒤따라 암호화폐 매수행렬에 가담할수도 있다. 이게 너무 암호화폐 위주의 확증편향일 수도 있겠지만 이미 우리는 이런 상황을 몇몇 사례에서 목격했다. 한바탕 혼란을 경험한 금융시장이 잠시 소강상태가 오면 급전이 필요한 일부 사람들이 암호화폐의 변동성을 걱정함과 동시에 생활비든, 대출상환이든, 수익실현이든 현금화를 하면서 이전 상승분을 일부 반납할 것이다. 이후 진정한 복합위기가 구체화되고 장기화되면서 금, 은, 달러를 찾다가 접근성이 더 높은 암호화폐에 몰릴 수 있고 그러면 다시 상승세를 탈 것이다. 이때 중남미, 짐바브웨 등의 사례처럼 위기가 지속될수록 그 상승의 기울기가 더욱 가팔라질 수도 있다.

다만 그 상승세와 지속성은 사실상 각 정부 및 당국에 달려있다. 비트코인을 포함한 암호화폐의 거래소가 운영정지를 당할 수도 있고 운영정지 이후에도 개인 간 암호화폐 거래를 할 수도 있지만 수천년 동안 화폐와 시스템에 대한 권한과 화폐발행독점권을 가진 정부가 그들이 통제할 수 없는 영역에 그 주도권을 쉽게 넘겨줄 리 없다.

그럼에도 비트코인은 전에 없던 대안 화폐와 시스템이라는 특징과 다음 경제위기가 전례 없이 어마어마한 위기를 몰고 온다면 우리가 경험하지 못한 화폐시대의 판도라가 열릴지도 모른다. 하지만 현재 모든 판단은 추측일 뿐 비트코인시대에 글로벌 경제위기가 도래할 때 그것이 얼마나 실현가능성이 있는지 알 수 있다. 여러 변수에도 불구하고 어쨌든 정부의 적극적 개입이 없다면 암호화폐의 투자성의 한계를 제대로 시험할 역대급 기회가 될 수도 있을 것이다.

Chapter07

두 번째 정점: 패권주의, 그리고 인식의 확장

- 미국 상원 최초 비트코인 청문회 2013년 11월 -

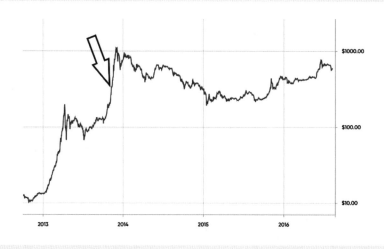

#미국의회 #비트코인청문회 #인식의확장

#미국독립혁명 #블록체인혁명

Ⓑ 미국 의회, 그리고 인식의 확장

비트코인이 첫 번째 정점 이후에 '합의의 확장'이 발생했듯이 2013년 비트코인은 반감기 효과지속, 키프로스 경제위기에 따른 두 번째 정점 이후 하락횡보 기간 동안 '인식의 확장'이 발생했다. 그 확장의 계기는 바로 미국 상원의 최초 비트코인 청문회다. 참고로 당시 상황은 비트코인을 결제수단으로 마약 등 불법적인 암거래가 이루어졌던 '실크로드(SilkRoad)'가 폐쇄됐고 미국 연방수사국(Federal Bureau of Investigation, FBI)은 그 온라인 불법암거래 쇼핑몰을 패쇄했으며 운영자인 울브리히트가 체포된 시점이다. 그로부터 얼마 지나지 않아 미국 상원에서 최초로 비트코인 청문회가 열렸는데 실크로드 사태로 비트코인 사용이 엄격해질 거라는 예상이 지배적이었다. 그러나 그런 우려에도 불구하고 "비트코인이 국제무역을 좀 더 효율적으로 활성화할 수 있을 것으로 인식한다"라는 미털리 라만 당시 법무부 차관보 대행의 발언과 "암호화폐에 대한 권한은 없지만 장기적으로 혁신이 가속화되면 안전하고 효율적인 지불수단이 될 수 있다고 본다"라는 벤 버냉키 당시 미 연준 의장 발언이 이어지며 비트코인 인식의 반전이 일어났다. 그 덕분에 미국 정부와 당국이 앞으로 비트코인의 존재를 용인할 것이라는 예측이 나왔고 이에 시장 역시 즉각 반응하면서 비트코인이 급상승했다.

비트코인 이전에 존재했던 미국 서부 골드러시 때 개인이 만든 금화나 2000년 전후로 성행했던 전자골드처럼 미국 정부와 당국의 압박과 견제 때문에 사장될 것 같았던 비트코인은 미국 연방 정부와 의회의 암묵적 용인 하에 생존을 이어가게 됐다. 미국은 과연 패권국가로서 비트코인의 패권의 잠재력을 보고 포용한 것일까. 그 의문에 대한 단서를 얻기 위해 이 둘의 패권에 대한 과거와 현재, 그리고 미래에 대한 비교를 해보기로 하자.

Ⓑ 패권주의의 서막

– 미국 독립혁명(American Revolutionary War)

미국의 독립전쟁은 1775년부터 1783년에 걸쳐 진행된 대영제국과 북미 신대륙의 13개 식민지 사이의 전쟁으로, 미국 독립의 계기가 된 사건이다.

독립혁명이 일어난 주 원인은 본국인 영국과 식민지인 북미 간 갈등이 었다. 식민지는 1750년대 진행된 '프랑스-인디언 전쟁'에서 영국군과 함께 프랑스군에 맞서 싸워 승리했지만 정작 영국으로부터 받은 것은 그 전쟁으로 인한 재정악화로 인한 '세금부과'와 애팔래치아 산맥 서쪽의 개척 금지에 따른 '이주제한'이었다. 특히 세금은 직접적으로 체감할 수 있는 요인이었기 때문에 식민지 주민들과 영국 내 식민지와의 교역상인의 반발로 결국 홍차를 제외한 모든 물품에 대한 세금을 폐지했다.

하지만 그 과정에서 이미 영국은 본국의 자존심이 훼손됐다고 생각했고 식민지는 자기지역의 자치권이 훼손됐다고 생각해 상호 불신과 긴장관계는 더 심해졌다. 그러던 와중에 1773년 보스턴항구에서 영국 배에 실린 어마어마한 차 상자를 식민지인들이 바다에 버린 '보스턴 차 사건'이 발생했고 이를 계기로 결국 영국은 식민지와의 전쟁을 개시했다.

- 블록체인 혁명(Blockchain Revolution)

사토시는 2008년 10월 비트코인 백서를 공개하고 2009년 1월 블록체인의 구현체인 비트코인을 세상에 내놓는다.

비트코인의 출시로 인한 '블록체인 혁명'은 10년 넘게 경제, 사회, 산업 등 여러 분야에 영향을 끼치고 있고 탈중앙 커뮤니티 속에서 자생하면서 국가를 초월한 범세계적으로 그 세력을 확장하고 있다. 사토시의 비전이 현실세계 특히 기득권층에 대한 도전장이자 선전포고로 보였기 때문이다.

- 팍스 아메리카나와 팍스 블록체이나

'팍스(Pax)'란 라틴어로 평화를 의미하는데 그 뒤에 국가명이 오면 해당 국가의 패권에 기반한 장기간의 평화라는 의미로도 통용된다. 일찍이 로마 제국이 기원전 27년부터 180년까지 초대 황제인 아우구스투스 통치하에 전쟁을 통한 영토확장과 안정적인 국가경영으로 팍스 로마나(Pax Romana)가 시작된 이후 이 단어는 막강한 국가나 제국에 사용됐다.

여기에서는 현대 패권국가인 미국이 왜 팍스 아메리카나를 이룰 수 있었는지, 그리고 4차 산업혁명에서 블록체인과 암호화폐가 다양한 분야와 국가에 위세를 떨치며 팍스 블록체이나를 어떻게 이룰 수 있는지에 대해 알아보겠다.

Ⓑ 팍스 아메리카나(Pax Americana)[12]

- 지리적 및 지정학적 이점

미국은 마치 신이 선사한 것처럼 지구상에서 가장 알짜배기 땅을 물려받았다. 일례로 미국에 있는 수로는 총 28,300Km이 넘고 미시시피 강만 해도 북미를 제외하고 지구상의 나머지 수로를 다 합한 것보다 훨씬 길다. 이렇게 길면서도 망으로 구성된 수로 덕분에 미국은 양적으로나 질적으로 세계에서 압도적인 자본 창출의 기회를 갖고 있었는데 그 이유는 다음과 같다. 첫째로 긴 수로는 운송의 핵심요인이다. 운송거리가 긴 만큼 운송단가가 저렴해지며 수요가 많아도 충분히 감당할 수 있다. 즉, 아주 적은 비용으로 강 수로망을 따라 어디든 도달 가능하다(물리적 이점). 둘째로 인공적인 기간시설이 크게 필요 없다. 대부분의 국가에서는 국가 발전을 위해 도로, 철도 등 기간시설 설치가 필요하고 또 필요한 만큼 세금을 걷어야한다. 그런데 미국은 강들이 직간접적으로 경제적 진출을 가로막는 많은 장애물들을 제거하여 개발비용이 낮다(경제적 이점). 셋째로 강은 통일을 촉진하고 통합된 수로망은 방대한 영토마저 하나로 결속시킨다. 저렴한 운송비 덕분에 운송경로를 따라 위치한 지역들의 경제적 사회적 교류가 촉진되며 문화적 정치적으로도 다변적이고 밀접한 결속력을 갖추게 된다(사회적 이점).

이뿐만이 아니다. 위도 48도 아래의 온난한 기후의 땅은 사람이 거주하고 작물을 경작하기에 충분할 만큼 온화하면서도 치명적인 질병을 옮기는 곤충들의 서식을 제약할 만큼 서늘하다. 게다가 그렇게 쓸모 있는 영토의 대부분은 경작하기가 용이하다.

이러한 미국의 강 수로와 토지는 그 자체만으로도 미국을 초강대국의 지위에 올려놓는다. 그런데 더 기가 막힌 사실은 수로와 토지가 거의 완벽하게 겹치고 그 시너지 효과는 상당하다는 것이다.

미국의 이러한 지리적 이점 외에 지정학적 이점도 상당하다. 아래쪽 멕시코와 인접한 미국 남쪽 국경지역은 사막이거나 고지대, 아니면 고지대에 위치한 사막이다. 위쪽 캐나다와의 국경은 한쪽에는 산맥과 숲이 있고 다른 한쪽에는 로키산맥이 있으며 중간에는 조지아 해협이 있는 데다가 문화적, 경제적으로 캐나다-미국 간 동질성이 높은 지역이다. 미국의 서쪽에는 거대한 태평양이 있고 동쪽에는 대서양이 있는 덕분에 미국은 북미대륙 외부에서 비롯되는 침략으로부터는 대체로 안전하다.

- 브레튼우즈 체제

제2차 세계대전은 여러 이유로 인류역사상 가장 중요한 전쟁이다. 첫째로 참전국들이 모두 여러 가지 산업기술을 터득한 상황에서 산업국가들 간에 발생한 최초의 군사적 충돌이다. 제2차 세계대전 당시 주요 참전국들은 산업화를 완성했고 그 산업기술을 통해 기관총과 군복 제조에서부터 식량배급 등 병참 기능을 응용시켰다. 둘째로 참전국들 가운데 새로운 초강대국이 떠올랐다. 바로 미국이다. 해가 지지 않는 영국을 넘어서 세계적으로 유례없이 한 나라에 군사력이 대거 집중됐다. 그렇기 때문에 제2차 세계대전이 끝난 후 모두가 미국이 추축국과 서유럽 제국들을 흡수하고 팍스 아메리카나, 즉 미국이 지배하는 평화체제를 구축할 것이라 예상했다.

하지만 미국은 나름대로의 계획을 갖고 있었다. 1944년 7월 1일, 제2

차 세계대전 당시의 연합국가들을 뉴햄프셔주 소도시 브레튼우즈에 불러
모아 회의를 열어 새로운 세계에 대한 미국의 비전을 제시한다. 바로 '브
레튼우즈 체제'가 시작된 것이다.

〈1〉 브레튼우즈 회의에 모인 국가대표들

　미국은 브레튼우즈 체제를 통해 '자유무역(Free trade)'을 주창하는데 그
속내는 다음과 같다. 당시만 해도 수입 등 자국 시장으로의 접근을 매우
경계하고 통제하고 반대로 자국의 기업들이 접근할 시장을 찾던 시대였
다. 그런데 전쟁 이후 지구상에 살아남아 초강대국이 된 미국 스스로 자
국시장을 개방해버렸다. 또한 당시엔 사고 없이 안전한 교역을 위하여 자
국의 모든 상선과 화물을 보호하는 것이 매우 중요했기 때문에 군사력이
필요했다. 그런데 전 세계에 힘이 미칠 수 있는 유일한 국가인 미국이 모
든 해상 운송을 보호한다고 공언했다. 게다가 미국은 자신의 계획에 합류
하면 소련으로부터 보호해주겠다고 약속했다.

연합국가들조차 미국의 대대적인 원조 없이 회생할 수도 없었고 소련으로부터 자유로울 수도 없었기 때문에 마다할 이유가 없었다. 당시 미국은 유일하게 잠재력 있는 소비시장이 있고 유일하게 가용자본이 있으며 유일하게 안보를 보장할 군사력이 있었다. 따라서 브레튼우즈에 모인 국가대표자들은 선택에 주저하지 않았고 브레튼우즈 체제는 삽시간에 확산됐으며 이후에 우리가 배운 그 역사가 세상에 펼쳐졌다.

- 젊은 인구구조

국가경쟁력을 분석할 때 인구구조처럼 예측가능성이 높은 요인도 없다. 이념, 정치, 경제 등 복잡하고 끊임없이 변화하는 요인과 달리 인구는 사망률과 출생률만 알면 대략적인 계산이 가능하다. 현재 일본, 유럽 등 선진국 진영 전체에서 장년층 인구비중이 전례 없이 높아지면서 대규모 잉여 자본이 창출되고 있고 이로 인해 자본비용과 투자에 대한 고수익 가능성이 하락하고 있다. 이들 국가들에선 하나같이 은퇴 직전인 50~60대 인구(장년층)와 장년층 진입 직전인 30~40대 인구(청년층) 사이의 역전현상이 이미 일어나고 있다.

어쨌든 미국도 인구역전현상이 일어나지만 일시적인 현상이며 그렇게 보는 이유는 다음과 같다. 첫째로 미국은 거의 모든 다른 주요 국가들보다 전체적으로 인구가 젊다. 늦은 도시화와 광활한 영토 덕분에 아파트단지가 아닌 교외 단독주택의 주거형태를 띄었고 덕분에 자녀수가 줄어드는 속도와 강도가 낮았다. 둘째로 다른 문화권보다 이민자들로 하여금 자국 문화에 훨씬 수월하게 동화시켰다. 민족집단주의가 지배적인 대부분의 국가와 달리 정착민으로 구성된 국가의 경우 특정 민족이나 지역이 체제를 장악하지 않기 때문에 외부인이 주류에 섞여 동화하기가 용이했다. 셋째로 미국의 인구감소는 겨우 한세대 동안 발생했다. 주요 국가에서 목격되는 전후 베이비붐 세대들은 그들 세대보다 적은데 반해 미국은 다행히 가까스로 역전현상을 피하면서 베이비붐세대가 세상을 떠나기까지의 약간 불편한 시기를 지나면 상황이 다시 호전될 가능성이 크다.

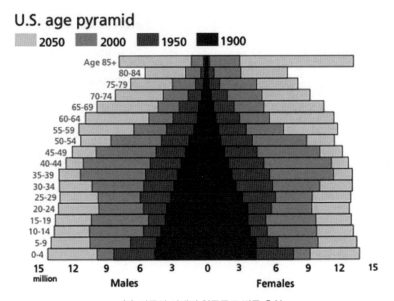

〈2〉 미국의 시대별 인구구조 변동 추이

- 셰일혁명

대부분의 석유는 퇴적암의 층과 층 사이와 같이 플랑크톤같은 생물체로부터 만들어진다. 수백만 년 동안 열과 압력이 가해지면 이 생물체들의 시체가 석유로 변하고 이 석유가 암석을 뚫고 솟아오르다가 통과하지 못하는 지층(불침투성 암반)에 도달한다. 이런 식으로 석유를 가두고 있는 암석층의 유형들 가운데 하나를 '셰일(Shale)'이라고 부른다. 셰일은 퇴적암으로서 수천만 년 전부터 바다 밑바닥에 쌓여있는데 원래 해상이었던 관계로 보통 드넓은 지역에 얇게 퍼진 상태로 존재한다. 그렇기 때문에 기존 기법으로는 뽑아내기 어려워 채산성이 떨어졌는데 혁신적인 새로운 공법 덕분에 채산성은 계속 높아지면서 오랫동안 지속 생산 가능한 에너지가 됐다.

이 셰일혁명 덕분에 미국은 여러 이득을 보게 된다. 우선 셰일산업과 연관산업에서 수십만 개의 일자리가 창출됐고 유가하락 덕분에 수억 달러가 절약됐으며 든든한 에너지원이 생겨 산유국들의 변덕, 엄포 등으로부터 자유로워졌다. 더욱 놀라운 사실은 셰일 생산을 위한 자본, 기술, 인력, 인프라는 향후 적어도 10년간 미국이 유일하다.

한마디로 셰일 덕분에 미국은 경제적으로도 전략적으로도 다른 모든 선진국들보다 한 수 위에 있게 되었고 그로 인해 자유무역과 지구경찰을 자부했던 미국이 브레튼우즈 체제에서 발을 빼게 되는 계기가 된다.

Ⓑ 팍스 블록체이나(Pax Blockchaina)

- 인터넷 및 블록체인 분포도(→지리적 및 지정학적 이점)

우리 일상 속에서 너무도 당연하게 활용되고 있고 현대사회에서 빼놓을 수 없는 인터넷은 아는 바와 같이 특정 프로토콜(TCP/IP)을 기반으로 전 세계에 걸친 컴퓨터 네트워크를 의미한다. 인터넷으로 가장 많이 알려진 웹(World Wide Web)부터 이메일, 온라인 게임, 스트리밍 서비스 등 그야말로 거대한 정보의 바다인 셈이다.

잠시 인터넷의 역사를 짚어본다면 1960년대 세계 최초의 인터넷 격인 군사용 네트워크 밀네트(MILNET)와 최초의 2노드 간 상호연결 통신망인 아파넷(ARPANET)이 나왔으며 1980년대 세계 모든 곳을 연결하는 국제통신망인 NSFnet이 나왔다. 1989년에는 네트워크 기술을 한 단계 진보시킨 월드와이드웹(WWW)이 나와서 주로 교육, 공공목적으로 사용되던 네트워크 기술에 상업적 목적의 온라인 서비스가 추가되고 전 세계적으로 수많은 이용자들을 끌어들인다. 이때 웹 서버의 문서, 이미지 등의 데이터를 읽어 컴퓨터 모니터에 출력해주는 웹 브라우저가 나오고 사용자들은 덕분에 수많은 웹문서들을 넘나들며 얻고 싶은 정보들을 획득할 수 있다.

사실 인터넷은 블록체인과 암호화폐가 전파되고 커뮤니티가 성장하는 데 절대적 기반이 된 곳으로 인터넷의 역사를 언급하면서 세 가지 요인을 강조할 필요가 있다. 첫째는 인터넷 발전의 '과정'이다. 군사용으로 처음 시작했지만 어쨌든 그것의 목적은 떨어져있는 누군가와 디지털을 매개체로 통하기 위해 즉 디지털통신을 하기 위해서였다. 1960년대, 아니 통신망의 규모가 어느 정도 세계적 규모가 된 1980년대에도 이것이 왜 필요하고 혁신적인 기술인지 당시 사람들은 이해를 못 했다. 이것은 마치 현재 시점에 블록체인과 암호화폐는 각각 쓸모없는 거품이 낀 상품이고 무지한 투자자들을 등쳐먹으려는 수단일 뿐 활용처(Use cases)가 없는 디지털 쓰레기라고 부르짖는 현실과 뭔가 비슷하지 않은가. 종종 잘못된 판단은 기회를 놓치게 만든다. 둘째는 인터넷 발전의 '속도'다. 인터넷이 그 규모와 위상, 활용과 파급력이 특이점(Critical Mass)을 넘는 데 20년 이상 걸렸다. 블록체인을 구현해서 나온 최초의 암호화폐, 비트코인은 나온지 10

년이 좀 넘었다. 따라서 앞으로 비트코인은 도대체 여태껏 뭘 보여줬고 어디에 활용하냐고 누군가 비판하면 자연스러운 혁신발전의 과정이라고 생각하면 된다. 셋째는 인터넷이 가진 디지털 세상에서의 '지리적 이점' 이다.

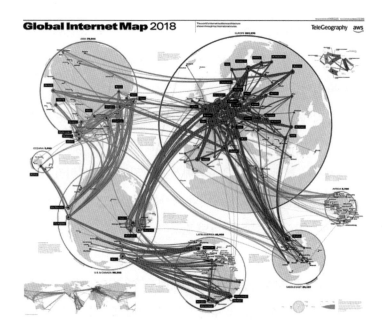

〈3〉 전세계 인터넷 활용 분포도

전 세계에 방방곡곡 겹겹이 짜여진 인터넷 토양 위에서 블록체인과 암호화폐는 자생할 수 있었고 온라인 커뮤니티와 거기서 활동하는 인터넷 유저들이라는 강력하면서 충성스러운 우군을 얻을 수 있었다.

지리적 이점 외에 지정학적 이점도 존재한다. 간단한 예로 비트코인을 얻기 위해서는 채굴이라는 작업을 필요하고 채굴이 산업화된 국가들을 보면 결코 후진국이 아니다. 북미, 유럽, 중국, 호주 등 주요 국가들에서 채굴자들이 집약적이면서도 방대하게 포진하고 있다. 따라서 경제위기나 전쟁, 심지어 핵전쟁이 일어나도 이들 국가들에서 일부라도 살아남는다면 비트코인은 생존에 성공해 타격은 받겠지만 네트워크를 유지하는 데에는 문제가 없다.

비트코인만을 예로 들었지만 채굴하는 PoW기반 암호화폐 외에 예치담보하는 PoS기반 암호화폐 역시 아무래도 금융경제시스템이나 기술수준이 높은 주요 국가들에서 많은 프로젝트가 추진되고 있다. 그런데 후진국이나 개발도상국도 그 대상에서 제외되진 않는다. 아프리카의 경우 은행은 적지만 상대적으로 모바일은 많이 소유하고 있기 때문에 암호화폐 네트워크가 은행대체역할을 하는데 있어 진입장벽이 절대 크지 않다. 남미의 경우 경제적으로 갈수록 어려운 시기를 겪고 있는데 그 덕분에 법정화폐 대신에 비트코인을 대안으로 여겨 그 가치가 올라가는 현상이 일어나고 있다.

– 오픈소스체제(→브레튼우즈체제)

브레튼우즈 체제가 미국에 의해 전 세계에 '자유무역(Free Trade)'이라는 번영의 선물을 선사했다면 블록체인과 암호화폐는 자취를 감춘 익명의 천재에 의해 전 세계에 '자유개발(Free Development)'이라는 공생의 선물을 선사했다고 필자는 생각한다. 오픈소스란 상품의 원천이 되는 기술적 노하우를 공개한다는 의미다. 사토시는 블록체인과 비트코인의 특허를 따낸 뒤 떼돈을 벌어서 죽을 때까지 떵떵거리면서 살아도 모자랄 판에 그런 수준 높은 기술과 잘 짜여진 경제와 철학의 집약체를 궤도에 올려놓고 오픈소스로 남긴 채 자취를 감춘다. 만약 우리가 사토시였다면 과연 그처럼 똑같이 했을까.

다행히 이 오픈소스의 산물에 관심을 갖거나 가치가 있다고 생각한 사람들이 점점 더 많이 생겼고 그들이 채굴 및 네트워크 유지에 참여하는 것은 물론이고 명확한 보상 없이 지속적으로 개발하고 응용했다. 이 모습이 마치 전쟁의 잿더미 속에서 유일하게 힘이 남아도는 미국이 다른 국가들을 착취는커녕 자신의 비호 아래 안전하고 지속가능한 상호거래 즉 자유무역의 모습과 뭔가 겹쳐 보이는 건 단순히 필자만의 생각일까.

오픈소스에서 기막히면서도 묘한 점은 바로 '자발적 참여'에 있다. 우리 인간은 일반적으로 어떤 공동체가 형성되거나 상품이 만들어질 때 자기에게 이득이 되는지부터 따진다는 사실을 다 알 것이다. 따라서 경제적으로든 사회적으로든 그에 따른 보상이 있어야 참여 동기가 발생하고 그 덕분에 그 공동체나 상품이 더 건전해지거나 더 쓸모 있게 된다. 그런데 비트코인의 경우 꼭 그렇지는 않다. 물론 채굴을 통해 얻어지는 경제적 보상이 있지만 초기 생존기에는 더더욱 과연 가치가 있는지도 몰랐을 것이고 채굴경쟁에서 반드시 이긴다는 보장이 없기 때문에 당시엔 확정적 보상효과라고 치부할 수도 없다. 더욱이 이렇다 할 보상 없이 그 네트워크를 개선하고 개발 및 응용하는 개발자들은 일반적인 상식으로는 설명하기도 이해하기도 어렵다.

이렇듯 블록체인 네트워크 참여자들은 마치 서로 짠 듯이 각자 관심을 갖고 참여하기도 하고 심지어 자기 지갑을 열어 기꺼이 투자까지 한다. 이렇듯 오픈소스체제는 이상해 보이지만 묵묵히 공생을 위한 자유개발을 세상에 설파하고 있다.

- 젊은 투자연령층(→젊은 인구구조)

우선 명확한 분석을 위해 몇 가지 설문조사 결과를 언급하겠다.

2017년 미국에서 1,000명의 성인 온라인 투자자를 대상으로 비트코인에 대한 조사를 했다. 그 결과에 따르면 65세 이상의 대다수(95%)가 비트코인보다 주식을 선호한 반면 밀레니얼세대의 27%가 주식보다 비트코인을 선호했다. 또한 65세 이상 중에서 15%만 비트코인을 알고 있고 19%만 비트코인을 긍정적인 혁신으로 봤으나 밀레니얼세대 중에서 38%가 비트코인을 알고 있고 48%가 긍정적인 혁신으로 내다봤다.[13]

그리고 2018년 초 미국에서 5,761명의 성인을 대상으로 비트코인에 대한 조사를 했다. 그 결과에 따르면 비트코인에 대한 인지도가 5년전 대비 140% 상승(25%→60%)하였고, 비트코인을 보유한 응답자(전체의 5%) 중에서 58%가 밀레니얼세대(18세~ 34세)이고 20%가 정부보다 비트코인을 더 신뢰한다고 했으며 70%가 장기적으로 비트코인 가치가 더 올라간다고 예상했다.[14]

2018년 말 중국에서 5,000명의 일반인을 대상으로 비트코인에 대한 조사에서도 암호화폐에 투자한 응답자의 60%는 19세~28세였고 하락장에도 불구하고 응답자의 40%가 비트코인에 투자하기를 원했다.[15]

사실 더 많은 설문조사들이 있을 것이고 이 세 가지의 조사가 대중의 암호화폐에 대한 태도를 전부 대변하지 대변하지 않을 수도 있다. 하지만 임의로 추출한 위의 조사들은 우리에게 시사점을 던진다.

우선 65세 이상의 은퇴자들은 새로운 투자를 하지 않거나 투자를 한다 해도 경제성장이나 투자 붐을 크게 견인하지는 않는다. 오히려 그들은 투자를 한다 해도 시간을 길게 가져가진 않는다. 즉, 인구집단으로서의 은퇴자들은 경제성장이나 투자 붐의 발목을 잡음과 동시에 이들이 모아놓은 자금이 줄어들면서 소비지출감소, 복지지원증가 등 경제적 부담감만 늘게 만든다.

하지만 20~30대로 대표되는 청년층은 비트코인에 대해 매우 긍정적으로 생각하고 있고 장기적인 안목으로 매력적인 투자처로 보고 있다. 이들은 엄밀히 말해 현재로서는 보수가 그리 높지 않고 소비하기에 바쁜 세대이지만 10년만 지나면 장년층에 진입하기 시작하면서 대출을 받아야 할 필요는 적으면서도 소득 잠재력에서는 절정을 향해 달려갈 것이다. 더 중요한 것은 현재의 20~30대인 이 세대는 전후 엄청난 출산율을 자랑한 베이비부머(Babyboomers)들의 자녀세대들로 소위 '에코세대(Echo Generation)'이다. 따라서 이들이 소비하는 것에 따라 소비트렌드가 형성되고 바뀌고 또 이들이 투자하는 것에 따라 다양한 금융상품이 생기고 파생상품이 다양해질 것이다.

흔히 젊은 연령대의 행보가 미래 트렌드의 척도라고 알려져 있듯이 비트코인을 포함한 암호화폐도 그 척도가 똑같이 적용된다고 본다. 당연한 말이지만 앞으로 그들은 각 국가에서 수적으로나 경제활동측면에서 가장 중추적인 역할을 할 것이다. 그런데 이 젊은 층들이 앞서 언급한 조사에서처럼 블록체인과 암호화폐에 대한 긍정적인 태도를 갖고 있고 투자에 있어서도 최고의 투자처인 미국 채권보다 더 매력적이라고 생각한다는 점을 비추어볼 때 암호화폐의 미래는 매우 유망하다고 볼 수 있다.

– 디앱 혁명(→셰일혁명)

셰일에 대해 다시 잠깐 말하면 과거만 해도 이 셰일은 추출하기 까다롭고 경제성도 낮은 자원이었다. 하지만 어느 순간부터 추출기법이 발달하고 의미 있는 채산성이 나오기 시작하자 결국엔 미국에게 국가적 에너지 안보와 경제적인 이점을 안겨줬다. 비트코인과 암호화폐를 이 천연자원에 비교하자면 아마도 경제성이 떨어졌던 셰일의 과거시점 어딘가에 현재 위치해 있다고 본다. 뭔가 돈이 될 것 같긴 한데 적극 실제 활용하기에는 애매한 그 시점 말이다.

하지만 시간이 흘러 블록체인과 암호화폐 영역에서 디앱(Dapps, Decentralized apps, 탈중앙응용프로그램)이 많이 나오고 그 중에서 대중적 관심을 이끌 '킬러디앱(Killer Dapp)', 즉 핵심 탈중앙어플이 생기면 이야기는 달라진다. 그것이 결제영역이든 게임이든 자산토큰화든 뭐든 블록체인이 실생활에서 체감할 수 있는 진면모를 제대로 보여주는 그 때, 이것이 왜 4차 산업혁명의 핵심분야인지 일반인들도 납득할 것이며 그때 비로소 '대중적 수용(Mass Adaption)'이 일어날 것이다.

물론 과거 1~3차 산업혁명이 그랬듯 하루아침에 온갖 혁신이 일어나서 우리의 생활패턴이 바뀌지는 않겠지만 우리가 인지하고 있지 않은 상태로 우리 일상 면면을 잠식하면서 어느 순간 돌아보면 과거의 라이프스타일이 불편하고 달갑지 않은 날이 올 것이다.

솔직히 어떤 양상으로 블록체인과 암호화폐가 우리 실생활을 치고 들어올지 필자도 장담은 못 하겠다. 다만 자신 있게 말할 수 있는 것은 잠재력이 무궁무진한 암호화폐는 그것이 선인지 악인지와는 별개로 어떤 식으로든 우리가 사는 모습을 상당히 바꿀 가능성을 갖고 있다는 점이다. 또한 그게 어떤 양상으로 가는지는 인류 역사상 역대 발명품과는 달리 '우리가 어떻게 참여하는지'에 달려있다는 점이다. 즉, 우리가 이 암호화폐를 단순히 돈만 벌수 있는 투자처로 보면 거기에 국한될 것이고 더 나아가 투자처는 물론 기존 금융권의 불편한 점을 줄이는 새로운 금융패러 다임을 제시한다거나 블록체인과 암호화폐를 토대로 새로운 금융, 투표 등의 방식을 구현시켜 새로운 경제민주주의를 실현하는 발판으로 삼는다 면 인류의 새로운 도약에 도움이 될 것이다.

다시 말해 여태까지의 절대 권력자나 소수 엘리트 또는 특정 집단의 선 동이나 강요에 의한 '일방적 혁명' 아닌 평범한 불특정 다수가 조금씩 참 여하면서 한 차원 높은 지향점을 보여주는 '인류 최초의 공동체 혁명'이 일어날 수도 있으며 그 혁명의 모든 가능성은 당신과 나, 바로 '우리'에게 달려있다.

Ⓑ 우연한, 그러나 필연적으로 등장한 패권주의

미국은 독립 이후 지리적 및 지정학적 이점, 브레튼우즈 체제를 통해 세 계 패권국가로 군림했고 유리한 인구구조와 셰일혁명 덕분에 앞으로도 그 패권을 유지할 가능성이 생겼다.

유사한 요인들에 비추어 분석한 블록체인과 비트코인은 향후 미국과 같으면서도 다른 모습으로 경제금융 분야에서라도 패권을 보여줄 것이 라는 기대감을 보여줬다. '팍스 블록체이나'는 필자가 고안한 용어로 누 군가는 그렇게까지 정의하는 것이 억지 아니냐고 반문할 수도 있다. 충분 히 일리 있는 지적이라고 생각한다. 너무 블록체인과 비트코인에 매몰되 어 자기편의주의적으로 판단한 것일 수도 있지만 앞서 살펴본 나름대로의 분석을 통해 단순 억지는 아니라고 생각한다. 미국이 나름대로의 이점을 발판으로 전 세계의 패권을 잡았듯이 블록체인과 비트코인 역시 나름대로의 잠재력과 가능성으로 화폐와 금융의 패권을 가질지 귀추가 주목된다.

Chapter08

세 번째 정점1: 해킹, 그리고 응용의 확장
- 마운트곡스 거래소 폐쇄 2014년 2월 -

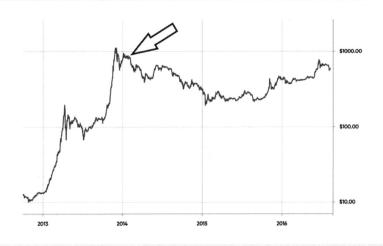

#마운트곡스해킹 #응용의확장 #이더리움

Ⓑ 마운트곡스(Mt.Gox) 해킹 사태

2010년 7월 설립된 마운트곡스는 한때 전 세계 비트코인 거래의 70% 이상을 차지하던 거대한 거래소였다. 규모가 큰 만큼 해커들의 매력적인 타겟이었고 결국 거래소 자체 프라이빗 키가 유출되어 85만개의 비트코인이 도난당했다. 그런데 거래소 측에서는 그러한 해킹이 발생되었음에도 불구하고 내부시스템 결함이 아닌 비트코인의 블록체인 자체의 기술 결함이라고 둘러댔다. 마운트곡스 거래소가 보여준 허술한 내부관리와 블록체인 기술에 대한 거짓 발언은 해당 거래소는 물론 비트코인과 블록체인에 대한 신뢰를 무너뜨렸고 이후 수년간의 시세하락횡보장의 빌미가 됐다.

물론 마운트곡스를 통해 수년간 엄청난 비트코인 거래를 처리한 덕분에 거래의 유동성과 활성화를 도모할 수 있었다. 하지만 운영자의 위선 때문에 시세장기하락 촉발, 블록체인 신뢰도 저하, 비트코인 이미지 훼손 등 암호화폐 시장을 위축시켰다.

Ⓑ 응용의 확장

비트코인의 첫 번째 정점과 두 번째의 정점 이후 각각 '합의의 확장'과 '인식의 확장'이 발생했듯이 마운트곡스 해킹 및 폐쇄 이전의 세 번째 정점 이후 암호화폐 시장은 수년간 하락과 횡보를 했지만 그 속에서 이더리움의 등장으로 '응용의 확장'이 발생했다.

- 블록체인을 프로그래밍하다

이더리움은 블록에 기록을 단순 저장하는 수준을 넘어서 블록체인을 활용한 프로그래밍이 가능한 플랫폼이다. 이 플랫폼은 사전결정된 조건에 따라 자동이행되는 '스마트컨트렉트(Smart contracts)'라는 핵심 기능 덕분에 자동으로 결제가 이루어지고 그 기술을 통해 디앱이 가동된다. 또한 자체 가상머신을 통해 모든 참여자가 컴퓨터에서 상호합의하에 동일한 연산을 수행하면서 동일한 상태(State)에 합의하는데 마치 모든 참여자들이 하나의 거대한 가상 컴퓨터를 돌리는 것과 같아 '세계컴퓨터(WorldComputer)'라고도 한다.

비트코인과는 다르지만 그것에 못지않은 거대한 비전과 포부를 가진 이더리움이 블록체인 영역에서 가지는 의미는 어떠한가. 그 함의를 알아보기 위해 이전에 있었던 혁신들과 비교를 해보자.

- 컴퓨터와 PC

1942년 세계 최초의 컴퓨터인 ABC(Atanasoff-Berry Computer)가 세상에 나왔고 1946년 범용 전자계산기인 에니악(ENIAC)을 거쳐 1949년 최초의 현대적 컴퓨터 격인 에드삭(EDSAC)이 개발됐다. 이후 1974년 최초의 개인용컴퓨터인 앨테어(Altair) 8800이 출시됐고 1981년 이룬 IBM사의 IBC PC 5150이 출시되어 개인용 컴퓨터의 대중화를 일궜다.

- 운영체제와 프로그래밍

컴퓨터가 대중화되면서 더 많은 사람들이 컴퓨터를 쉽게 다루고 싶어했고 이러한 수요를 충족하기 위해 컴퓨터를 쉽게 다루게 하는 인터페이스인 운영체제(Operating System)가 나왔다. 운영체제는 하드웨어와 소프트웨어를 관리하는 것으로 컴퓨터시스템 자원의 효율적 관리, 컴퓨터 사용 편의성 제공 등의 환경을 제공하는 여러 프로그램의 모임이다.

컴퓨터와 운영체제 덕분에 컴퓨터에서 동작하는 다양한 프로그램에 대한 수요와 공급이 폭발했고 많은 개발자 도구와 다양한 프로그래밍 언어를 다루는 이들이 전에 없던 프로그램을 개발하기 시작했다.

– 비트코인: 기본 버전의 시스템과 컴퓨터

블록체인을 최초로 구현한 비트코인은 사토시가 만든 개인간 전자화폐 시스템으로 중개자 없는 탈중앙화 기반의 분산원장이며 단순하게 상호간 자산을 결제, 송수신할 수 있는 화폐이자 기본 시스템이다.

그와 동시에 UTXO(Unspent Transaction Outputs) 즉, 소비되지 않은 거래 출력 값이 블록체인에 기록되어 상호간 거래의 유효성 검사, 비트코인 존재 여부 등을 통해 블록체인에서의 잔액이 계산된다.

블록체인의 시초이자 단순하면서도 높은 수준의 장애허용모델인 비트코인은 앞서 언급한 컴퓨터와 PC의 기본버전에 해당하며 더 진보된 기술이 나오게 하는 신기술의 발판 역할을 한다.

– 이더리움: 프로그래밍과 월드컴퓨터

이더리움은 앞서 설명한 대로 프로그래밍이 가능한 블록체인 플랫폼으로 제3자 없이 사전결정된 조건에 따라 자동 이행되는 스마트컨트렉트 기능이 구현되어있으며 그 덕분에 디앱의 개발과 운용이 가능해졌다.

또한 자체가상머신을 통해 모든 참여자들이 상호합의하에 동일한 연산

작업을 수행하며 자체 암호화폐인 '이더(Ether)'를 발행해 계좌 간 송수신
도 가능하다.

블록체인에 스마트컨트렉트가 더해진 이더리움은 운영체제와 프로그래밍
에 해당하며 기존 기술보다 더 많은 서비스를 제공할 가능성을 품고 있다.

Ⓑ 이더리움의 역사

- ICO(Initial Coin Offering)

ICO란 블록체인 프로젝트를 시작하기 위해 주최측이 투자모금 공지를
하면 재정적 후원자 및 투자자들이 모금이 가능한 코인 또는 토큰을 주최
측의 송금하면 그 대가로 주최 측이 개발한 암호화폐를 후원자 및 투자자
들에게 제공하는 자금조달방식이다.

이 방식은 프로젝트를 추진할 때 개발진과 경영진, 백서 등을 통한 기술
및 아이디어 등 상대적으로 간단한 정보만 공시하면서 수월하게 자금을
조달받을 수 있어 블록체인 프로젝트들이 이 모금방식을 많이 활용했다.

2013년 최초의 ICO 이후 해를 거듭하면서 그 횟수와 모금액이 증가했
으며 2017년 코인 붐에 큰 기여를 했다.

최초로 ICO를 진행한 프로젝트는 2013년 마스터코인(剟옴니코인)으로
당시 4,740BTC를 모금 받았다.

그 다음해 7월 스마트컨트렉트 개념을 도입한 이더리움 프로젝트 역시
ICO를 진행하여 당시 약 1,850만달러 상당의 투자금을 조달 받았다. 이

어 2016년에는 이더리움 플랫폼 기반의 The DAO펀드를 구성해 1억5천만 달러 상당의 투자금을 조달 받았다. 대규모 자금을 받은 이더리움은 이후 암호화폐 투자자들에게 ICO에 대한 신뢰형성에 긍정적인 영향을 끼쳤고 그와 동시에 이더는 수많은 ICO에 활용되는 코인이 되어 ICO붐을 견인했으며 이더 시세 역시 엄청나게 급상승을 했다.

- 이더리움이 걸어온 길

2017년 이더리움은 이더의 가격폭등과 이슈몰이로 암호화폐 시장에 정상급 프로젝트로 군림했다. 우선 상당한 프로젝트의 ICO가 이더로 자금조달 받은 덕분에 이더의 수요가 급증했다. 게다가 수많은 블록체인 프로젝트가 이더리움 네트워크에서 정한 표준 토큰 스펙인 ERC20(Ethereum Request for Comment 20)을 통해 제작됐고 이더리움과 교환되면서 이더의 유동성과 이더리움 생태계가 커졌다.

하지만 코인거품이 빠지면서 이더 역시 큰 폭의 시세하락, 확장성 문제, ASIC에 따른 채굴 중앙화 등에 대해 확실하고 분명한 조치가 없어 이더리움에 혹했던 일부 투자자들에게는 미운오리새끼 같은 존재로 전락했다.

사실 이더리움이 많은 쟁점과 문제에 직면하고 있는 것은 맞다. 다만 그것의 정도와 종류만 다를 뿐 다른 프로젝트에서도 나름대로의 해결과제들이 있으며 대부분의 블록체인 프로젝트는 아직 대중적 수용이 일어나기에는 확장성, 응용성, 활용성 등이 부족하다. 어떤 의미에서는 비트코인이든 이더리움이든 과거의 잘나가던 시절만큼이나 현재의 거품이 빠진 평범한 시절 역시 그것이 가진 본모습이라고 본다. 왜냐면 잘나갈 때조차 누구나 납득할 이유로 정점을 찍은 것이 아니기 때문이다.

혹자는 이더리움 개발자들이 신뢰할만한 소프트웨어 제작에 집중한 나머지 사용자경험(UX)을 등한시했고 이에 이더리움은 대중의 마음을 사로잡지 못하고 커뮤니티 내 권력구조가 생겼으며 확장성, 경쟁플랫폼 등장 등 스마트컨트렉트 생태계에서 주도권을 잃어가고 있다고 비판했다.

그러나 이더리움은 아무도 가지 않는 길로 가려는 '개척정신(Frontier spirit)'과 세부사안 간 최적화, 안전성 등에 집요한 '장인정신(Craftsmanship)'이 존재한다는 점에서 여전히 독보적이며 매력적이다. 가령 개척정신 덕분에 이더리움 공동창업자들은 새로운 것을 쫓기위해 이더리움을 출시해서 다양한 기능과 서비스들을 제공할 수 있었고 장인정신 덕분에 2015년까지 추진한 개선방향을 과감히 뒤엎고 2016년부터 새로운 개선방향을 추진하기도 했다.

- 이더리움이 걸어갈 길

때론 유의미한 혁신은 변방에서 오기도 한다. 라이트 형제가 사람을 날게 하는 기이한 기구라는 당시 획기적인 아이디어를 실행에 옮겼지만 그것이 나중에 수백 명을 태울 보잉기나 레이더에 잡히지 않는 스텔스가 될 것이라고 생각하지는 않았을 것이다. 마찬가지로 비탈릭 부테린 등 이더리움 창립자들도 세계컴퓨터라는 원대한 컨셉을 잡기는 했지만 어떤 파급력을 보여줄지는 모른다. 다만 라이트형제가 쏘아올린 비행기가 다양한 기업들의 진입과 수많은 수요 덕분에 하나의 거대한 산업과 대중적 수용을 이룬 것처럼 이더리움도 지속적인 개발과 대중적 활용을 이루면 블록체인 산업의 대중화를 이끌 수도 있다. 그 과정의 일환으로 이더리움은 여러 차례에 걸친 하드포크[5]와 새로운 도약을 위한 '이더리움2.0'이라는 큰 변곡점을 앞두고 있다.

이더리움2.0은 PoS로의 전환, 확장성 향상 등 여러 개선사항이 포함된 대규모 업그레이드다. 이것의 목적은 보다 탈중앙되고 더욱 탄력적이며 단순성, 안전성, 생존성을 향상시키는 것이다. PoW보다 더 친환경적이고 덜 중앙화된 PoS로 전환될 것이고 '샤딩(Sharding)'이라는 분할방식을 통해 탈중앙성을 유지하면서도 확장성을 향상시킬 것이다. 또한 더욱 효율적이고 정교한 웹어셈블리 기반 가상머신을 가동하며 스테이트[6] 수수료를 부과하여 점점 증가하는 스테이트 크기에 대해 경각심을 일으킴과 동시에 네트워크 자원을 마음껏 써대는 소위 '공유지의 비극'을 방지할 계획이다.

Ⓑ 응용의 확장을 넘어서

이더리움이 걸어온 길을 반추하고 걸어갈 길을 예상해보니 기존의 메커니즘을 뒤엎는 수준의 이더리움2.0을 성공적으로 이루기 위해서는 비트코인과 다른 암호화폐처럼 각자의 역할이 중요하다. 이더리움 마법사

---

5) 알고리듬 변경에 따른 새 버전의 출시를 지향하는 네트워크 업그레이드. 때로 체인분기에 따른 별도 체인 및 코인이 탄생함.

6) 스테이트란 이더리움 네트워크 참여자인 노드에 저장된 코드, 스마트컨트렉트 등을 모아놓은 데이터를 뜻하며 스테이트 수수료는 스토리지 사용자에게 그 데이터 양과 시간에 비례하는 임대료를 뜻함.

라고 볼 수 있는 개발자는 개선안이 검증 및 구현은 물론 사용자 경험과 편의성을 높이고 이더리안(Ethereans)이라 불리는 사용자는 이더리움의 장단점을 피드백하고 이더리움의 버팀목인 커뮤니티는 분석과 투자의 조화 속에 비판적 사고를 갖고 꾸준한 관심과 인내를 가져야 할 것이다.

Chapter09

세 번째 정점2: 암호화, 그리고 익명의 확장
- 모네로 탄생 2014년 4월 -

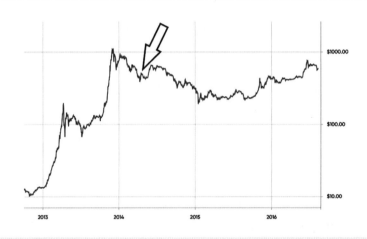

#영지식증명 #링서명 #불릿프루프

#익명성 #사생활보호 #지하경제

Ⓑ 암호화가 제시하는 것

- 익명성과 사생활보호

암호화 기술은 익명성과 사생활보호의 미래를 결정할 것이다. 과연 이 엄청난 기술은 미래에 개인의 자유를 증진시킬 것인가 아니면 사회 통제의 도구가 될 것인가.

기본적으로 사생활보호는 인간의 본성이자 기본권이기 때문에 그 통제권을 둘러싼 싸움이 치열하고 중요하다. 지속적인 감시나 검열은 개인의 유대관계를 형성하거나 성(性)적으로 탐구하거나 정치적, 종교적인 의사표현을 하는 것을 방해하므로 그럴때는 익명성이 꼭 필요하다. 여기서 익명성과 사생활보호를 구분할 필요가 있다. 우선 익명성은 개인의 일상생활이 세상에 공개되지만 신분이나 정체성은 특정 지을 수 없는 것이다. 반면 사생활 보호는 개인 일상생활이나 그것에 대한 정보를 본인 스스로 조절할 수 있는 것이다. 가령 누군가 벌거벗고 있지만 얼굴이나 신체특징을 가려 자신이 누군지 알아볼 수 없게 하는 것이 익명성이라면, 누군가 벌거벗고 있을 때 주변에 칸막이를 세우거나 몸을 가릴 수 있는 옷을 구해서 개인을 노출시키지 않는 것이 사생활 보호다.

익명성 코인으로 유명한 지캐시(Zcash) 프로젝트의 설립자 주코 윌콕스(Zooko Wilcox)는 사생활보호에 대해 이렇게 말했다.

"우리는 사생활이 사회관계와 사회제도를 강화시키고 사회를 적으로부터 보호하고 사회가 더 평화롭고 더 번영하도록 돕는다고 믿고 있다. 사생활보호는 풍요롭고 평화로운 사회에서 흔히 볼 수 있는 특징이며 사생활보호가 없는 것은 실패하는 사회에서 흔히 발견된다."

– 화폐가 암호학을 만나다

본질적으로 화폐란 어떤 상품을 특정 가치로 환원해 교환, 매매 등 거래를 하기 위한 매개체로 그것의 역할은 다음과 같다. 일상 속에서 편하게 사용할 수 있는 휴대성이 있고 언젠간 사용하기 위해 쉽게 훼손되지 않는 내구성이 있다. 또한 쓰임에 맞게 차등적으로 가치를 나누는 분할성과 목적과 기능에 따라 특정대상과 거래가 이뤄지는 대체가능성이 있다. 다시 말해 화폐는 그 형태 그대로 휴대할 수 있는 보유성, 즉 가치저장이 가능하고, 상품가치에 맞는 액면가로 거래할 수 있는 활용성, 즉 유동성이 있다. 그 중 가치저장성과 유동성 덕분에 화폐는 그만의 내재가치를 지니며 사회 안에서 대중적으로 또 공개적으로 사용된다. 하지만 그와 동시에 개인적으로도 익명으로 사용하고자 하는 사용자의 욕구 역시 투영되어 있다. 이쯤에서 최신 암호화기술을 중심으로 익명성과 사생활보호의 관계를 논해 보겠다.

– 익명성 코인은 '디지털 스위스 계좌'

우리가 소비활동을 하면서 화폐를 사용할 때 항상은 아니더라도 종종 그 용도를 드러내고 싶지 않을 때가 있다. 예를 들어 개인비자금을 사용하거나 성인용품구매 등 은밀한 소비를 하고 싶을 때가 그렇다. 하지만 가만 생각해보면 그렇게 감추고 싶은 소비활동 외에도 누군가 자기를 지켜보는 기분에 자기검열을 하거나 딱히 이유 없이 소비가치관에 따라 거래내역을 숨기고 싶기도 한다. 만약 방금 언급한 것에 공감한다면 여러분은 화폐의 익명적 활용욕구가 있다는 것이며 아마도 대부분 사람들은 같은 욕구를 기본적으로 갖고 있을 것이다. 즉, 개인들은 선의든 악의든 사

생활보호 하에 화폐를 사용하려는 욕구를 갖고 있다고 볼 수 있으며 이것
은 인간의 기본욕구라고 할 수 있다. 화폐사용의 익명성을 더 원하고 더
규모가 큰 곳은 따로 있다. 기업이나 기관에서도 정부와 당국에 로비를
하거나 위급상황을 대비한 긴급자금으로 현금을 보유한다. 각종 단체에
서도 공식적 회계장부에 잡히지 않기 위해 보유하고 있는 현금이 존재한
다. 이런 현금의 목적은 주로 정부나 당국의 눈에 벗어나 때론 은밀하게
때론 대범하게 원래 그렇게 써야 맞다는 듯이 필요할 때마다 매우 요긴하
게 사용된다. 정부나 당국 역시 겉으로는 자금출처의 투명성 제고와 관리
용이성을 근거로 현금영수증 발급, 성실신고 업체 인센티브 등을 공표하
지만 속으로는 비상시를 대비한 현금을 상당히 쌓아놓고 있다는 것은 공
공연한 사실이다. 즉, 정부, 기업, 기관 등 단체집단들에게도 익명으로 자
금을 사용할 필요가 있다고 볼 수 있다.

– 익명성 코인시장은 '코인판 지하경제'

지하경제란 한 국가의 경제활동 중 공식적으로 통계에 잡히지 않는 경
제영역을 뜻한다. 통계에도 잡히지 않아 수집도, 분석도, 관리도 되지 않
아 불필요해 보이는 이 지하경제는 왜 존재하는가. 우선 매출을 은닉해
세금을 줄이기 위해서다. 소위 탈세 작업을 하게 되면 자기에게 돌아오는
수익이 더 많아지기 때문이다. 또한 복잡한 인허가 등 규정상 준수해야하
는 절차를 피하기 위해서다. 가령, 법정임금이나 보험가입 등 귀찮은 행
정절차를 피하기 위해 힘없는 피고용자를 설득하거나 별도 인센티브로
회유하기도 한다. 이런 사유로 지하경제가 더욱 커지게 되고 보통 현금
(Cash)을 수단으로 하기 때문에 '현금경제(Cash Economy)'라고 한다. 그렇

다면 이 지하경제가 전체 경제 중에서 얼마나 차지할까. 2018년 IMF에서 발표한 자료[7]에 따르면 전체 경제 대비 지하경제 평균 비중은 31.9%다. 놀랍지 않은가. 단순 계산하면 전체 경제활동 상 100만원이 쓰이면 약 32만원이 현금 등으로 은밀하게 사용된다는 말이다.

이쯤에서 암호화폐 시장 전체 시총과 익명성 코인시장 시총을 알아보자. 2020년 10월 현재 코인시장 전체 시총 대비 익명성 코인의 비중은 약 1% 정도다. 이것을 IMF발표자료상 지하경제비중과 비교한다면 익명성 코인의 성장여력이 상당하다고 할 수 있다. 물론 지하경제 조사기관에 따라서 지하경제규모가 상이하고 익명성코인이 전체 암호화폐 시총에서 현실판 지하경제의 비중을 따라갈지도 의문이지만 단순비교를 했을 때 그래도 성장여력이 있다고 짐작할 수 있다.

Ⓑ 익명성 기술

블록체인은 탈중앙화된 분산 네트워크로 모든 거래정보를 공개해 투명성을 높이고 누구나 참여하여 시스템의 유효성을 검증할 수 있다. 이러한 공개형 블록체인의 특성상 많은 자산을 보유한 자에 대한 공격가능성이나 거래내역을 공개하고 싶지 않는 개인정보 이슈가 존재한다.

비트코인이 무신뢰형 분산네트워크를 통한 전자화폐 거래의 '가명성'

---

7) 해당 IMF 발표자료는 1999년부터 2015년까지 158개국을 대상으로 조사하였고 지하경제 비중이 가장 큰 국가들은 조지아(64.9%), 볼리비아(62.3%), 짐바브웨(60.6%) 등이며 가장 작은 국가들은 스위스(7.2%), 미국(8.3%), 오스트리아(8.9%) 등이 있음.

의 시대를 열었으나 그것은 암호화폐 거래의 사생활보호와 개인정보보호
를 충족시키기에는 부족했다. 그러한 고민과 요구 속에서 암호화폐 거래
의 '익명성'을 충족할 모네로(Monero) 프로젝트가 출현했고 이 프로젝트
를 통해 익명성을 실현시키기 위한 기법이 나오기 시작했다.

- 링 서명(Ring Signature)

링 서명은 트랜잭션 내 송신자의 서명과 다른 서명을 링모양으로 섞어
송신자의 신원을 보호하기 위해 고안된 기법이다.

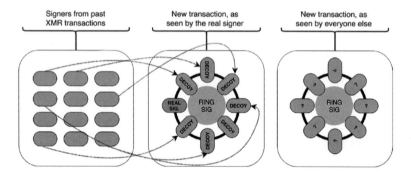

〈4〉 링 서명 기법의 도식화

링 서명에서 실제 송신자의 서명은 송금시마다 생성되는 스텔스주소(또
는 일회용지출키, One-time keys)로서, 과거 트랜잭션으로부터 임의 선택된
다른 이들의 개인키(미끼)들과 링모양으로 섞여 실제 송신자가 누구인지
밝히기 매우 어렵게 만든다.

- 링 서명 개선안 기밀 거래

링 서명이 주로 '송금자의 익명성'에 초점을 뒀다면, 링 서명의 개선안인 링CT(Ring signature Confidential Transactions, RingCT)는 '송수신 모두에게 익명성'을 부여해 거래량을 모호하게 만드는 링 서명의 개선안이다. 이름에서 유추할 수 있듯이 기밀성을 위해 트랜잭션을 인코딩[8] 시킨다.

- 링CT의 보완

기존의 링CT의 범위 증명은 거래량을 모호하게 했지만 출력수에 따라 선형적으로 증가되어 트랜잭션에서 많은 공간을 차지하는 단점이 존재했다. 가령, 1출력이 7kb라면 2, 3출력은 14kb, 21kb가 필요하다. 이 때문에 암호화 증명크기가 너무 늘어났고 거래수수료 역시 높아지는 부작용까지 발생했다.

이에 고안된 불릿프루프(Bullet proofs)는 고도로 설계된 익명거래 검증방식으로 출력 값을 선형적이 아닌 대수적으로 한데 모아서 처리하는 기법이다. 가령, 1출력이 7kb라면 2, 3출력은 2.5kb, 2.7kb가 필요하다. 이 덕분에 대규모 트랜잭션일수록 검증이 효율적이기 때문에 실제로 90%이상 암호화 증명크기를 줄일 수 있고 거래 수수료 역시 현저히 감소되는 효과가 있다.

---

8) 트랜잭션을 암호화한다고 생각할 수 있으나 실제로는 인코딩하는 것임. 암호화가 데이터를 숨기되 되돌릴수 있는 방법이라면, 인코딩은 데이터를 숨기되 변경이 불가능하면서도 검증이 가능함.

익명성에 확장성을 더하다

　모네로 프로젝트의 링 서명 등의 익명성 기법이 본격적으로 구현됐고 그로 인해 다양한 접근법의 또다른 익명성 기법이 나타났다. 그 중 하나가 지캐시(Zcash)의 '영지식증명(Zero Knowledge Proof)' 기법으로, 날로 커지는 블록체인의 용량과 거래량 증가로 참여자 관리가 어려워지고 거래 지연이 낮아지는 문제를 해결하기 위해 거래의 익명성 강화와 확장성 개선을 목적으로 하고 있다.

- 영지식증명의 개요

　영지식증명은 현대 암호학에서 다자간의 비대면 통신상에서 정보보호를 위해 암호기술을 적용하는 고급 암호프로토콜의 한 종류다. 이 영지식증명은 비록 암호학으로부터 파생됐지만 익명성과 확장성을 높이기 위해 블록체인영역에서의 중요도가 높아지고 있으므로 자세히 알아보기로 하겠다. 우선 영지식증명은 '증명자(Prover)'와 '검증자(Verifier)' 간 메세지를 교환하는 모델인 '대화형검증시스템(Interactive proof system)'을 기반으로 하고 있다. 이 시스템에서는 전능하고 무한한 계산자원을 가졌으나 믿을 수 없는 증명자와 한정된 계산자원을 가졌으나 믿을 수 있는 검증자가 있다. 과거 모델에서는 증명자는 검증자를 속이려는 악의적인 행동을 일삼는 상황을 가정했지만 이 시스템에서는 검증자 역시 악의적인 행위를 하는 상황까지 가정했다. 가령, 증명자로부터 받은 증명자 개인정보를 검증자가 제3자에게 누설하거나 판매하는 행위를 할 수도 있기 때문이다. 이러한 상황과 가정을 전제로 하여 누구든지 검증자가 증명자와 관련된 개인정보를 누설하지 않았다는 사실을 확인할 수 있는지, 또한 검증자가 검증하는 동안 알아야 하는 정보의 비중은 어느 정도여야 하는지에 대한 의문이 생겼다. 그 의문을 해소하기 위해 증명자가 주는 정보가 참임을 증명할 때 검증자가 그 증명을 검증할 수 있으나 그 정보를 유추할 수 없는 증명시스템(Proof System)이 필요했고 그것의 해결책이 바로 '영지식증명'이었다.

– 영지식증명의 3가지 조건

1) 완전성(Completeness): 증명이 참이라면, 선량한 증명자에 의해 선량한 검증자는 납득할 수 있다.
2) 건전성(Soundness): 증명이 거짓이라면, 거짓된 증명자는 거짓말로 검증자에게 그 증명이 참임을 납득시킬 수 없다.
3) 영지식성(Zero-knowledge): 증명이 참이라면, 검증자는 그 증명이 참이라는 것 말고는 아무것도 모른다.

악의적인 검증자가 없는 대화형 검증시스템과 악의적인 검증자가 있는 대화형 검증시스템의 차이는 3번째 조건인 '영지식성'의 여부다. 즉, 영지식증명은 증명자와 검증자 둘 다 악의적으로 행동할 수 있다는 전제를 둔다.

– 영지식증명의 설명예

아래 그림과 같이 도넛 모양의 동굴이 있고 동굴 한 가운데에 비밀번호로 여닫는 비밀 문이 있다고 하자.

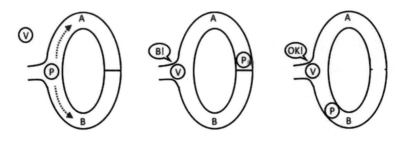

〈5〉 알리바바의 동굴로 묘사한 영지식 증명

증명자(P)는 실제 문의 비밀번호를 알고 있고 그 번호를 알려주지 않으면서 검증자(V)에게 증명하려고 한다. 증명자가 동굴에 들어가 A 또는 B 경로를 통해 닫혀있는 비밀 문까지 가면 검증자가 동굴입구로 이동한다. 이때 검증자는 증명자로 하여금 A 또는 B 경로로 나오라고 말하고 증명자는 검증자가 지정한 경로로 나온다. 만약 증명자가 비밀번호를 모른다면 검증자가 지정한 통로로 몇 번은 나오겠지만 언젠간 탄로날 것이며 증명자가 비밀번호를 안다면 검증자의 지시를 매번 따를 것이고 증명자가 비밀번호를 안다는 사실을 검증자는 납득할 것이다.

- 비대화형 영지식증명

앞서 설명한 증명방식은 증명자와 검증자 간 대화를 통해 영지식증명의 필요충분조건 충족여부를 따진다. 하지만 대화없이도 영지식증명을 해야 하는 경우는 어떠한가. 블록체인 특성상 오프라인 전환 등 대화가 없는 경우에도 영지식증명이 가능하다면 더욱 실용성이 확보될 것이다. 따라서 대화가 필요 없는 '비대화형증명시스템(Non-interactive proof system)'의 필요성이 대두됐고 대표적으로 '슈노(Schnorr protocol)'가 있다. 슈노는 블록체인 전체 크기가 가급적 작게 늘어나도록 고안된 서명기법이다. 그래서 슈노서명(Schnorr signature)라고도 하는데 트랜잭션에서 전자서명이 차지하는 비중이 크기 때문에 블록체인의 효율적 활용에 중요한 기법이다. 가령, 한 사람의 지갑 안에 10개의 주소 각각에 1비트코인이 있고 그 모든 비트코인을 송금 시 10개 주소로부터 발생한 10개의 트랜잭션에 건별로 전자서명을 해야 송금이 된다면 그만큼 트랜잭션 용량이 커진다. 하지만 슈노 서명기법을 활용하면 한 사람의 지갑에 존재하는 여러 주소에서 송금 시 여러 트랜잭션을 모아서 한 번의 전자서명으로 송금 처리할 수 있다. 이런 효율성을 높이면서 얻는 익명성 효과는 한 트랜잭션에 여러 서명(Multi-signature)이 혼재하므로 그 트랜잭션의 주인공이 누구인지에 대한 정보가 흐려져 사생활보호가 강화된다.

- 더 간결해진 영지식증명

대화형 증명방식에서 비대화형 증명방식으로 바뀌면서 증명자가 항상 대화(소통)를 하기 위해 온라인 상태를 유지할 필요가 없게 됐으나 비대화형의 한 예로 든 슈노기법조차 증명을 하는데 걸리는 시간이 적지 않다는 단점이 존재한다. 그 이유는 증명자가 던져준 단서들만 가지고 수많은 검증횟수를 거쳐야 영지식증명의 3가지 조건 충족여부를 판단할 수 있기 때문이다. 그래서 생겨난 것이 'zk-SNARKs(zero knowledge Succinct Non-interactive Argument of Knowledges)'인데 그 이름처럼 기존 비대화형(Non-interactive)에서 간결함(Succinct)이 추가된 개념이다. 그 결과 증명 크기는 상당히 줄었다.

zk-SNARKs 덕분에 익명성과 확장성이 향상될 수 있다. 먼저 익명성의 경우 누군가에게 코인을 송금 시 송금트랜잭션이 발생하는데 이때 송금한다는 사실만 알 수 있을 뿐 거래량과 잔고를 확인하기 어렵기 때문에 익명성이 향상된다. 그리고 확장성의 경우 빠른 서명 확인, 효율적인 코드 저장으로 확장성이 향상된다.

- 영지식증명의 현주소

화폐의 특성상 거래를 위한 공개적인 매개체로 활용되면서도 어디에 어떻게 쓰이는지에 대한 사생활보호 욕구가 내포되어있다. 그렇다보니 법정화폐 등을 사용할 때도 가끔은 그 활용처를 숨기고 싶어 한다. 암호화폐 역시 화폐의 속성을 갖고 있으므로 이를 사용할 때 자금세탁, 불법거래 등의 블랙머니로 꼭 사용하지 않을 때조차도 굳이 공개하고 싶지 않을 때가 있을 것이다. 거기에 암호화폐는 디지털 자산이기에 전산암호기술과 자연스럽게 결합되어 금고 속 현금처럼 익명성을 확보하기 위한 움직임이 활발하다.

여기에 확장성 향상이라는 보너스 효과까지 있기 때문에 암호화폐 영역에서의 영지식증명의 중요성을 계속 커지고 있는 실정이다. 실제로 비트코인과 이더리움도 개발측면에서는 익명성보다 확장성에 무게를 두면서 더욱 진보된 영지식증명기법을 발굴하고 적용하기 위해 노력하고 있다.

다만 이런 기술적 이점을 온전히 반영시키기에는 아직은 그 한계가 있다. 익명성 코인을 전송 시 그것을 이행하는 별도의 중계자들이 있어야 하는데 그들이 제 역할을 하려면 상당히 많은 연산 작업이 필요하다. 따라서 현재로서는 영지식증명에서의 증명과정을 보다 단순화하면서도 블록체인 적용에 최적화하는 것이 현재로서는 최선이며 그와 동시에 하드웨어의 빠른 발전을 기대해야하는 상황이다.

Ⓑ 암호화의 잠재력

- 암호화의 가능성과 한계

암호화에 따른 익명성이 중요한 또 다른 이유는 사생활보호 뿐만 아니라 확장성을 높이는 데에도 큰 역할을 한다는 사실이다. 다만 아무리 기술이 뛰어나고 개발이 잘 진행된다 하더라도 사회가 받아들이지 않는다면 빛 좋은 개살구다. 아직 대중은 익명성 코인은 커녕 비트코인에 대해서도 익숙하지 않다. 대중의 인식이 개선된다 해도 사용자가 불편함 없이 사용할 수 있게끔 해야 한다. 편의성까지 확보되었는데 정부나 당국이 규제를 가한다면 익명성 코인의 대중화는 그만큼 요원할 것이다.

- 암호화의 전망

익명성 기술에 담긴 암호화의 장래에는 명과 암 모두 존재하지만 어디로 갈지는 앞으로의 익명성 프로젝트에 달려있다. 만약 그들이 성공한다면 활용도가 높아질 것이고 유동성이 확보될 것이며 심지어는 전체 암호화폐 성장 및 성숙의 추진동력이 될 수 있다. 하지만 그들이 실패한다면 전 세계의 화폐 중 일부는 현금으로 남을 것이며 디지털현금 대세론에 타격이 있고 심지어 암호화폐 전체의 역할 일부가 쇠퇴할 수도 있다.

따라서 앞으로 익명성 코인시장의 관망 포인트는 다음과 같다. 기술 개발성이 충분한가, 그 다음에 사회적 인식이 긍정적인가, 마지막으로 사용자 편의성이 충분한가. 만약 이러한 요인들이 충족됐는데도 불구하고 익명성 코인이 여전히 존폐의 기로에 서 있다면 그때는 익명성 코인 프로젝트 탓이 아닌 정부와 당국의 규제 때문이다. 즉, 정부와 당국은 자신들이 익명성 코인이 필요함에도 불구하고 역설적으로 익명성 코인에 철퇴를 가함으로써 사용자들을 감시, 검열하는 '빅브라더'가 되겠다는 의미일 것이다.

Ⓑ 암호화를 마주하는 우리의 자세

- 사생활에 대한 공공연한 비밀[21]

우리는 태어나면서 자신의 신분을 국유화하고 생활하면서 사생활을 사유화해왔다. 그러나 이제는 바뀌어야 한다. 우리 자신의 신분, 사생활, 심지어 경제권까지 사유화할 필요가 있다는 말이다. 그런 의미에서 암호화 기술이 더욱 필요하다.

하지만 암호화를 마냥 환영하기에는 장애물이 많다. 우선 여태껏 그래왔듯이 대다수는 사생활의 중앙 집중화를 선택할 것이다. 왜냐하면 그것이 더 편하고 친숙하기 때문이며 인간은 의외로 통제당하고 싶은 심리가 있기 때문이다. 비록 그런 사람들이 많지 않아도 정부는 위기와 공포를 적극 활용해 사생활 통제권을 계속 쥘 것이다. 때로는 전쟁 발발 위기를 거론할 수도 있고 때로는 테러에 대한 공포 분위기를 조성할 수도 있다. 실제로 코로나19확산때도 방역과 보건을 위해 정부는 좋은 싫든 국민의 사생활영역을 일부 침범했고 앞으로 전염병과 유사한 사태가 벌어질때도 마찬가지일 것이다. 즉, 국가보안을 빌미로 개인정보 통제에 대한 당위성을 높이며 여태껏 그래왔듯 사생활을 완전 개인 소유로 만들게 놔두지 않을 것이다.

- 사토시의 비전을 잇다

사토시는 분산원장을 통해 투명성을 유지할 뿐만 아니라 공개키를 가명으로 함으로써 사생활을 보호한다. 그는 간단하면서도 우아한 방식으로 거래로부터 개인 신분을 분리하면서도 지속 사용가능한 대안 화폐와 시스템을 구축했다.

그가 투명성을 놓지 않은 이유는 거래내역 자체를 공개하거나 공유하면서 거래의 신뢰도를 높이기 위해서다. 즉, 이중 지출, 사기 등 거래에 대한 분쟁이 발생하면 그것을 중재할 수 있는 불변의 증거가 모두에게 공유되는 것이다.

이 모든 점을 간파한 사토시는 전통적인 거래모델에서 신뢰해야만 하는 제3자의 존재를 지워버렸고 여기서 우리는 그의 비전을 잇는 익명성과 사생활을 달성하기 위한 다양한 기법들을 살펴보았다. 암호화의 존재이유는 화폐의 그것처럼 당연한 권리이며 따라서 우리는 온전한 개인보호를 위하여 그것에 대해 지속적으로 매우 큰 관심을 가져야 할 것이다.

Chapter10

세 번째 정점3: 민간 돈, 그리고 저변의 확장
- 테더 출시 2014년 10월 -

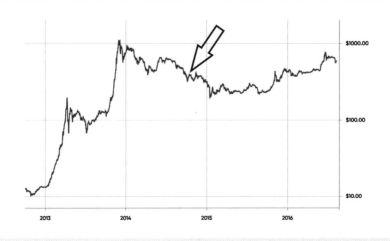

#스테이블코인 #테더 #다이 #베틀러 #디엠

Ⓑ 스테이블 코인과 민간 돈

- 비트코인의 대안

2009년 1월 비트코인 출시는 최초의 블록체인 구현체가 등장한 사건이기도 했다. 비록 그 시작은 미약했지만 생태계의 성장과 시세의 등락을 보이면서 기존 화폐의 시스템의 대안으로 인식되기 시작했고 기꺼이 리스크를 감수할 사람들은 그 생태계에 진입하거나 비트코인과 유사하거나 또 다른 기능을 구현한 블록체인 프로젝트를 새로 만들었다. 비트코인이 기존 화폐를 대체할 수 있는 가능성을 보여줬다면 알트코인(Altcoins)은 일부 성능에서 한계를 드러낸 비트코인을 보완하기 위해 비트코인으로부터 분기되어 나오거나 독자 네트워크를 통해 출시됐다. 가령 비트코인의 확장성을 높이기 위해 블록크기를 높이거나 비트코인에는 없는 프로그래밍 기능을 추가하거나 비트코인의 가명성을 강화한 익명성을 탑재하는 등의 방법으로 블록체인의 전체 생태계를 급속히 성장시켰다.

하지만 비트코인을 포함한 모든 암호화폐가 기존 것의 성능을 보완하려는 노력에도 불구하고 태생적으로 존재하는 큰 시세 변동성만큼은 어찌할 수 없었다. 즉, 비트코인이 '통화량의 인플레이션' 문제를 해결했다 하더라도 '가격의 인플레이션' 문제를 해결했는지에 대한 의문은 해소되지 않았다. 그래서 가격의 변동성을 줄이거나 없앨 수 있는지에 대한 논의가 시작됐고 그 결과 기존 법정화폐와 일대일 교환이 가능한 '스테이블 코인(Stablecoins)'이 나왔다.

– 테더(Tether)

스테이블 코인의 대표주자는 테더다. 2014년 출시된 테더는 블록체인을 기반으로 1달러 가치를 추종하는 코인으로 USDT라는 화폐 단위를 갖고 있다. 테더를 얻는 방식은 테더 재단 또는 비트파이넥스 거래소에 달러를 입금하거나 법정화폐 또는 암호화폐로 테더를 구매하면 된다.

기존 암호화폐와 같이 블록체인을 활용하면서도 가격 변동성을 없앤 덕분에 변동성 걱정 없는 국제송금, 즉각적인 암호화폐 매매, 변동성에 따른 거래거부 해소 등의 이점을 얻을 수 있다. 하지만 테더를 운영 및 관리하는 명확한 주체가 있기 때문에 사토시가 비트코인을 통해 주창한 신뢰해야하는 제3자 개입문제에서는 자유롭지 못하다는 한계가 있었고 그 한계는 시간이 흐르면서 더욱 명확하게 드러났다. 가령, 테더사가 약관상 "테더는 미달러와 일대일 교환가치를 지닌다"는 내용이 "테더는 예비금으로 지원하며 그 예비금은 기존화폐와 현금 등가액으로 이뤄져있지만 가끔 대출미수금도 포함될 수 있다"로 바꾸거나 회계감사를 거부해 당국으로 하여금 불법 거래 의혹을 불러일으켰고 사용자들 역시 과연 실제 발행량만큼 예비금이 존재하는지에 대해 의심을 하기 시작했다.

– 다이(DAI)

2017년 말에 출시된 다이는 암호화폐를 담보로 1달러 가치를 추종하는 스테이블 코인이다. 테더와 비교할 때 공통점은 담보를 예치하면 반대급부로 새로운 코인이 신규로 발행되고 그 코인이 1달러 가치를 추종한다는 점이다. 하지만 같은 스테이블 코인이라고 하기에는 근본적으로 다른 점이 있다.

우선 담보 유형이 다르다. 테더는 달러를 담보로 하지만 다이는 암호화폐를 담보로 한다. 암호화폐 담보 유형은 초기에는 이더에 한하지만 더욱 다양한 암호화폐가 담보 대상으로 확대 중이다. 또한 발행 및 보증 주체도 다르다. 테더가 담보에 상응하는 자체 코인을 재단에서 발행하여 보증한다면 다이는 사용자가 직접 스마트컨트렉트를 통해 자체 코인이 발행되고 보증된다.

이 차이점에서 도드라지는 다이의 특징은 크게 두 가지다. 첫째로 중앙 거버넌스 체계가 없어 높은 탈중앙성을 띤다. 다이는 탈중앙화된 자치 인프라를 통해 발행되며 따라서 제3자가 자산에 대해 관리 권한을 행사할 수 없다. 사실 다이는 메이커토큰(Maker Token, MKR)과 함께 메이커(Maker)플랫폼에 존재하는데 이 플랫폼 생태계에서는 메이커토큰 보유자들이 투표를 통해 위기관리, 전산화된 부채, 담보의 포지션(Collateralized Debt Position, CDP) 등을 상호합의하에 운영한다. 그 덕분에 운영의 투명성이 높고 지급불능 위험이 적으며 신규코인 발행의 즉시성을 지닌다. 비트코인이 신뢰하지 않아도 되는 탈중앙 화폐와 시스템의 비전을 제시했다면 다이는 신뢰하지 않아도 되는 탈중앙 금융과 시스템의 비전을 제시한 셈이다. 둘째로 가치안정의 독특한 메커니즘이 존재한다. 순수하게 1달러를 담보로 1코인을 발행하는 테더와 달리 다이는 끊임없는 변동성이 존재하는 암호화폐를 담보로 하기 때문에 1달러 가치로 안정시키는 것이 매우 중요하다. 그래서 암호화폐를 담보로 다이를 대출과 상환을 하는 메커니즘을 활용하며, 담보에 대한 보증을 위해 얻고자 하는 다이의 양보다 적어도 1.5배(150%)에 상응하는 암호화폐를 담보해야하는데 이것을 '최소담보비율'이라고 한다. 그리고 담보 보증을 한 이후에 가장 중요한 핵심은 다이의 공급량의 적절한 조정을 통한 가치 안정이다. 가령, 다이가 너무 많이 공급되어 1다이 가치가 1달러보다 낮은 경우 담보대출 이자를 높이고 (공급감소 유도), 다이가 너무 적게 공급되어 1다이 가치가 1달러보다 높은 경우 담보대출 이자를 낮춘다(공급증가 유도). 이렇게 다이 가치 안정화를 위해 조정되는 담보대출 이자를 '안정화 수수료'라고 한다. 이렇듯 암호화폐를 담보로 한 특징 덕분에 굳이 암호화폐를 팔지 않고도 현금성 자산을 확보할 수 있고 담보 암호화폐 시세등락에 따른 레버리지 효과를 누릴 수 있다. 하지만 태생적으로 다이 대비 얼마나 많은 암호화폐를 담보할지에 대한 문제와 다이 자체의 활용성을 어디에서 찾을 것인지에 대한 문제가 존재한다. 메이커다오 주최 측이 다이의 장점을 극대화하고 단점을 최소화하는 노력을 기울일 때쯤 다른 곳에서 막강한 영향력과 파급력을 지닌 스테이블 코인이 계획된다.

- 디엠(Diem)

2019년 6월 페이스북은 그들이 주도하는 스테이블코인인 디엠(前 리브라)의 백서를 공개하면서 소셜 네트워크 뿐만 아니라 송금 분야에서도 거물이 될 야욕을 드러냈다. 한때 수천만 명의 개인정보가 유출되는 초유의 사태를 겪었지만 20억 명이 넘는 회원을 보유한 페이스북이 내놓은 프로젝트이기에 블록체인 영역뿐만 아니라 현실세계에서도 큰 이슈가 됐다.

디엠이 대단한(또는 대단해 보이는) 이유는 그 주체가 페이스북이기 때문이며 그 사실만으로도 미국 정부와 금융권을 긴장시키는 것은 물론 중국, 러시아 등 다른 국가의 정부 역시 독자적인 스테이블코인 발행을 자극했다.

그렇게 주요 국가들마저 자극하게 하는 이유는 다양하다. 첫째로 디엠은 유명하다. 아직 구체적인 실체는 없지만 20억명이 넘는 가입자와 수억명의 활동적인 사용자들을 보유한 사실은 그 어떤 설명과 분석보다 직관적이고 명쾌하다. 둘째로 디엠은 강력하다. 만약 한 국가 안에서 해당 국가의 법정화폐의 일부 가령 10%라도 디엠으로 빠져나간다면 그것도 일시적이 아닌 영속적으로 빠져나간다면 해당 국가와 당국은 해당 법정화폐의 위상과 매력도의 하락뿐 아니라 실질적인 유동성과 가치에도 영향을 받을 수 있기 때문이다. 그렇다고 사람들이 원해서 쓰는 것을 무턱대고 막기도 어렵다. 셋째로 디엠은 상징적이다. 정부 또는 정부가 위임한 연방 단체가 아닌 민간기업, 그것도 막강한 커뮤니티를 확보한 거대 기업이 돈을 찍어내는 주체가 되려고 하기 때문이다. 넷째로 디엠은 선도적이다. 디엠의 추진 덕분에 다른 거대 기업이나 각국 정부에서 디지털 화폐의 주도권을 선점하거나, 달러, 위안 등 기존 자국 법정화폐 덕분에 이미 높은 통화의 위상을 지키려는 움직임이 거세지게 될 것이기 때문이다.

블록체인을 등에 업은 비트코인과 뒤따른 알트코인, 변동성을 없앤 스테이블 코인, 그리고 거대한 플랫폼 기반의 디엠까지 출현하면서 과거 수천년 동안 해온 대로 화폐발행은 반드시 국가주도여야 하는지에 대한 의문이 생겼다. 과연 국가의 화폐발행독점에는 어떤 이유가 있었는가, 특별한 이유가 없다면 국가는 어떻게 화폐 발행의 주도권을 유지해왔던 것일까.

Ⓑ 민간 돈의 과거와 현재

- 혁명의 무대를 화폐로

일찍이 미국의 경제학자이자 오스트리아학파 로스바드는 「정부는 우리 돈에 무슨 짓을 했나(What has government done to our money)」를 통해 "화폐는 수세기 동안의 정부 개입으로 가장 혼란스럽고 얽혀있는 경제 분야로 많은 사람들이 자유시장에 헌신하는데도 돈이 모자라지만 오히려 그들은 결코 돈에 대한 국가 통제를 자유 시장에 대한 간섭으로 생각하지 않는다"고 지적하면서 "역사적으로 돈은 정부가 통제하는 최초의 것 중 하나였으며 18세기와 19세기의 자유시장 혁명은 화폐 영역에서 거의 영향을 미치지 않았고, 따라서 우리는 우리 경제의 생명줄인 돈에 근본적인 관심을 돌릴 때가 되었다"고 역설했다.

지구상 최강대국이자 다양성이 존중되는 미국에서조차 사람들은 정부에 돈을 발행할 독점권을 부여해야 한다고 생각하고 있으며 실제로 미국 헌법 제1조 제8절 제5항에 "동전 화폐의 권리, 화폐의 가치, 그리고 외국 동전의 가치를 규제하고 가중치와 측정의 기준을 정한다"고 적시했다. 하지만 이 헌법 조항의 이면에는 과거에 민간 돈이 얼마나 중요한 역할을 했는지에 대한 의미심장한 역사가 감춰져 있다.

- 골드러시와 민간 돈

1828년 조지아에서 골드러시가 일어난다. 이전에도 다른 지역에서 금이 발견됐지만 본격적으로 골드러시가 일어난 지역은 체로키 인디언들이 터전을 잡고 있던 조지아주의 달로네가라는 지역이었다. 그런데 조지아

주는 물론 그 인근 주에 조폐소가 없었고 화폐 유통량에 한계가 오면서 금보다 화폐가 더 귀해지는 상황이 연출됐다. 가장 가까운 조폐국인 필라델피아까지 금을 보내는 위험과 비용을 감수하기가 어려웠고 금광부들이나 지역민들이 금을 검사하거나 금화와 기존 화폐를 교환하는 민간 조폐국을 세우기에는 전문적인 지식과 인력이 부족했다. 그래서 미국 의회에 조폐국 지부를 설립해달라는 긴급 청원서를 보냈으나 받아들여지지 않았다. 결국 금 광부들은 덕망 높은 시계 제조업자이자 금 세공인인 크리스토퍼 베틀러(Christopher Bechtler Sr, 이하 '베틀러')를 방문해서 자체 해결책을 모색했고 결국 그를 중심으로 하여 1831년부터 '베틀러 금화'를 주조하기 시작했다. 이에 대한 연방 정부의 반응은 처음에는 좌시하고 있다가 시간이 지나 베틀러 금화가 경쟁력 있다고 판단한 끝에 그들은 약 30만 달러 상당의 베틀러 금화를 사들여 채무 상환을 하거나 유럽과의 무역에 사용했고 1838년에 비로소 조지아 주에 조폐국을 설립했다. 이후에도 베틀러 금화는 널리 활용됐고 심지어 남북전쟁 기간에도 정부나 남부연합의 화폐가 아닌 베틀러 금화로 금전적 거래를 할 정도로 신뢰도가 높았다. 하지만 베틀러가 사망하고 그의 가족들이 주조사업을 이어갔으나 주조 일관성과 순도가 떨어진 탓에 시장은 등을 돌렸고 결국 베틀러 조폐사업은 중단됐다.

골드러시에 따른 민간 주조 이슈는 1940년대 후반 또다른 골드러시가 일어난 캘리포니아 지역까지 이어졌다. 모팻&와트너(Moffat & Co. Watner, 이하 '모팻')는 거래금액보다 가치가 더 높은 금괴를 발행했으나 미 정부 시금(試金) 사무소와의 경쟁과 견제로 더 작게 분할해 소액 동전으로 통용되는 것을 어렵게 만들었다. 더 나아가 정부는 금화 관련 시설을 확충함과 동시에 개인 주조에 대한 억압을 위해 위조범으로 간주하거나 벌금을 부과하는 법안을 발의해 통과시켰다.

골드러시 때 보여준 선례를 볼 때 실용적이고 혁신적인 움직임을 보인 민간 집단과 경쟁을 이기기 위해 정부가 어떤 행동을 보이는지 알 수 있다. 정부는 민간 경쟁자에 큰 장애물을 두거나 통제하여 흡수하거나 아니면 법적으로 차단했고 그 이후로도 비슷한 수법을 이용했다. 그러면서 정부는 국민을 사기로부터 보호하고 위조와 같은 범죄를 막기 위한 명분을 공고히 하며 어떻게든 민간 돈 제작에 마침표를 찍었다. 그런 전략은 초반에는 의문과 반발을 샀지만 돈에 대한 사건사고가 발생하면서 그 명분은 대중에게 먹혀들어 가기 시작했고 국가가 화폐독점을 당연시하는 시대가 열렸다.[27]

- 디엠에 대한 반응

골드러시 때의 민간 돈의 역사를 토대로 디엠을 다시 조명해보자. 테더, 다이 등의 스테이블 코인 출시 때와는 달리 디엠은 출시되기도 전에 페이스북의 영향력 때문인지 미국 연방 정부는 물론 금융당국, 심지어 다른 주요 국가들까지 견제가 상당했다. 왜 그럴까. 미국 정부와 당국은 200년이 지난 베틀러 금화나 모팻 사태가 갑자기 떠오르기라도 한 것일까.

분명한 점은 누가 뭐래도 페이스북이 주도하는 디엠의 출시여부는 미국 정부에 달려있다는 사실이다. 미국 정부가 출시를 불허하면 페이스북의 마크 저커버그는 '디지털 골드러시 시대의 베틀러'가 될 수 없을 것이다. 문제는 과연 출시를 막을지 여부다. 만약 출시를 막는다면 그 이유는 뭘까. 앞서 언급한 페이스북의 막강한 영향력으로 인해 몇몇 국가의 법정화폐를 섞어 연동시킨 디엠의 파급력은 미국을 포함한 전 세계로 뻗어나갈 것이고 자국통화 펀더멘털이 약한 국가들부터 야금야금 화폐주권이 잠식될 것이다. 그와 동시에 전 세계에 퍼져있는 디엠 사용자들은 동전, 화폐로 대변되는 기존 화폐를 떠나 새로운 디지털 화폐의 편의성과 활용성에 매료될 것이고 발행주체인 페이스북과 디엠의 연합체는 기존의 인터넷을 통해 얻은 빅데이터와 비교도 할 수 없는 엄청난 개인식별정보를 수중에 넣을 것이다. 다소 극단적인 시나리오지만 정도의 차이가 있을 뿐 페이스북의 야망과 디엠의 비전을 보면 그러한 예상 시나리오에 반전을 없을 것이다.

미국 정부의 입장에서 보면 골드러시 때와는 다르게 셈법이 간단치가 않다. 골드러시 때는 그래도 국가 통제가 닿은 지역에서의 이슈였던 반면 디엠과 같은 국가 규모의 디지털 화폐를 발행하려는 게 미국 외에도 존재하기 때문이다. 대표적인 국가가 중국이며 이미 디엠을 기술적으로 능가하는 '디지털 위안'을 야심차게 만들고 있으며 그들의 계획대로만 된다면 미-중 패권전쟁에 도움이 되는 것은 물론이고 한때 미국 달러처럼 석유거래 통화를 노렸던 '페트로 위안'을 달성하지 못한 한을 풀지도 모른다. 그렇기 때문에 미국 정부는 디엠 또는 그와 유사한 디지털 자산을 출시할 가능성이 높다.

그런 의미에서 볼 때 미국 정부는 디엠의 출시를 막지 '않을 것이다'. 만약 미국 정부와 당국이 페이스북의 로비에 무너지든 매력적인 조건을 걸고 결탁을 하든 디엠을 시장에 내놓을 수도 있다. 즉, 같은 배를 타겠다는 뜻이다. 설령 디엠을 불허한다 해도 그것은 공공성을 위해서가 아닌 또 다른 이름으로 정부나 당국이 주체가 되어 발행할 가능성이 크다. 아닌게 아니라 2018년만 하더라도 미 연준은 중앙은행 디지털화폐(Central Bank Digital Currency, CBDC)발행에 부정적이었고 2019년 5월 중앙은행 이사장은 디지털 보안 문제를 우려하며 반대했지만 2019년 10월에는 미 연준이 주도하는 디지털 화폐인 '페드코인(Fedcoin)' 발행을 긍정적으로 검토 중이라고 공표했다. 그 짧은 시간에 그간 우려했던 디지털 보안 문제가 해소된 것인가 아니면 뭔가 획기적인 기술의 진보가 있었던 것인가.

아울러 미국 정부가 디엠 출시를 막지 '않는다'해도 결국 막지 '못할 것이다'. 아무리 천하의 미국 정부라 해도 공산주의 국가나 독재 정권하의 국가처럼 거대 민간 기업을 찍어 누를 수 없다. 더욱이 그 상품이 아프리카와 같이 금융 인프라가 취약한 가난한 대륙이나 광범위한 지역에 금융 문맹인들에게 유용하게 사용될 상품이라면 그 출시를 막을 명분도 여론도 약할 것이다. 바로 이것을 페이스북이 노렸을 수도 있다. 여기서 끝이 아니다. 디엠을 막지 않으면 중국의 디지털 위안과 같은 국가 디지털화폐가 날뛸 것이다. 실컷 자국 내 민간 디지털화폐 출시를 막았더니 자국 외 범용 디지털화폐가 시장을 휘집고 다닌다면 미국으로서는 최악의 수를 둔 격이 될 것이다. 결론적으로 미국은 디엠을 막지 않을 것이고 또 막지 못할 것이다.

- 디엠의 비전과 야망

페이스북의 마크 저커버그가 디엠 청문회에서 의회로부터 엄청난 지적 공세를 받고 디엠 협회 초기 멤버에서 비자, 마스터카드, 페이팔 등의 주요 기업들이 탈퇴한 후에도 디엠은 기술적으로 정치적으로 로드맵을 추진 중이며 보안, 확장성 면에서 어디에도 꿀리지 않는 최첨단 기법과 합의방식을 활용한 네트워크를 출시하려는 당찬 비전을 제시하고 있다. 그와 동시에 미국 골드러시 때처럼 현재의 디지털 골드러시 때도 제2의 베틀러를 자처하면서 화폐발행주체를 자신들과 같은 민간집단까지 끌어내려 권한과 이권을 누리는 것은 물론 화폐발행 주체를 심지어 개인에게까지 넓힐 가능성까지 보여줬다. 과연 디엠 또는 그 외 민간 돈은 오스트리아 학파의 로스바드가 말한 것처럼 우리 경제의 생명줄인 돈에 근본적인 관심을 돌릴 수 있을 것인가.

Part 3

"두 번째 반감기와 그 이후"

(2016.7.~2020.5.)

Chapter11

인플레이션과 디플레이션
- 비트코인 두 번째 반감기 2016년 7월 -

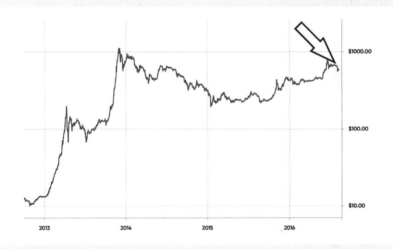

#자기조정메커니즘 #공급 #수요 #존로 #2%

Ⓑ 인플레이션과 디플레이션

- 개념

돈은 매우 특별한 '상품'이며 우리가 느끼지 못하지만 돈에도 다른 상품처럼 그 가격이 존재한다. 그러면 이 돈의 가격은 어떻게 정해지는가. 즉, 돈은 도대체 얼마인 것일까. 그 질문의 대답은 바로 공급과 수요에 있다.

인플레이션은 물가가 상승하고 화폐의 구매력이 감소하는 것을 의미한다. 반면 디플레이션은 물가가 하락하고 화폐의 구매력이 증가하는 것을 의미한다. 이 둘은 한 국가 또는 전 세계의 화폐 공급 및 수요, 구매력 변화를 의미하는 것으로 오랜 기간 동안 경제 분야에서 뜨거운 감자였다.

인플레이션에 대해서는 수천년 동안 시행착오를 통해 경제가 발전하는 과정의 필요악으로 간주된 한편 인간의 끝없는 욕심에 결국 경제를 망치는 것으로도 간주됐다. 한편 디플레이션에 대해서는 물가가 계속 하락하면 소비자는 좀 더 낮은 가격에 물건을 사려고 무기한 소비를 중단하고 기업들은 투자를 꺼리게 되어 결국 실업은 늘고 경제는 불황에 이르는 '디플레이션 죽음의 소용돌이(Deflation death spiral)'에 직면할 것이라고 케인즈 학파가 경고했다. 반면 오스트리아학파는 그러한 소용돌이는 경제성장과 부패가 없는 완전 평온한 경제상태에만 발생하므로 현실 경제 상황과는 무관하다고 반박했다.[16]

- 발생 요인

인플레이션은 크게 두 가지 요인에 의해 발생된다. 첫째로 시장에 화폐 공급이 증가하여 소비 수요가 늘어날 경우 발생한다. 즉 풍부해진 돈이 기업투자, 가계소비 등으로 활용되어 물건을 더 많이 사는 경향이 있기 때문이다.

둘째로 각종 비용이 증가하면서 제품 가격이 상승할 경우 발생한다. 즉 원자재 비용이나 임금이 상승할 경우 기업들이 그것을 제품 판매가격에 전가하는 경향이 있기 때문이다.

전자가 수요 증가에 따른 '수요 견인 인플레이션'이라면, 후자는 비용 증가에 따른 '비용 인상 인플레이션'이라고 한다.

반면 디플레이션은 크게 세 가지 요인에 의해 발생된다. 첫째로 혁신과 경쟁으로 물가가 하락할 때 발생한다. 생산구조가 발달되고 자본이 수익성 높은 기업들에 투입되면서 공급이 늘어나면 가격이 하락한다. 둘째로 정부의 통화정책 변화 때문에 발생한다. 가령 정부가 금리를 인상시키거나 화폐공급을 줄이면 물가가 하락할수 있다. 셋째로 대내외 악재로 소비 심리가 위축될때 발생한다.

- 가치 판단

인플레이션 지지자들은 적어도 디플레이션이 발생할 때만큼은 화폐공급을 지속적으로 늘려 약간의 인플레이션 상태를 유지해야 한다고 주장한다. 그들은 앞서 언급한 디플레이션 죽음의 소용돌이로 인해 개인들은 저축을 늘리며 소비를 줄이고 기업들은 투자를 꺼릴 수도 있다는 논리를 내세운다. 따라서 안정적으로 물가와 구매력을 유지하기 위해 적정 수준의 인플레이션을 유지하는 것이 적합하다고 주장한다. 실제로 2012 년 1월 벤 버냉키 당시 미 연준 의장은 연방공개시장위원회(Federal Open Market Committee, FOMC)를 통해 2%의 목표 인플레이션을 설정해 세계 다른 주요 중앙은행들도 일치하도록 했다. 참고로 이 '2% 목표 인플레이션'은 코로나19 시대의 불확실성과 이후의 경제회복을 감안하여 2020년 8월 제롬 파월 미 연준 의장이 보다 탄력적인 대응을 위해 '2% 평균 인플레이션'으로 탈바꿈시켰다.

반면 디플레이션 지지자들은 개인들이 소비보다는 저축을 늘리는 행위는 결국 금리를 낮추어 기업의 투자를 더 저렴하게 만들게 된다고 주장한다. 따라서 생산구조의 전환을 일으켜 단기적이 아닌 장기적인 생산계획을 수립하게 하고 전반적인 생활수준을 높이는 요인이 된다고 본다. 그렇다면 인플레이션과 디플레이션은 언제부터 존재했고 그것이 우리에게 던지는 시사점은 무엇인가.

Ⓑ 인플레이션의 역사

– 최초의 인플레이션

기원전 210년경 제4차 시리아 전쟁으로 인한 경제적 문제로 이집트의 왕 프톨레마이오스 4세는 전쟁을 추진하는 데 드는 비용의 일부를 회수하기 위해 이집트의 화폐를 은화에서 구리화로 바꿔 동전화폐를 평가절하했다. 왕은 그렇게 함으로써 현재 유통되고 있는 은화들을 회수해 전쟁 부채를 갚을 수 있기를 바랬다. 하지만 은화는 거의 회수되지 않았고 점점 더 많은 구리화가 유통되어 인플레이션을 만들어냈다. 이것이 그 유명한 악화가 양화를 구축한다, 즉 나쁜 돈이 좋은 돈을 몰아낸다는 그레셤의 법칙(Gresham's law)이다. 상황의 심각성을 제대로 인지하지 못한 이후

왕들은 프톨레마이오스 6세가 은화를 다시 부활시킬 때까지 인플레이션을 방치했고 프톨레마이오스 12세 때에는 은화에 불순물을 첨가해 화폐를 평가절하하면서 인플레이션이 재발했다.

프톨레마이오스의 뼈아픈 재정정책의 교훈은 안타깝게도 로마시대까지 도달하지 못했다. 기원후 200년경 잘 나가던 로마 경제는 삐걱대기 시작했고 불황은 로마군 병사들을 통해 동부 지방에서 유입된 전염병이 돌면서 더욱 악화됐다. 전염병은 로마 인구의 광범위한 감소를 초래했고 임금은 매우 빠르게 증가했으며 그 결과 물가가 급격하게 상승했다. 안정적이던 인플레이션은 2세기 초 1%에 불과했지만 전염병 이후 두 배로 뛰었다. 그렇지 않아도 영토의 확장, 제국 시민과 병사의 증가 때문에 재정지출이 늘어났지만 로마는 프톨레마이오스 이집트 왕 시절의 상황과 유사하게 은화에 불순물을 첨가해 유통하기 시작했다. 결국 너무 많은 동전이 유통되어 기원후 200년과 300년 사이의 인플레이션율은 15,000%에 달한 것으로 추정되며 로마 경제상황이 매우 심각해졌다. 인플레이션 상승은 세금 역시 엄청나게 증가시켜 시민의 폭동을 야기했고 게르만족의 침입까지 겹치면서 국력이 쇠약해지고 로마 제국이 몰락하는 데 일조했다.[17]

- 최초의 지폐 인플레이션

돈의 기원은 불명확하지만 동전이 생기기 전부터 수천 년 동안 조개껍질, 돌, 소금 등 많은 종류의 물건이 지불수단으로 사용됐다. 고대 이집트, 로마 시대에는 동전이 등장해 지불수단으로 사용됐고 10세기가 되어서야 중국에서 동전을 주조할 금속이 부족해 종이를 지불 수단으로 사용했다. 당시 중국 교역 상인들은 교역을 할 때 자신들이 보유한 물건을 담보로 잡았지만 물건의 가치를 명시한 종이로 간단히 거래할 수 있었다. 이후 지폐는 휴대성, 편의성 덕분에 화폐사용의 비중이 높아졌고 13세기 중국은 국가차원에서 은행권 발행권을 독점했다. 하지만 지폐를 최초로 사용한 시행착오였을까. 정부는 구권을 폐기하지 않고 신권을 계속 발행했고 그 결과 지폐 한 장의 가치가 1380년 동전 1,000개에서 1535년에는 동전 0.28개로 급락했다. 최초의 '지폐 인플레이션'이었다. 지불 수단으로서의 휴대성 및 편의성의 이점이 인플레이션 촉발제의 파괴적인 요인이 되어버린 것이다.

– 인플레이션의 진화

인플레이션이 경제와 버블의 붕괴를 초래할 수도 있을 정도로 위험한 요인인지 알아보기 위해 18세기에 발생한 하나의 사례를 살펴보자. 18세기 초에 프랑스 경제는 많은 부채와 세금 때문에 침체된 상황이었다. 그런데 프랑스는 북아메리카 내륙의 광대한 정착지인 루이지애나를 식민지로 갖고 있었고 프랑스인들은 그곳이 어디인지는 몰라도 당시 그곳에 금과 은이 풍부하다는 소문은 익히 들어 알고 있었다. 이 경제상황에 스코틀랜드의 금융가인 존 로(John Law, 이하 '로')가 등장한다. 1714년 로가 프랑스에 왔을 때 루이 14세의 조카인 오를레앙 공작(Duke of Orleans)과 친분을 쌓게 된다. 1715년 루이 14세가 죽은 후 프랑스의 섭정이 된 공작은 루이 14세 치하에서 수년간 무모한 지출로 인해 남겨진 프랑스의 재정난을 바로잡기 위해 로에게 조언과 도움을 구했다. 공작의 요청에 부응하려는 듯이 1716년 로는 지폐를 발행할 수 있는 은행인 뱅크 제너럴(Bank Generale)을 개설했다. 당시만 해도 지폐는 프랑스인들에게 생소했지만,

그는 지폐가 은행의 금과 은의 자산에 의해 지원되는 교환 매체일 뿐만 아니라 지폐가 유통되는 돈을 더욱 늘리고 상업이 활성화될 것이라고 확신했다. 1717년 8월 프랑스, 루이지애나, 캐나다 식민지 간의 무역을 통제하는 서인도회사(Compagnie d'Occident)가 조직됐다. 참고로 그 식민지는 미시시피강 하구에서 캐나다의 일부까지 3,000마일이나 뻗어 있었기 때문에 미시시피 회사(The Mississippi Company)라는 친숙한 별칭을 얻었다. 로의 회사는 25년 동안 그 지역에서 식민지 관리를 임명하고 토지를 공여할 수 있는 독점권을 가지고 있었다. 이 회사의 초기 운영에 대한 자금 조달 계획은 회사의 주식을 현금과 국채로 파는 것이었고 식민지로부터 나오는 금과 은의 유혹 덕분에 많은 열성적인 투자자들을 끌어냈다. 여기서 그치지 않고 1718년 9월에 그 회사는 아프리카와의 담배 거래에서 독점권을 획득했고 1719년 1월 뱅크 제네럴은 프랑스 정부에 의해 인수되어 뱅크 로얄(Bank Royale)로 개칭됐다. 그러나 껍데기만 바뀌었을 뿐 로는 계속 중추적인 역할을 했고 같은 해 5월에 중국과 동인도 제도와 거래하는 회사들에 대한 지배권까지 얻었다. 이후 그의 회사는 프랑스를 위해 새 동전을 주조할 권리를 획득했고 같은 해 10월까지 대부분의 프랑스 세금을 징수할 권리를 구입했다. 그리고 1720년 1월 그는 금융 감독관이 되어 프랑스의 모든 재정과 자금조달을 지배했고 프랑스의 모든 대외 무역과 식민지 개발을 취급하는 회사까지 지배했다. 게다가 그는 대부분의 프랑스 정부 부채를 보유함으로써 미래 사업에 안정적인 수입원을 창출했고 회사의 주식을 추가로 발행해 사업 활동과 특권을 위해 사용했다. 즉, 정부는 그에게 채무를 변제해주는 대가로 특권을 부여했고 그는 회사의 주식을 찍어내어 그 주식을 사람들에게 팔았다. 그의 사업 권한과

범위가 확장되면서 미시시피 회사의 주식 가치는 급격히 상승했고 실제로 1719년 1월 주당 약 500리브르(필자주: 당시 프랑스의 회계 단위)이던 것이 1719년 12월 주당 1만 리브르까지 상승했다. 이때 그는 통제력을 상실하고 회사 주식을 매입하기 위해 더 많은 은행권을 발행했으나 1720년 1월 일부 투자자들이 시세차익을 금화로 바꾸기 위해 주식을 팔면서 주가가 하락하기 시작했고 인플레이션이 23%에 달했다. 당황한 그는 1720년 동안 회사의 주식을 여러 단계로 평가절하했지만 은행권의 가치는 액면가의 50%로 줄었고 1720년 12월 주당 1,000리브르로 떨어졌다. 미시시피 회사의 흥망성쇠는 미시시피 버블로 알려졌고 그의 당시 행보는 지폐의 액면가치와 실질가치가 반드시 일치하지는 않는다는 사실과 인플레이션과 버블이 경제와 금융에 얼마나 큰 영향을 끼치는지에 대한 묵직한 시사점을 남겼다.[18]

Ⓑ 디플레이션 화폐, 비트코인

– 인플레이션의 환상

우리사회에 두 배로 많아진다면 우리는 두 배로 부자가 될까. 꼭 그렇지는 않다. 그래 보이지만 결국 많아진 돈 때문에 물가만 올라갈 것이다. 우리가 정말 부를 창출하기 위해 필요한 것은 풍부한 돈이 아닌 풍부한 자산이다. 왜냐면 자산은 인간의 욕심에 의해 늘 부족하기 때문에 부자가되는 확실한 방법은 희소성 있는 자산을 소유하는 것이다. 따라서 누군가 돈이 증가된 만큼 부가 창출된다고 주장한다면 그것은 그럴듯한 거짓말이다. 또한 돈의 증가가 우리 생활수준을 높인다고 하는 말도 거짓이며 우리 생활을 윤택하게 하는 것은 자본투자의 성과, 생산성의 향상 등이다. 결론적으로 돈은 특별한 상품이긴 하지만 훌륭한 교환 매개체일 뿐이다. 이 사실을 간과하게 되면 인플레이션을 조정하는 주체의 교묘하고 얄팍한 술수에 정신없이 당하고만 있을 것이다.

돈의 수요보다 공급이 많을 때 발생하는 인플레이션은 곧 화폐가치의 하락을 의미하며 따라서 정부가 돈을 찍어내 이것저것 사고 투자하면서 돈의 공급량을 늘리면 그만큼 개인과 기업의 구매력은 줄어들 수밖에 없다. 이것은 곧 민간의 부를 국가로 이전시키는 것이나 다름없으며 보이지 않는 세금으로 봐도 무방하다. 백번 양보해서 인플레이션이 경제 발전의 필요악이자 경제시스템의 필수 조정요인이라 하더라도 돈의 기반이 실물에서 신용으로 전환된 '닉슨 쇼크' 이후 현대사회에는 인플레이션으로 인한 부의 편중화 현상이 심화될 뿐이다. 그렇다면 디플레이션이 인플레이션을 견제하면 경제의 균형을 이룰 수 있지 않을까.

- 비트코인의 포지션

비트코인은 신뢰해야 하는 제3자의 중개 없이 한 당사자 간에 거래할 수 있는 개인 간 전자화폐와 시스템으로, 개인은 집과 저축을 잃고 은행과 기업은 파산하고 정부는 경제활성을 위해 돈을 찍어내던 글로벌 경제 침체기에 탄생했다. 그것은 경제 붕괴에 무기력한 정부와 무책임한 중앙은행의 행태 속에서 현재의 돈의 역할과 시스템의 중요성을 재조명하고 그에 대한 대안으로 세상에 나왔다.

이렇게 나온 비트코인은 디플레이션이 발생되도록 설계된 듯하다. 그렇게 보는 이유는 2,100만 개로 고정된 비트코인의 최대 발행량에 있다. 비트코인 고정 공급량은 투자자들로 하여금 가격 상승을 계속 기대하게 만들지만 사용하지 않고 비축만 한다면 심각한 유동성 문제에 봉착할 수 있다. 디플레이션으로 간주하는 또 다른 이유는 채굴을 통해 꾸준히 일정량의 비트코인이 생산되지만 채굴자에게 블록당 보상하는 비트코인의 양이 특정 시점마다 절반씩 감소하기 때문이다. 게다가 점점 더 많은 채굴자들이 모여들수록 채굴 난이도 역시 증가해 결국 보상을 얻기 위해 더 많은 컴퓨팅 파워가 필요하다. 그 결과 비트코인 채굴비용은 높아만 가고 시간이 지나면 보상이 감소한다. 그런 의미에서 볼 때 디플레이션은 기본적으로 비트코인에 내장되어 있다고 볼 수 있다.

반면 비트코인은 가격의 극심한 변동성 때문에 디플레이션이 아니라는 의견도 있다. 특히 비트코인 가격이 정점을 찍은 후 하락이 반복되는 것은 충분히 상승했고 또 충분히 유통된 비트코인을 물건을 사기 위해 현금화하는 것이기 때문에 일종의 '가격 인플레이션'이 있다는 주장도 있다. 그럴듯해 보이지만 그 주장에 대한 논리와 근거를 찾기 어렵고 설령 옳다고 해도 앞서 언급한 '전통적인 개념의 인플레이션'과는 결이 다른 별개 사안으로 봐야할 것이다.

- 비트코인의 가능성

비트코인의 디플레이션 효과는 비트코인이 세계 디지털 화폐로 채택된다고 가정할 때 어떤 상황이 벌어질까. 땀 흘려 번 돈의 가치가 인플레이션 때문에 계속 구매력이 상실된다면 노동의 가치를 온전히 유지할 수 있는 디플레이션은 그 상실의 문제를 해결하는 것처럼 보인다. 실제로 인플레이션 체제에서는 정부는 재정 지출로 유효수요를 늘려야 하고 기업은 끊임없이 연구하고 투자하여 더 큰 가치를 창출해야 하며 개인은 갖고 있는 돈의 가치가 떨어지기 전에 정부와 기업의 노력과 결실의 산물인 물건을 구매해야만 계속적으로 성공의 역사를 이어갈 수 있다. 반면에 디플레이션 체제에서는 주변에 어떤 노력을 하든지 보유하고 있는 돈으로부터 지속적으로 보상 받는다. 다만 사람들이 점점 더 큰 구매력을 갖게 되면서 사회발전에 참여하거나 관심을 가지려는 동기는 현저하게 감소할 수도 있다. 게다가 디플레이션 체제에서는 부가가치 창출을 위한 훌륭한 지렛대 역할을 하는 부채를 활용하기 꺼려진다는 문제가 있다. 빌리는 주체가 누구든 미래 수익이 더 높을 것이라는 전제하에 채권, 부동산 등을 담보로 하여 대출을 하고 다른 곳에 투자를 하여 새로운 가치를 창출하거나 잠재적인 수익을 증가시킨다. 하지만 디플레이션 체제에서는 돈의 가치가 오르면서 부채이자 역시 커지기 때문에 미래 수익이 더 높을 것이라는 전제가 퇴색된다. 따라서 돈을 보유하려는 욕구가 강해지고 투자를 통한 성장과 혁신은 나올 가능성이 적어진다.

한 가지 더 주목해야 할 사안은 비트코인의 인플레이션 변동 추이다. 여태 추이로 볼 때 비트코인 인플레이션율이 2020년 비트코인의 세 번째 반감기 이후에는 사상 최초로 미국 주도의 목표 인플레이션인 2% 수준으로 떨어지며 앞으로 점점 더 낮아질 것이다. 그것은 암호화폐 시장을 넘어 법정화폐에도 적지않은 영향을 미칠 것이다. 비로소 비트코인은 디플레이션을 내장했지만 현실적으로 이상적인 인플레이션 수준을 갖는 대안화폐와 시스템으로서의 가능성 정도는 보여줄 것이다.[19]

비록 모든 요인들을 살펴보지 않았지만 비트코인의 프로그래밍된 디플레이션 효과는 글로벌 디지털 화폐로 지속적으로 활용되기에는 걸림돌이 있으며 그것을 해소하기 위한 대책이 필요하다. 물론 해결책이 없더라도 비트코인은 디플레이션 상태를 유지하며 디지털 골드로서 가치의 저장소가 될 수 있고 다른 암호화폐들의 기축 화폐 역할을 수행할 수 있다. 설령 비트코인을 인플레이션이 발생되도록 조정한다 해도 그 가치를 훼손할 뿐 원래의 매력마저 잃을 수도 있다. 굳이 또 다른 대안을 찾는다면 과거 케인즈학파와 오스트리아학파의 논쟁을 통해 배웠듯이 디플레이션의 비트코인과 인플레이션의 법정화폐를 절충할 수 있는 화폐와 시스템을 구축하는 것이다. 물론 별도로 구축하는 것이 오히려 이도저도 아닌 망작이 될 수 있다. 하지만 이미 우리는 달러와 같은 현존 화폐와 현대 경제를 굴리는 금융시스템의 무기력함을 목격했고 그 후에도 정부와 중앙은행의 제휴에 따라 숨겨진 세금인 인플레이션을 조정해 대중을 기만하고 희생시킨 사실을 알고 있다.

다행인 점은 여태까지는 우리가 눈뜨고 당할 수밖에 없었지만 비트코인의 등장으로 유의미한 자산피난처가 생겼고 대중과 정부는 각각 다른 이유로 비트코인을 주시하고 있다. 물론 10년이 넘는 기간 동안 비트코인은 극심한 변동성과 어쩔 수 없는 디플레이션을 지닌 한계를 노출했다. 하지만 블록체인과 비트코인이 우리 사회에 던진 시사점을 토대로 향후 혹독한 대가를 치르더라도 기존 화폐와 시스템보다 더 나은 대안이 나오고 그것이 새로운 패러다임을 보여주기를 바랄 뿐이다.

Chapter12

월스트리트의 진입
- JP모건 CEO의 비트코인 언급 2017년 9월 -

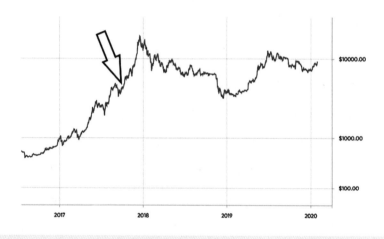

#JP모건 #JPM #쿼럼 #최고의장사

Ⓑ 월스트리트(Wallstreet)

– 월스트리트의 역사

월스트리트는 뉴욕 맨해튼 금융지구에 있는 8블록 정도의 거리로 뉴욕 뿐 아니라 미국 금융산업의 대명사로 통한다. 세계금융의 핵심지구인 이곳에는 세계증권거래소의 양대산맥인 뉴욕증권거래소(NYSE)와 나스닥(NASDAQ)은 물론이고 JP모건, 골드만삭스 등 전 세계의 내로라하는 증권사, 금융사, 투자은행 등이 몰려있다. 현재는 전 세계 곳곳에 자금수혈을 하는 심장부 역할을 하는 월스트리트지만 이곳도 처음에는 그렇게 화려하지는 않았다.

대항해시대라고 불리는 17세기, 당시 세계 패권국이던 네덜란드는 아메리카 대륙과 아프리카와의 무역을 위해 서인도 회사를 설립했고 무역 거점을 탐색하던 중 맨해튼 섬에 눈독을 들인다. 니우 네덜란트(Nieu Nederlandt)호에 승선한 맨해튼 최초 정착민들 중 한 명이자 당시 네덜란드의 식민지 총독이었던 페터 미노이트(Peter Minuit)는 원주민으로부터 맨해튼 섬을 24달러에 매입하면서 '뉴 암스테르담(New Amsterdam)'이라고 명명했다. 이후 원주민들과 물리적으로 지역을 구분시키고 약탈을 일삼는 해적으로부터의 보호함과 동시에 아메리카 진출에 적극적인 영국과의 경쟁과 공격을 방어하기 위해 뉴 암스테르담 북쪽 경계에 벽(Wall)을 세웠다.

월스트리트의 어원은 그때 세워진 벽으로부터 유래됐다는 것이 정설이나 페터 미노이트 총독을 포함한 맨해튼 최초 정착민들인 왈룬(Walloon, 불어를 쓰는 벨기에 남부 신교도인)에서 유래됐다는 설도 있다.

어쨌든 이 새로운 무역 거점을 통해서 17세기 중반에 이미 상인들과 투자자들이 모여 주식과 채권을 거래하기 시작했고 18세기 후반에는 투자자들과 브로커들이 모여 증권을 거래했다. 그 당시만 하더라도 금융의 중심지는 네덜란드, 영국이 있는 유럽이었고 미국은 금융의 황무지나 다름없었기 때문에 당연히 미국 내 투자자들은 증권거래 등에 큰 불편을 느꼈다. 그런 불편 외에도 주식거래가 체계적이지 못했기 때문에 담합은 물론 과도한 고객 확보 경쟁 때문에 거래질서가 문란했다. 가령 몇몇이 뜻을 모아 주식거래 사무실을 설립하면 그 사무실의 회원은 물론 비회원들이 시세정보를 빼낸 뒤 장외에서 낮은 수수료를 적용해 고객을 확보하는 일이 비일비재했다.

이런 무질서한 거래를 막기 위해 1792년 미국의 주식 브로커 24명이 월스트리트에 모여 주식매매 수수료를 0.25%이하로 하는 표준수수료율을 적용하는 '버튼우드협정(Buttonwood Agreement)'을 맺었다. 거대한 유럽 금융기관들이 현지에 사무소를 차리는 바람에 변변한 사무실 없이 버튼우드 나무 아래서 협정을 맺었지만 그들은 주식거래중개, 상품거래대행 등 거의 모든 금융 업무를 다뤘다. 이후 일정 기간의 시행착오 기간을 겪고 나서 월스트리트와 워터스트리트(Water street)가 만나는 '톤틴커피하우스(Tontine Coffeehouse)'를 통해 누구나 주식매매에 참여하게 하되 매매중개권은 회원 브로커에게만 부여했다. 이러한 노력 덕분에 뉴욕증시는 꾸준히 성장했고 1817년 뉴욕증권거래위원회가 출범했으며 1863년에는 뉴욕증권거래소가 생겼다.

- 월스트리트 23번가

월스트리트에 위치한 가장 유명한 기관들 중 한 기관은 23번가에 위치한

J.P.Morgan Chase&Co.(이하 'JP모건')이다. 이 기관은 미국 뉴욕에 본사를 둔 글로벌 투자은행으로 세계에서 가장 오래된 금융기관들 중 하나다.

혹자는 JP모건 역사가 곧 미국의 금융의 역사라고 말한다. 실제로 JP모건은 170년이 넘는 동안 미국금융의 실세 역할을 해왔고 아직까지도 유수의 거대기업들과 활발한 금융거래를 하고 있으며 전 세계 거래 고객 수만 3천만 명에 달한다. 이 기관이 어떤 길을 걸어왔는지는 후술하겠지만 간단히 말해 JP모건의 역사를 알면 미국 금융자본주의의 역사의 많은 부분을 알 수 있다.

그런데 전통과 영향력을 자랑하는 이 기관이 블록체인과 암호화폐 영역에 들어오고 있다. 흥미로운 사실은 JP모건의 CEO인 제이미 다이먼이 2017년 9월 "비트코인은 사기다"라고 비난하면서 비트코인을 거래하는 소속직원은 해고하겠다고 경고했다. 하지만 이후 2018년 1월 그는 "비트코인은 사기라고 한 점은 후회하며, 비트코인에 별로 관심이 없다"라고 말을 바꿨다. 그로부터 약 1년 후인 2019년 3월 JP모건은 자체코인인 JPM코인(이하 'JPM')을 발행계획을 밝혔다. 이 코인은 미국 달러와 일대일 교환되는 블록체인 기반 디지털 결제수단으로, 기업 간 결제, 증권 발행 및 판매, 일반 소매 결제 등의 목적을 갖고 있다. JP모건의 기업 고객 간 일일 결제 총액이 수 조 달러에 이르는 만큼 잠재적인 파급력은 절대 무시할 수 없다. JP모건이 어떤 곳인가, 1929년 발생한 미국의 대공황과 그에 따른 경기침체, 파산, 금융위기에도 경기회복에 큰 역할을 했던 것은 물론 심지어 당시 정부까지 경제위기를 타개하기 위해 도움을 요청했던 곳 아니던가.

따라서 블록체인과 암호화폐에 관심이 있든 없든 월스트리트를 대표해왔던 JP모건의 블록체인과 암호화폐 영역에서의 행보가 궁금하지 않은가.

혹시 그런 궁금증이 생긴다면 이제부터 서술할 JP모건에 대한 과거와 현재의 동향, 그리고 미래에 대한 예측을 참고하기 바란다. 또한 그 논의와 예측을 하는 과정에서 블록체인과 암호화폐를 끌어들여 JP모건이 해온 패턴이 새로운 개척 분야에서 어떤 역할을 할지에 대해서도 같이 알아보겠다.

Ⓑ JP모건이 그간 걸어온 길

– 남북전쟁(→기회포착)

1850년대 세계 금융지의 중심인 런던에서 미국의 최대 토목사업인 대륙 간 횡단철도 건설자금을 유럽에서 조달하는 등 채권중개사업을 통해 부를 축적하던 선친을 돕기 위해 1856년 금융계에 진출한 J.P모건(John Pierpont Morgan)은 1861년 미국 남북전쟁이 발발하자 거기서 기회를 발견하고 아버지를 떠나 뉴욕으로 향한다.

뉴욕으로 간 그는 남북전쟁을 이용하여 부를 축적하기 시작했다. 당시 화약 생산을 독점하던 뒤퐁(Dupont)과 함께 군사관련 무기, 제품을 중개해 중개업자로서 부를 축적했다. 가령 북군이 버린 소총을 저가에 사서 정비 후 남군에게 비싸게 팔거나 전세가 북군으로 기울면 금 시세가 떨어지고 남군으로 기울면 금 시세가 오르는 시세차익을 활용하기도 했다.

– 로스차일드와 에디슨(→무대확장)

전쟁 이듬해 JP모건상사를 설립하고 1864년 선친으로부터 물려받은 은행까지 JP모건상사에 합병한 J.P모건은 미국 대륙 간 횡단철도가 완성된 1869년, 세계 최고 금융재벌인 런던의 로스차일드(Rothchild) 가문과 협력해 로스차일드 상사의 미국 지부 격인 '노던증권(Northern Securities)'을 설립했다. 그 덕분에 J.P모건은 로스차일드 자금을 바탕으로 철도회사들의 주식을 사서 지주회사가 될 수 있었고 로스차일드 역시 중개대리인 없이 공식적으로 미국 산업과 금융에 투자할 수 있게 됐다.

이후 1878년 가스등을 대체할 수 있는 안전하고 저렴한 전등을 발명할 수 있다고 공표한 에디슨을 지켜보던 J.P모건은 그와 함께 에디슨전기회사라는 합작회사를 설립했고 전등개발 연구비를 지원했다. 결국 에디슨은 1880년 세기적 발명품인 전등 개발에 성공했고 당시 대주주인 모건은 막대한 부를 얻게 됐다. 참고로 에디슨전기회사는 현재 제네럴일렉트로닉스(GE)의 전신이다.

– 미국 주요산업 및 증시 주도(→판 흔들기)

금융, 전기 분야에 이어 모건이 눈을 돌린 것은 철도였다. 정보가 생명인 금융업에서 정보를 빨리 선점할 수 있는 선택지는 지금과 달리 거의 없었다. 그 중에서 철도와 기차는 흩어져있는 전신주들을 이을 수 있는 매력적인 선택지였고 결단을 낸 J.P모건은 바로 행동으로 옮겼다. 이때부터 그의 전매특허인 문어발식 인수합병이 단행되는데 당시 난립하던 소규모 철도회사들을 공격적으로 매입한 결과 19세기 말에 미국의 대표 철도업자들 중 한 명이 된다.

하나씩 주요산업을 장악한 J.P모건은 철강에까지 눈을 돌렸다. 당시 미국 최대 철강회사 카네기철강의 카네기에게 찾아간 모건은 카네기 인수금액으로 자그마치 5억 달러를 제시했고 결국 1901년 카네키철강회사를 인수했다. 그리고 기존에 소유하던 페더럴제강, 내셔널제강, 아메리카제강과 합병시켜 US스틸을 만들어 철강업계까지 장악했으며 기업공개를 통해 수 일만에 6억 8천만 달러를 벌어 결국 카네키철강을 품에 안으면서 1억 8천만 달러를 수익을 챙겼다.

이 US스틸의 존재는 뉴욕증시 시총 60%를 가진 거물이 됐고 미국 주력 산업이 철도산업에서 철강산업으로 이동하는 등 산업과 증시에 이정표를 세움과 동시에 뉴욕증시 규모가 런던증시 규모를 앞지르게 되는 계기가 됐다.

- 잇따른 금융위기(→거대한 기회)

1907년 증시폭락으로 금융공황이 오자 부실은행의 도산과 예금인출 러시가 이어졌고 심지어 뉴욕증권거래소 조차 자금부족으로 주식거래를 중단하고 정부조차 어쩔줄 모르는 정도까지 사태가 심각해졌다. 이 혼란한 시점에 J.P모건은 중소형 은행들에게 담보부를 내놓게 하고 대형 은행들에게 그 중소형 은행들에 대한 대출을 지시함과 동시에 정부로 하여금 대형은행에 대한 구제금융을 지원하도록 압박했다. 영업중단 위기의 뉴욕증권거래소에는 여러 은행에서 모은 긴급자금을 제공해 영업을 지속하게 한다. 이 사태와 수습을 통해 J.P모건의 위상은 한껏 높아졌다. 참고로 이 사태 이후 미국은 경제 및 금융리스크 관리를 위해 미 연준(Fed)과 12개 연방은행(FRB)이 생겼고 이들을 주축으로 하는 중앙은행 체제가 생겨났다.

1929년에는 세계 대공황이 일어나 전체은행의 36%가 도산하고 엄청난 예금인출 러시가 이어져 현금을 숨기는 뱅크런 사태가 일어났고 제조업에도 영향을 끼쳐 공장 가동률이 50%이하로 떨어져 실업자가 급증했다. JP모건그룹 역시 세계대공황의 여파를 온전히 피하지 못하고 기업주가가 폭락했지만 한편으로는 도산된 은행들과 기업들을 쓸어 담았다. 그 결과 대공황이 진정된 1930년대 중반 JP모건그룹은 미국상장사 총액의 40%를 손에 쥐게 됐다.

- 제 1,2차 세계대전(→대도약)

JP모건그룹의 기반을 확고히 다져온 J.P모건이 죽고 1913년 그의 아들인 잭 모건이 J.P모건그룹의 새로운 주인이 됐고 때마침 발발한 제1차 세계대전을 통해 대도약을 했다. 당시 영국 정부는 전쟁을 위해 자금책이 필요했고 월스트리트의 큰손인 JP모건그룹을 자금조달과 무기 매입의 대리인으로 지정했다. 이에 잭 모건은 미국 전역에 무기 공장을 세워 무기를 유럽에 제공함과 동시에 자유채권이라 불리는 '전시공채'를 발행하고 높은 수수료를 챙겨 부와 영향력을 엄청 키웠다.

제1차 세계대전과 세계 대공황 이후 수익창출에 대한 갈증이 날 때쯤 제2차 세계대전이 발발했고 1941년 일본의 진주만 습격을 계기로 미국이 세계대전에 합류함에 따라 제1차 세계대전 때보다 더한 자금과 무기가 필요해졌다. 이에 아예 대놓고 정부는 주요 은행과 대기업을 지렛대로 자금 조달과 무기 제조를 시행해 엄청난 전쟁효과를 봤는데 JP모건그룹 역시 미국이 발행한 전시공채의 50%이상을 발행해 엄청난 대도약을 했다.

Ⓑ JP모건이 향후 걸어갈 길

– 비트코인과 이더리움(→기회포착)

2009년 초 정부의 구제금융 반발에 반발하여 블록체인 기술을 기반으로 비트코인은 세상에 나타났다. 출시 후 만 10년 동안 비트코인은 사기설, 다단계, 쓸모없는 숫자 놀음 등의 수많은 비판과 엄청난 시세등락과 같은 악조건(Stress tests)을 견뎌냈고 초기 열성팬들의 전유물을 넘어 이제는 점점 더 많은 개인과 기관 투자자가 관심을 갖는 자산으로 성장했다.

미국의 경우 2013년 연방 선거운동 후원금 사용 인정 및 상원 청문회를 통한 긍정적 반응으로 일찌감치 비트코인의 잠재력을 인정했다. 물론 2017년부터 미국 정부와 증권거래위원회(SEC), 상품선물거래위원회(CFTC) 등의 당국이 암호화폐를 규제하기 시작했지만 주요 은행과 대기업의 블록체인과 암호화폐에 대한 관심은 날로 커지고 있고 JP모건그룹이 발표한 JPM코인은 JP모건그룹이 암호화폐 시장을 기회로 포착한 것으로 해석할 수 있다.

비트코인이 생긴지 6년 후인 2015년 이더리움이 출시됐고 이 플랫폼은 블록에 자산과 내력을 저장하는 개념에서 더 나아가 블록체인을 통한 프로그래밍이 가능하다.

비트코인의 출시와 뒤따른 이더리움의 출시는 JP모건그룹에게는 새로운 기회를 제공할 혁신으로 보였을 것이며 그 기술을 응용해 디지털자산 영역에서의 무대를 확장하기로 한다.

– 쿼럼(Quorum)과 JPM코인(→무대확장)

JP모건그룹은 2016년부터 블록체인 사업계획을 세웠고 자체 블록체인 오픈소스 프로젝트인 쿼럼(Quorum)을 만들었다. 쿼럼은 이더리움 블록체인 기반이자 폐쇄형(Private) 블록체인으로 '기업중심 버전의 이더리움(Enterprise-focused version of Ethereum)'이라고 볼 수 있다.

JP모건그룹은 이 쿼럼을 발판으로 실물경제에서 디지털자산으로의 무대확장을 모색했다. JP모건그룹은 쿼럼을 통해 발행되는 JPM을 통해 해외 송금 시 결제시간을 일단위에서 초단위로 줄일 수 있고 기업들의 실제 자산 증명 시에 기존에는 실제 보유 금액을 송금하는 대신 블록체인 기술로 자산증명을 하면 비용을 줄일 수 있다. 실제로 JP모건그룹의 기업고객 간 도매결제 금액은 하루 6조 달러정도로 상당하며 이 회사는 더 나아가 JPM을 쿼럼 외에 다른 기업용 폐쇄형 블록체인에서도 현금 대체 거래대금용으로 활용할 계획이며 이는 여러 이점이 존재한다.

첫 번째로 현재 해외로 돈을 보내고 받을 때 보편화된 송금 방식인 전신송금(wire transfer)을 대체할 것이다. 기업 간 결제 및 청산에 JPM을 도입하면 결제시간을 일 단위에서 초 단위로 줄이는 효과가 있을 것이다. 두 번째로 JPM은 증권을 발행하고 판매할 때 즉시 결제하는 용도로 쓰일 수 있다. 또한 JP모건그룹의 많은 해외 기업 고객은 거래은행인 JP모건그룹의 기준 통화인 미국 달러화를 항상 어느 정도 가지고 있어야 하는데 달러화 대신 JPM을 JP모건그룹과의 결제 수단으로 활용할 수도 있다. 세 번째로는 JPM이 언젠가는 모바일 결제 수단으로 쓰일 수 있다.

– 암호화폐시장 주도(→판 흔들기)

앞서 언급한 쿼럼과 JPM을 통해 최소한 미국 대형 금융권 내 블록체인 자산을 장악해 나갈 수도 있다. 주요 은행들과 대기업들을 품에 안은 JPM

은 자기가 선점하기 쉬운 영역부터 차례로 입지를 다져가면서 결국엔 최후의 승자가 될 가능성도 배제할 수 없다. 만에 하나 그렇게 된다면 JP모건그룹은 그 점을 놓치지 않고 그 주도권을 토대로 판 흔들기를 시도할 것이고 JP모건그룹의 주특기인 인수합병 신공을 발휘하여 나중에 거래소나 블록체인회사들을 인수함으로써 암호화폐 시장을 키우면서 자신의 존재감도 높일 것이다.

– 글로벌 경제위기(→거대한 기회)

판을 흔들고 있거나 판 세팅이 완료될 때쯤 글로벌 경제위기가 도래할 수도 있다. 생각해보면 비트코인이 세상에 나온 이후 글로벌 경제위기가 온 적이 없다. 2013년 러시아 부호들의 주요 조세피난처였던 키프로스에서 금융위기가 발생하여 비트코인이 자산피난처로 부각된 사례나 짐바브웨, 베네수엘라 등의 국가에서 초인플레이션이 발생해 비트코인이 화폐의 대안으로 활용된 사례가 전부다.

확언할 수 없지만 미국이나 초대형 은행 또는 기업들은 벌써 다가올 글로벌 경제위기를 대비하고 있을지도 모른다. 만약 그렇다면 JP모건그룹은 모르고 있거나 가만히 있을까. 블록체인 영역에서든 다른 영역에서든 행하는 조치들을 비추어볼 때 그 회사는 우리가 모르는 엄청난 자본가나 힘 있는 국가들과 협력해 도래할 엄청난 경제위기에 대응할 준비를 하거나 아니면 일부러 촉발시킬 수도 있다. 감히 단언컨대 위기는 언제냐의 문제로 분명한 점은 언젠간 반드시 도래한다는 점이다.

- 또다른 세계대전(→대도약)

세계대전은 20세기에 두 차례나 발발했지만 이후 냉전을 거쳐 미국이란 초강대국의 압도적 파워 아래 더 이상의 세계대전은 아직 발생하지 않았다. 하지만 앞으로의 세계대전이 제1,2차 세계대전처럼 기존 전쟁 형식으로든 디지털 전쟁, 무역 분쟁 등 새로운 형식으로는 발생하지 말라는 법은 없다. 가까운 미래에 정말 발생할지는 여기서 논하지 않겠지만 우리에게 중요한 점은 JP모건그룹 같은 거래 금융사나 거대기업이 세계대전이나 전쟁 같은 극단적 상황에 어떤 태세를 보일지다. 국제정서나 외교 분야는 단순히 분석하기 어렵지만 금융위기가 먼저 발생했고 JP모건그룹이 그 위기를 통해 한탕 해 먹었다면 또다른 세계대전이 발생해도 그들은 과거에 했듯이 새로운 대도약의 기회로 최대한 활용할 것이다. 혹시 아나, 전시공채를 JPM으로 발행해 팔수도 있지 않은가.

Ⓑ 최고의 장사

- 전쟁은 최고의 장사다

JP모건그룹을 포함한 월스트리트는 그들의 인맥, 자본, 인프라를 기반으로 굵직굵직한 전쟁을 통해 부를 축적해왔다. 암호화폐에 웬 전쟁을 갖고 논의하느냐고 묻는다면 이 블록체인과 암호화폐가 새로운 전쟁터라고 대답하겠다. 그런 관점으로 볼 때 사토시가 비트코인을 출시한 것은 기존 파워엘리트에 대한 선전포고라고 볼 수 있으며 암호화폐시장이 커질수록

이 판에 뛰어드는 용사들은 개인에서 기관, 금융권으로 몸집이 커질 것이다. 정찰병이었던 초기 투자자에서 소총부대인 개인 수준의 소모전은 이제 끝나가고 탱크, 전투기, 심지어 항공모함 수준의 기관들이 투입되는 이 암호화폐 전장은 그야말로 최고의 장사판이 될 수도 있으며 우리는 끝까지 살아남아 약간의 전리품이라도 챙겨야 할 것이다.

- 위기는 최고의 장사다

위기에 살아남는 것도 대단하지만 그 위기를 수습하는 것은 더더욱 대단하다. JP모건그룹은 여태껏 그래왔고 앞으로도 그 기질은 변하지 않을 것이다. 따라서 다음 금융위기 때에도 똑같거나 더 세련된 방식으로 그들의 몸집을 키울 것이다.

미국은 독립 이래 특히 19세기에 초강대국으로 발돋움하여 1세기 동안 금융, 외교, 군사 등 대부분의 영역에서 세계를 쥐락펴락했다. 하지만 최근 몇 년간의 미국은 명분 없는 전쟁개시, 금융위기 자초로 위상추락, 주요국과 대립각을 세우고 자국우선주의 등으로 기존의 위상이 다소 훼손되고 있으며 새로운 이정표를 보여주지 않는 한 가까운 미래에 외로운 패권국가가 될 수도 있다.

JP모건그룹도 진작 이런 미국의 모습을 예상했을 수도 있다. 만약 그렇다면 앞서 언급한 영역 중 하나를 선택할 것이고 자기들 주특기이자 막강한 요인인 '금융'을 선택할 것이다. 그런데 금융에서 한탕 해 먹으려면 위기를 기다리거나 오지 않으면 적기에 그 위기를 만들 수도 있다. 지난 1세기동안 그렇게 대부분의 위기는 그런 식으로 발생했다.

- 자기관리가 최고의 장사다

자기관리 부분은 JP모건그룹 뿐만이 아닌 우리 스스로에도 적용되는 부분이다. 아무리 전문가가 JP모건그룹에 대한 분석을 나열해봤자 그것은 우리가 어찌할 수 없는 불가항적 외부요인이다. 하지만 온전히 우리가 조절할 수 있는 게 하나 있다, 바로 자기관리다. 여기에는 현금과 투자금의 비중, 투자와 일상 균형유지, 투자에 대한 원칙 수립, 분석을 위한 기술적·기본적 방법 등이 모두 포함되어 있다.

여러분이 주식이든 암호화폐든 투자에 능숙하지 않다면 당장 자기관리를 위한 계획수립을 하길 바란다. 혹시 이미 자기관리가 어느 정도 되는 분이라면 자신의 수익률을 보시고 저조하다면 투자원칙 등을 돌아봐서 개선하기를 바란다. 만약 자기관리도 잘하고 있고 수익도 괜찮다면 JP모건그룹 같은 큰손을 추적하면서 그들의 관점에서 암호화폐 시장을 바라보기를 바란다.

무엇이 느껴지는가, 분노가 느껴지는가 희열이 느껴지는가. 그리고 무엇이 보이는가, 위기를 잘 대응한 큰손과 당신이 보이는가, 큰손과 반대로 대응한 당신이 보이는가. 느껴지는 대로, 보이는 대로 한껏 받아들이고 대응하기를 바란다.

Chapter13

네 번째 정점: 선물도입, 그리고 무대의 확장
- 비트코인 세 번째 정점 2017년 12월 -

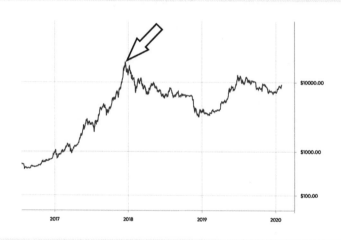

#비트코인선물 #버블 #헤지 #무대의확장 #레이븐코인

Ⓑ 비트코인 선물 도입

- 비트코인의 주류 금융시장 데뷔

2017년은 비트코인은 물론 암호화폐 역사에 있어 가장 화려한 상승장이었다. 끝 모르는 상승장에 투자자들의 환호성이 최고조에 이른 2017년 12월 10일, 시카고옵션거래소(Chicago Board Options Exchange, 이하 'CBOE')는 비트코인 선물 거래를 개시했다. 그리고 바로 1주일 후 세계 최대 상품거래소인 시카고상품거래소(Chicago Mercantile Exchange, 이하 'CME')도 비트코인 선물 거래를 시작했다. CME와 CBOE의 비트코인 선물 거래 도입은 비트코인이 비로소 주류 금융시장에 진입했고 향후 다른 암호화폐 역시 주류 금융시장에 진출할 수 있는 교두보를 마련했다는데 상징적인 의의가 있다. 이러한 주류 금융시장 참여는 안전성과 신뢰성이 보장된 거래플랫폼이 없어 주저했던 보수적인 기관투자자들이 암호화폐 투자에 참여하는 기회를 제공하거나 대중의 관심을 높이는 실용적인 의의도 있다.

선물거래란 금융파생상품의 한 종류로 장래의 일정한 시점에 특정 통화, 상품, 또는 그 외 금융통화나 금융상품을 미리 정한 가격에 매매하는 계약을 의미하며 이때 매매는 현물이나 현금으로 결제된다. CBOE가 비트코인 선물 거래를 개시한 첫날, 급등에 의한 거래정지(서킷브레이커)가 두 차례 발동될 정도로 큰 변동성을 보였고 개시 4시간 만에 1월물 기준 비트코인 선물 거래가가 1만 5,000달러에서 1만 8,700달러까지 치솟았으며 이날 계약건수도 4천을 웃돌았다. 물론 다음날부터 변동성과 거래량이 주춤했지만 과도한 방문자 접속으로 사이트가 일시정지될 정도로 역대 최초의 비트코인 선물거래에 많은 관심이 쏠렸다. 그로부터 1주일 후 CBOE보다 선물거래 규모가 50배 이상이고 선물거래 최소 단위가 5배 더 큰 CME 역시 비트코인 선물 거래를 개시했다. 그러나 비트코인 선물 거래량이 더 늘어날 것이라는 전망에도 불구하고 거래량이 저조했고 1월물 기준 비트코인 선물거래가가 2만 580달러에서 1만 8,805달러로 하락했다. 그 후 비트코인 선물가격과 현물가격이 엎치락뒤치락한 지 얼마 지나지 않아 상승과 하락 모두에 수익을 낼 수 있는 선물의 위력이 곧바로 드러나기 시작했다.

– 버블과 후폭풍

비트코인 선물이 도입되고 머지않아 비트코인 가격은 네 번째 정점을 만든 직후 가파른 하락을 보이기 시작했다. 2017년 12월부터 시카고상품거래소(CME)와 시카고옵션거래소(CBOE)에서 거래되고 있는 현금결제형 비트코인 선물이 당시 거품이 잔뜩 낀 비트코인과 암호화폐 시장에 어떤 영향을 끼칠지 그때는 대부분 알지 못했다. 다만 현명한 투자자와 분석가들은 현금결제형(Cash-settled) 비트코인 선물 도입 때부터 비트코인의 현물가격이 선물 계약 정산 시점 때마다 시세조작에 취약할 것이라고 예측한 사실이 나중에서야 주목받았을 뿐이었다. 저명한 비트코인 교육자인 안드레아스 안토노폴리스(Andreas M. Antonopoulos)는 2017년 비트코인 거품이 매우 빠르게 오르기 시작하자 미국 당국이 그 거품을 막기 위해 비트코인 선물 출시를 빠르게 추진했을 것이라고 말했다.[22] 또한 그는 가격 억제는 음모의 문제라기보다는 암호화폐 하락에 베팅하는 것은 너무도 당연한 시장기반 접근법이라고 주장했다. 실제로 크리스토퍼 지안카를로(Christopher Giancarlo) 前 상품선물거래위원회(Commodity Futures Trading Commission, 이하 'CFTC') 위원장은 2019년 모 연설[23]에서 "트럼프 행정부가 지난 2017년 비트코인 폭등을 가라앉히기 위해 파생상품 시장에 비트코인 선물도입을 허용했다"면서 "당시 CFTC와 미국 재무부, 미 증권거래위원회(이하 'SEC') 등은 비트코인 선물을 출시하는 것이 시장의 거품을 잠재울 수 있는 수단으로 봤다"라고 말했다.

그게 사실이든 아니든 비트코인 선물 도입 때쯤 2만 달러에 육박한 비트코인 가격은 역대 네 번째 정점을 찍고 정확히 1년간의 하락을 지속한 끝에 3천 달러대까지 떨어졌다. 선물 도입에 의한 기관투자의 진입은 호재에 가까웠지만 시세의 방향성에는 양날의 검으로 작용한 것이다.

- 헤지와 저변 확대

헤지(Hedge)란 미래에 발생할지도 모르는 투자 대상의 가격변동 위험을 피하는 것이다. 비트코인이 선물투자 대상이 된 것은 이 확정되지 않은 자산을 확정된 자산으로 편입시켜 극심한 변동성을 피하기 위한 것으로 금융공학 측면에서 보면 자연스러운 움직임이다. 전 세계를 무대로 24시간 쉼 없이 돌아가는 비트코인 시장은 틈만 나면 돈이 될 만한 것을 쫓는 금융권에게 매우 매력적인 투자대상일 것이다.

실제로 최대 증권거래소인 뉴욕증권거래소조차 그들이 소유한 인터콘티넨탈거래소(InterContinental Exchange, ICE)를 통해서 벡트(Bakkt)라는 스타트업을 설립후 2019년 9월 현금기반형 비트코인 선물이 아닌 실물기반형 (Physical-settled) 비트코인 선물을 출시했다. 주류 중의 주류인 이들의 비트코인 선물 진입은 투명하고 효율적인 가격 제시, 제도적 수준의 거래인프라 제공 등 규제당국의 요구조건을 더 잘 충족시킬뿐 아니라 더 많은 투자자들의 진입을 용이하게 하고 향후 더욱 다양한 비트코인 파생 금융상품이 출시될 가능성을 높였다. 게다가 비트코인 선물을 현금으로 결제하지 않고 비트코인으로 결제하는 실물기반형 선물 도입은 주류 금융업계에서 보다 간편하고 안전하며 효율적으로 비트코인을 거래 및 보관하는 커스터디(Custody) 서비스를 제공하겠다는 의지를 보여줬다. 만약 거래소가 규제를 통해 안전성과 신뢰성이 충분히 검증되고 다양한 방식의 선물에 의해 변동성은 줄어들고 유동성이 늘어난다면 SEC, CFTC와 같은 당국이 옵션, 상장지수펀드(Exchange Traded Fund, 이하 'ETF')같은 추가 파생상품 출시를 승인할 것이고 그렇게 된다면 암호화폐시장이 더욱 활성화될 것이다. 물론 그 파생상품 역시 양날의 검으로 암호화폐 시장을 휘저을 것이다.

Ⓑ 무대의 확장

비트코인의 첫 번째 정점에서 세 번째 정점까지 각 정점 이후 하락횡보 기간마다 '합의의 확장', '인식의 확장', 그리고 '응용의 확장'이 발생했다. 이 네 번째 정점 이후에도 유의미한 확장이 발생했으며 필자는 이를 '무대의 확장'이라고 정의했다. 그 무대의 확장이 지닌 의의에 대해 논의하기 위해서 과거와 현재의 혁신과 혁신가에 대해 알아보자.

- 메디치 가문

이탈리아 대문호 단테(Durante degli Alighieri, Dante)는 그의 저서 '신곡(La Divina Commedia)'의 지옥편을 다음과 같이 서술했다.

"미노타우로스가 지키며 끓은 피로 가득한 플레게톤이 둥글게 감싸는 이곳은 지옥 7층이다. 과격한 자들, 암살자들, 폭군들, 그리고 주전론자들이 강물 속에서 자신들의 냉혹한 행위를 후회하며 도망치려는 자들은 켄타우로스들이 화살로 쏜다. 이곳의 악취는 고약하다. 또한 자살자들의 숲이 있으며 이곳은 자라다 말고 비틀어진 나무들이 있고 배배 꼬인 나뭇가지에는 독과일이 매달려 있다. 신성모독자들과 남색가들은 고통에 몸을 비틀며 그들의 혀는 이제는 비통함을 울부짖고 있으며 눈으로부터는 슬픔이 쏟아져 나온다. 자연과 예술 그 어느 쪽도 따르지 않는 고리대금업자들 역시 지옥 7층에서 함께 한다"

그의 저서에 고리대금업자를 지옥에 처넣은 단테는 그 유명한 메디치 가문이 후원한 문화예술인들 중 한 명이다. 그런데 아이러니컬하게도 피렌체를 기반으로 유럽의 금융, 정치, 예술 등 다방면에서 막강한 권력을 휘둘렀던 메디치 가문은 단테의 신곡의 지옥편에서 묘사된, 돈을 빌려주고 이자를 받는 대금업자였다.

메디치 가문은 원래 양모 사업을 했지만 은행을 운영하는 것이 더 편하고 수익성이 높다는 사실을 발견했고 본격적으로 은행분야에 진출했다. 문제가 있다면 대금업에 대한 당시 부정적인 이미지와 분위기였다. 기독교적 세계관이 지배하던 중세시대에 사람들은 땀 흘리고 힘들게 일해서 생계를 꾸려야 한다고 생각했고 또 그렇게 하는 것이 당연했다. 16세기 이전 유럽에서는 돈을 빌려주고 이자를 받는 것은 부도덕하다고 비판을 받는 행위였으며 심하게는 범죄로 간주됐다. 그런 시대에 기독교 집안인 메디치 가문은 돈을 빌려주고 이자를 받아서 가문을 부유하게 키워갔다.

현대의 화폐 및 자산 교환 시스템은 메디치 가문의 은행이 최초로 유럽의 화폐경제를 장악했을 때부터 써오던 것이다. 그 당시 사회에서 가장 필요로 하는 수요를 발굴했고 가장 혁신적인 기법으로 그 수요를 충족하기 위해 행동했던 이들이 바로 이 가문이었다. 즉, 그들은 대부자와 대출자 사이를 중개하여 대부자의 유휴자본을 필요로 하는 대출자에게 전달하며 수수료를 챙긴 것이다. 이를 통해 메디치 가문은 실물로 존재하는 통화는 아니지만 현실 사회에 존재하는 무수히 많은 부채를 은행 내부 장부에 기재함으로써 상호 간 신용 관계가 전혀 없는 낯선 이들끼리도 거래할 수 있는 중개 서비스를 제공했다. 그로 인해 상거래는 폭발적으로 증가했으며 동시에 세계 경제와 금융을 변화시켜 부와 자본이 엄청나게 늘었으며 그 방식은 현대 금융네트워크 효율성의 단면이자 중앙집권화 신용 시스템 창출의 근간이기도 하다.[24]

– 코시모 데 메디치(Còsimo di Giovanni degli Mèdici)

대표적인 메디치 가문의 일원인 코시모 데 메디치(이하 '코시모')는 독실한 기독교 신자이자 탁월한 금융가였다. 하지만 그는 기독교 교리에 벗어나는 대금업을 하면서 매우 불안했을 것이다. 그러면서도 그는 이자를 챙겨 부자가 된 자신을 용서하지 않는 한편 부의 유혹도 뿌리칠 수 없었을 것이고 그런 이유로 기독교 교리를 숙지하면서도 수시로 은행 장부를 들여다보았을 것이다. 그가 살던 중세 유럽은 신이 모든 것을 지배하고 구속하는 시대였으나 시간이 지나면서 교회의 부패와 그에 따른 이성의 각성은 종교에 대한 사람들의 맹목적인 신앙심을 뒤흔들었다. 특히 이탈리아에서는 많은 사람들이 고대 로마 시대의 자유와 평등을 그리워하면서 고대 로마 문명의 부흥을 외치기 시작했다. 고대 그리스 문명은 인류를 지상에 태어난 신의 계승자라고 생각했고 그런 고대 그리스 문명을 계승한 고대 로마 문명의 위대

함을 찬양하면서도 인간으로부터 새로운 발견을 하고자 했다. 그래서 문화와 예술을 포함한 다방면에 인간을 중심으로 하는 부흥운동인 르네상스가 태동했고 유럽 전역에 빠르게 퍼져나갔다. 이렇게 이탈리아가 해방 창구를 찾는 동안 코시모 역시 부유해진만큼 신을 저버리는 것 같은 괴로움을 느꼈다. 하지만 결국 그는 해방의 수단으로 예술을 선택했고 그의 재력을 예술가와 예술작품에 후원하여 문예부흥을 돕기로 마음먹었다. 그 효과는 즉시적이고 파급력이 있었다. 르네상스에 승차함으로써 그는 그의 영혼이 자유롭게 되었을 뿐 아니라 인류 사회 전체의 문명 발전에도 기여했다.[25]

르네상스가 일어나면서 사람들은 신의 지배를 벗어나 인간의 자연스럽고 아름다운 천성에 대해 새롭게 인식했고 더 나아가 인권과 신권은 서로 모순되지 않을 뿐만 아니라 인권을 보호하는 것이 곧 신의 존엄을 지키는 거라고 인식했다. 그 여파로 화폐의 이미지가 바뀌었고 부를 추구하는 것이 더 이상 난처한 일이 되지 않았다. 즉, 이전과 달리 부는 탐욕과 이기심의 상징이 아니라 부지런한 노동과 지혜의 열매가 되어버렸다. 그 덕분에 메디치 가문은 막강한 재력을 기반으로 피렌체의 정치권력을 손에 넣은 뒤 교황 3명, 황후 2명, 대공 3명을 배출했다. 또한 부유한 상인이 신과 왕을 견제하는 계기가 됐고 16세기 스페인 국왕 카를 5세는 대출 이자를 받는 것을 합법화했을 뿐 아니라 비슷한 시기의 종교개혁 지도자 장 칼뱅(Jean Calvin) 역시 다른 사람이 생산적인 활동을 할 수 있도록 돈을 빌려준 사람은 이자를 받아도 된다고 선포했다. 또한 17세기 초 세계 최초의 다국적 기업인 네덜란드의 동인도회사는 화폐를 주식으로 탈바꿈하여 근대 금융 역사를 바로 썼다. 이후 거대해진 부와 자본은 독립적인 자산 계급을 형성했고 자본이 주도하는 사회경제와 정치제도인 자본주의가 탄생했다.

- 메디치 벤처스(Medici ventures)

미국의 유타주 솔트 레이크카운티의 웨스트조던에 위치한 메디치 벤처스는 2014년에 온라인 쇼핑몰 오버스탁(Overstock)의 100% 투자로 설립됐다. 참고로 이 회사를 설립한 오버스탁의 경우는, 패트릭 번(Patrick Byrne)이 2002년 설립한 미국 인터넷 쇼핑몰이며, 블록체인 기술로부터 새로운 기회와 성장을 얻기 위해 만든 자회사가 바로 메디치 벤처스다.

메디치 가문이 양모사업을 하다가 더 편하고 수익성이 높은 은행분야로 진출했듯이 오버스탁은 메디치 벤처스를 통해 기존의 쇼핑몰에서 더 잠재력이 높은 블록체인 분야로 진출했다. 메디치 벤처스는 투표, ID관리, 부동산, 자본시장, 금융, 블록체인 기반 기술 등 6가지 핵심 영역에 집중적으로 투자할 계획이다. 투표와 ID관리 영역의 경우 블록체인 기반 모바일 투표 시스템을 개발하고 온라인ID를 구현해 투표자의 익명성과 기밀성을 보장하는 식이다. 또한 부동산 영역의 경우 아프리카, 라틴아메리카에서 개인 소유지만 비공식적으로 소유한 자산을 정부의 정식 절차를 거쳐 공식적인 자산으로 등록하면 온라인방식으로 정부의 플랫폼에서 더 빠르고 쉽게 부동산 등기하는 식이다.

그러나 그 외 영역인 자본시장, 금융, 블록체인의 경우, 전 세계 경제와 금융을 지배하는 무소불위의 파워엘리트의 견제로 추진하기 쉽지 않다. 대표적 파워엘리트인 딥스테이트(Deep state, 그림자 정부)는 정부 내에서 국가정책을 좌지우지 하는 세력을 의미하는데 그들은 대통령을 포함한 최고 권력자나 선출직 권력자들에게조차 설득이나 논쟁으로 세계에 엄청난 영향력을 끼치는 권력 카르텔이다. 미국에서는 2017년 3월 트럼프 대통령이 버락 오바마 전 대통령으로부터 2016년 대선 기간 당시 도청당했다고 주

장한 것이 언론에 나오면서 미국에도 버락 오바마 전 대통령을 중심으로
한 딥스테이트가 존재할 것이라는 의문이 제기됐다. 특히 트럼프 지지자들
사이에서 딥스테이트에 대한 추측이 커지면서 그 대상을 정부 당국과 연방
기관 관료는 물론 군부, 월스트리트, 실리콘밸리까지 넓혀갔다.

– 패트릭 번(Patrick Byrne)

이런 시기에 오버스탁의 설립자이자 블록체인과 암호화폐의 열혈 지지자
인 페트릭 번은 블록체인 시대의 코시모가 되려 하는 것 같다. 블록체인 기술
을 통해 때로는 순수한 마인드로 때로는 더러운 방식으로 암호화폐를 개발하
는 이상주의자나 사기꾼들과 달리 그는 기존 규제를 따르면서 혁신의 성과를
극대화하는 현실주의자로 평가받고 있다. 실제로 그는 2014년 포브스가 선
정한 가장 신뢰받는 100대 기업 중 하나인 오버스탁을 설립했고 그 쇼핑몰
에 비트코인 결제방식을 도입했다. 하지만 코시모가 그 나름대로 번뇌가 있
었던 것처럼 패트릭 번도 그만의 번뇌가 있다. 혹자는 딥스테이트와 같은 파
워엘리트가 현대 금융시스템을 장악해서 2008년 서브프라임모기지 사태와
리먼브라더스 부도를 야기했고 당시 월스트리트의 공매도로 인해 그의 회사
도 역시 부도가 날 뻔했다고 주장했다. 그것이 사실인지는 몰라도 그는 그 시
점을 계기로 월스트리트를 대상으로 무차입 공매도 소송을 진행했고 현 정부
와 당국이 시스템을 장악하지 않도록 그는 블록체인을 활용해서 투명하고 위
변조 불가능한 거래를 목표로 새로운 증권형 토큰 거래소를 구축하기로 마음
먹었다. 그 역시 한때는 기존 유통시장과 금융시스템의 혜택을 받았겠지만
기존 체제 속에서 막대한 피해를 입은 후 뭔가 잘못됐다는 생각이 들었고 르
네상스 시대의 코시모가 그랬듯이 그 역시 자신의 번뇌를 떨쳐내기 위해 자

신만의 해방구를 발견했다. 바로 그 해방구가 블록체인과 암호화폐였다.

그는 목표가 분명해지자 바로 행동으로 옮겼다. 기존의 주식과 채권 발행이 향후 디지털 코인이나 토큰으로 거의 완전히 대체될 것이라는 생각으로, 월스트리트를 대체할 수 있는 시스템을 구축하기 위해 티제로(tZERO)라는 증권형 토큰 거래 플랫폼을 만들었다. 이 플랫폼을 통해 기업들은 블록체인 기반의 증권형 토큰을 발행할 수 있고 투자자들은 그 토큰을 거래할 수 있다. 실제로 그는 한 인터뷰[26]에서 전 세계에 약 500조 달러의 주식, 부채, 부동산이 있고 9,000억 달러 규모의 거래시장이 있는데 티제로는 그 거대한 거래시장을 노리고 있다고 말했다. 또한 티제로를 보스톤 옵션거래소(Boston Option eXchange, BOX)와 합작해 규제된 증권형 토큰 거래소이자 세계 최초의 국가거래소인 보스톤증권토큰거래소(Boston Security Token Exchange, BSTX)를 만들려는 원대한 계획도 갖고 있다. 다행인 것은 동일한 시기에 주요 선진 국가들도 경제와 금융에 또 다른 해방 창구를 찾는다는 것이다. 또한 그들은 블록체인의 혁신성을 보고 블록체인 산업 활성화와 관련 특허를 내고 있으며 암호화폐의 잠재력을 보고 국가 또는 민간기업 주도로 글로벌 디지털화폐 발행을 계획 중이다.

비록 페트릭 번이 2019년 8월 러시아 간첩과 내통한 사실을 인정하면서 오버스탁CEO 자리에서 물러났지만 그가 오버스탁을 떠날 당시 본인이 갖고 있던 오버스탁의 지분을 전량 매각하고 금, 은과 두 개의 암호화폐에 투자한다고 밝혔다. 그 두 가지 암호화폐는 비트코인과 레이븐코인이었다.

– 레이븐코인(Ravencoin)

레이븐코인은 블록체인에서 실제 세계자산들의 토큰 생성과 그것의 거래를 목적으로 한 커뮤니티 중심의 오픈소스 프로젝트다. 즉, 금, 은, 부동산, 주식, 채권뿐만 아니라 미술품, 게임아이템 등 거의 모든 유·무형 자산을 디지털 토큰화하려는 비전을 품고 있는 플랫폼이다. 토큰의 생성 및 거래를 위해서는 레이븐코인(RVN)이 필요한데, 일정량의 레이븐코인으로 고유자산을 생성하여 메시지 전달, 배당 지급, 투표 실시 등을 하게끔 다양한 기능들이 현재 구현 중이다. 이 프로젝트는 향후 도래할 토큰금융시대를 선점하기 위해 명확한 비전과 철학에 따라 메디치 벤처스 개발자들과 자발적 커뮤니티 개발자들에 의해 지속 개발되고 있다. 참고로 레이븐코인을 통해 자산등록된 토큰은 2020년 10월 현재 25,000개에 육박한다.

사실 레이븐코인은 비트코인3.0으로도 불린다. 우선, 자산을 제3자 없이 안전하고 투명하게 거래 가능한 플랫폼인 비트코인 자체가 '비트코인 1.0'으로서 기존 화폐와 시스템을 대체할 '대안의 확장'을 보여주고 블록체인 영역을 0에서 1로 확장했다. 그리고 자산을 자동계약 및 프로그래밍 가능한 일반적 플랫폼인 이더리움이 '비트코인2.0'으로서 스마트컨트렉트를 통해 '응용의 확장'을 보여주고 블록체인 영역을 1에서 ∞로 확장했다. 아울러 자산을 발행, 전송, 배당 등이 가능한 특수적 플랫폼인 레이븐코인이 '비트코인3.0'으로서 자산토큰화 최적메커니즘을 통해 '무대의 확장'을 보여주고 블록체인 영역을 ∞에서 0으로 재확장했다.

메디치 가문과 코시모가 그들만의 주력사업을 기반으로 하여 역사적인 문예부흥을 일으키고 주식이라는 새로운 버전의 자산과 거대한 부와 자본을 토대로 한 자본주의를 꽃피웠듯이 메디치 벤처스와 페트릭 번 역시 티제로, 레이븐코인 등을 기반으로 또 다른 부흥을 일으키고 '자산의 토큰화'를 통해 새로운 부와 자본의 형태를 토대로 한 자본주의2.0을 촉발할 수도 있다.

Chapter14

중앙과 탈중앙의 투쟁사

- 미·중 정상의 비트코인 및 블록체인 발언 2019년 7,10월 -

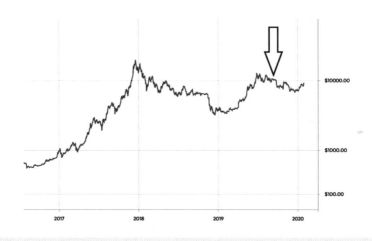

#트럼프 #시진핑 #중앙과탈중앙의투쟁사

Ⓑ G2 선언

- 미국

미국 45대 대통령이자 유명한 사업가인 도널드 트럼프(Donald J. Trump, 이하 '트럼프')는 2019년 7월 12일 그의 트위터 계정에 다음과 같은 메시지[28]를 남겼다.

"나는 돈이 아닌 비트코인과 다른 암호화폐의 지지자가 아니며 그것들의 가치는 매우 변동성이 크고 근거가 불명확하다. 규제되지 않은 암호 자산은 마약 거래와 다른 범죄 행위를 포함한 불법 행위를 촉진할 수 있다. 마찬가지로 페이스북 리브라(現 디엠)도 신뢰성은 커녕 설 곳이 거의 없어보인다. 만약 페이스북과 다른 기업들이 은행이 되기를 원한다면 그들은 새로운 은행 헌장을 찾아야할 것이며 국내외 다른 은행들과 마찬가지로 모든 은행 규정의 적용을 받아야 한다. 우리는 미국에 단 하나의 화폐를 가지고 있고 그것은 어느 때보다도 신뢰할 수 있고 믿을 수 있다. 그것은 단연코 세계에서 가장 지배적인 통화로 항상 그렇게 유지될 것이다. 그것은 바로 미국 달러다!"

미국 대통령으로서 당연히 해야 할 말이었지만 비트코인을 포함한 암호화폐를 지지하는 사람들에게는 매우 흥미로운 메시지일 것이다. 트럼프 대통령의 트윗 메시지는 비트코인을 비판하고 달러를 옹호하는 내용이었지만 권력자가 비트코인의 존재를 공개적으로 언급한 것은 문맥을 떠나 홍보가 될 수 있기 때문이다. 실제로 그의 트윗 이후 비트코인 가격은 하락하기는커녕 다음 날 오히려 올랐다. 왜 그럴까. 비트코인 투자자들은 그의 메시지를 보고 '만약 비트코인의 변동성이 감소하고 규제가 더 명확해진다면 정부에서도 비트코인에 좀 더 관대해질 거야'라고 판단한 것일까. 분명한 점은 주요 리더들조차 블록체인 기술과 암호화폐로 인해 발생하는 도전 과제들을 가볍지 않게 인식하고 있다는 사실이다.

- 중국

트럼프의 비트코인 관련 트윗 이후 얼마 지나지 않은 같은 해 10월 24일, 중국의 최고 권력자 시진핑 주석은 베이징에서 개최된 중국 공산당 중앙정치국 18차 총회를 주재하는 자리에서 다음과 같은 메시지를 남겼다.

"블록체인을 핵심기술의 독자적 발전을 위한 주요 돌파구로 삼겠다. 방향을 명확히 제시하고 투자를 늘리며 핵심기술개발에 더 집중하여 블록체인산업의 혁신에 박차를 가해야 한다."

또한 그는 법망 통치를 기존과 미래의 블록체인 시스템에 구현하는 것이 필요할 것이라고 말했다. 이를 위해 그는 지도와 규제를 요구했고 하향식 이행방식을 주장했으며 그것을 시행하기 전에 시범 플랫폼과 혁신 투자 등 기술 테스트가 광범위하게 이뤄져야 한다고 말했다. 암호화폐와 거래소는 때려잡아도 그것의 근간기술인 블록체인은 적극 활용하여 교육, 고용, 안전과 같은 개인적인 발전은 물론 IT, 경제, 금융과 같은 산업의 투자는 반드시 활성화시키겠다는 의지가 돋보인다. 실제로 중국은 블록체인 기술 특허를 압도적으로 가장 많이 보유한 국가[29]이며 페이스북의 디엠으로 인해 미국이 디지털 달러에 대한 방향성을 명확히 잡지 못하는 틈을 타서 국가 주도로 디지털 위안을 빠른 속도로 개발 중이다. 물론 그의 블록체인 육성 발언이후에 비트코인을 포함한 암호화폐의 거래와 개발에 대한 차단과 단속이 느슨해지기는 커녕 더욱 거세지기는 했다.

- 최고 리더의 입

G2 정상은 다른 시기에 비트코인과 블록체인에 대한 메시지를 남겼지만 사토시의 비트코인과 페이스북의 디엠이 권력자들의 입을 통해서 공개적인 발언이 나왔다는 사실은 실로 놀라운 일이다. 왜냐면 그것은 단순히 자국의 정치경제의 주도권을 강력히 하고 국가성장의 동력을 확보하는 것 이상의 시사점을 지니기 때문이다. 왜 그들은 비트코인과 다른 암호화폐를 비판하거나 규제하면서 자국 화폐와 블록체인 기술만큼은 치켜세우는 걸까. 자신들이 통제할 수 있는 화폐와 자신들이 한껏 취할 수 있는 기술을 통해 국가주도의 중앙화를 공고히 하고 싶어서는 아닐까. 만약 그들이 그것을 지키지 못한다면 탈중앙은 어떤 모습을 보일까. 과연 그들은 누구에게 선전포고를 하는 것일까.

Ⓑ 중앙과 탈중앙의 투쟁

- 투쟁의 수레바퀴

공산주의 창시자인 칼 마르크스와 프리드리히 엥겔스는 「공산당 선언」을 통해 "지금까지의 모든 사회의 역사는 계급투쟁의 역사"라고 말했다.

오스트리아학파 경제학자 로스바드 역시 '자유를 위한 투쟁'을 '권력 대 자유'라고 묘사했다. 필자는 그들처럼 대담론을 거론하지는 않겠지만 간단히 말해 인류 역사는 '중앙과 탈중앙의 수레바퀴'라고 말하고 싶다.

〈 중앙과 탈중앙의 수레바퀴 〉

즉, 중앙성이 수레바퀴의 정점에 있을 때 혁신과 혁명은 그 수레를 밀어서 탈중앙성을 수레바퀴의 정점으로 올리고 시간이 지나면 또 다시 검열과 탄압은 중앙성을 수레바퀴의 정점에 올린다. 즉, 인류사회의 권력은 특정 인물이나 집단에 집중되다가 개인 수준으로 분산되기를 반복한다는 것이다. 이것에 대한 사례는 굳이 거론하지 않아도 역사를 통해 이미 우리는 그것이 사실에 가까운 명제임을 알고 있다. 하지만 그 역사의 수레바퀴가 과거에도 굴렀고 여전히 굴러가고 있다는 사실은 많은 이들이 잊고 있는 듯하다.

- 고대 그리스 시대

그리스는 이집트나 메소포타미아와 달리 넓은 평야지대가 없었기 때문에 통일국가를 형성하기가 어려웠고 산으로 둘러싸인 지역마다 폴리스라고 불리는 도시국가를 형성했으며 대표적인 도시국가가 아테네였다. 그리스의 대표국가인 아테네라고 해서 처음부터 민주정으로 시작한 것은 아니었다.

기원전 8세기 중반까지 아테네는 왕정을 유지했으나 기원전 8세기 중반부터 상류가문의 대지주인 귀족들만이 국정에 참여하는 귀족정이 확대됐다. 당시 전투방식이 기병 중심의 전술이었기 때문에 말, 전차 등 값비싼 전투장비를 구비할 수 있는 귀족들은 군사적 공헌을 토대로 정치적 실권을 장악하고 있었다. 그러나 귀족정은 식민지 건설과 군사전술의 변화에 의해 도전을 받게 됐다. 그런데 아테네가 정치경제적 안정과 토지 부족현상으로 식민지 개척을 하자 그 과정에서 새로운 토지 확보에 힘입은 농민, 상인 중에서 부유층이 생겼다. 또한 소수 귀족의 기병중심에서 다수 부유층의 중갑보병중심 전술로 바뀌면서 귀족들의 발언권이 약해졌다.

그러나 새롭게 탄생한 부유층은 커진 권력과 토지를 갖게된 반면 수탈과 흉작으로 일반 시민들은 더욱 가난해졌고 계급의 갈등이 극에 달하던 기원전 6세기 중반 페이시스트라토스(Peisistratus)의 무력에 의해 참주정이 시행됐다. 그는 귀족으로부터 뺏은 토지를 농민에게 주거나 상업을 장려해 교역을 활성화했지만 여전히 시민들의 정치참여를 배제하고 정치적 무관심을 유도하면서 개인권력을 강화했다. 비록 귀족세력의 권력을 약화시키고 민주주의의 발판을 마련하는 데 기여했지만 무력을 사용해 개인 권력에 힘쓴 나머지 오래가지 못했다.

그 과정에서 귀족과 평민 간 갈등이 부활했고 기원전 6세기 초반 클레이스테네스(Cleisthenes)의 의해 민주정으로 발전했다. 그는 당시 아테네에 거주했던 모든 자유민에게 시민권을 부여했고 국가를 혈연부족에서 지연부족으로 개편해 지역에서 추첨된 부족 대표들로 하여금 민회의 권한을 부여했다. 이후 아테네가 델로스 동맹의 맹주로 이름을 날리던 전성기에 페리클레스(Pericles)가 등장해 민주정을 완성했다. 그는 18세 이상의 남자시민으로 구성된 민회, 500인으로 구성된 행정, 그리고 6천명의 배심원이나 재판관으로 구성된 재판제도를 토대로 하는 삼권분립의 민주제도를 확립했다.[30]

– 고대 로마 시대

고대 로마의 역사는 앞서 살펴본 고대 그리스의 역사와 더불어 세계사에서 중요한 위치를 차지한다. 고대 그리스와 같이 왕정으로 시작한 로마는 기원전 8세기 중반 로물루스 형제가 건국한 이래 기원전 6세기 초반 공화정이 들어서기까지 그 왕정이 지속됐다. 2세기가 넘는 기간 동안 지속된 왕정이 무너진 이유에 대해서는 명확히 밝혀지지 않았지만 수차례에 걸친 전쟁의 패배로 정치적, 경제적, 사회적으로 왕권이 쇠약해졌다는 게 학자들의 정론이다.

왕을 권력의 왕좌에서 몰아낸 뒤 찾아온 공화정(Republic)은 그 이름에서 유추되듯이 주권이 왕이나 소수의 귀족의 전유물이 아닌 모든 시민에 속하는 공유물이라는 뜻이다. 즉, 모든 이의 삶에 영향을 미치는 사안들에 대하여 스스로 결정권을 갖되 그에 따른 책임을 지닌다는 자유를 내세운다. 귀족들은 높은 지위와 신분에 걸맞게 목숨 걸고 전쟁에 참여하고 국가의 주요사안을 진지하게 논의하고 결정하는 '노블레스 오블리주(Noblesse oblige)'를 실천하는 한편 평민들 역시 권한과 책임의 분산을 그저 만끽하지 않고 자신들의 권한을 유지하거나 확대하기 위해 귀족들 못지않은 용기와 지혜로 전쟁에 참여했고, 자유로운 정부에 강한 애착을 가지면서 자유를 해치는 자들에게 강한 두려움과 분노를 표출했다. 그러한 평민들의 노력 덕분에 기원전 4세기 중반 두 명의 집정관 중 한 명은 반드시 평민이어야 한다는 법률이 공표됐고 이쯤 진행된 공화정의 다른 개혁안들 덕분에 로마는 주변의 강대국들을 물리치고 지중해 패권을 차지하는 발판을 마련했다.[31]

- 중세 및 근세 시대

중세 전반에 걸쳐 서유럽을 지배했던 세계관은 '기독교적 역사관'으로 이 세계관에서 중요한 개념은 신과 원죄라는 것이다. 기독교에서 신은 삶의 모든 부분에 관여하며 어떤 일이 일어나거나 일어나지 않았다면 그것은 곧 신의 뜻이었다. 즉, 역사를 만드는 것은 신이었지 인간은 아니었다. 따라서 중세인들은 개인적 목표도 없었고 진보하려는 의지도 없었고 뭔가를 남기려는 열망도 없었으며 태어날 때부터 부여된 원죄로 인해 인간은 자신의 운명을 개선할 여지조차 박탈당했다. 인간은 단지 신의 명령을 성실히 수행하기만 하면 됐다. 이 세계에서는 개인의 목표는 뭔가를 성취하는 것이 아니라 구원을 얻는 것이었으며 인류사회는 그런 개개인 목표를 달성하기 위해 존재하는 거대한 유기체로 인식됐다. 물론 신은 보이지 않으므로 신의 대행자인 교황과 성직자들이 중세시대의 권력계급으로 군림했고 왕족과 귀족 역시 기득권 세력을 구축했다. 하지만 한 시대를 지배하던 신 중심의 중앙집권도 영원 존속하지는 못했다.[32]

그렇게 신이 지배하던 시대에 '르네상스(Renaissance)'가 태동했다. 그것은 재생이라는 의미로 신과 교황의 가르침에 따라 절제한 자신의 감정과 욕망을 고대 그리스, 고대 로마의 문화유산을 받아들여 인간 중심의 정신을 되살리려는 시대적 정신운동이다. 이것은 유럽 곳곳에서 점진적으로 시작됐지만 그 발생요인으로 십자군 전쟁을 빼놓을 수 없다. 이 전쟁은 비잔티움 제국 황제 알렉시우스가 교황 우르바누스 2세에게 요청한 것을 계기로 11세기 말부터 13세기 말까지 서유럽이 이슬람 세력을 밀어내고 성지 예루살렘을 탈환하기 위해 벌인 전쟁이다. 약 200년에 걸친 격동의 시간 동안 새로운 영토에 야망을 품은 귀족, 동방의 물자 교역으로 이익을 보려는 상인, 기존의 핍박을 피해 새로운 기회를 찾으려는 농민들이 뒤섞였다. 특히 고대 그리스, 고대 로마 문화가 유지되던 비잔티움과 십자군 원정대가 예루살렘으로 향하는 길목이자 고대 로마 유적지가 있던 이탈리아를 중심으로 예술, 경제, 문화의 부흥이 일어나면서 시대정신의 버팀목을 신과 성직자에서 인간과 대중으로 끌어내려 유럽의 오래된 기독교적 질서의 붕괴에 일조했다.

- 근대 시대

근대 시대에는 왕정이 끝나고 자본주의와 시민사회가 성립된 시기였다. 프랑스에서는 절대왕정 덕분에 한때 유럽에서 최강자 위상을 갖고 있었지만 끊임없는 전쟁, 재정 위기, 사회불평등이 가중되면서 군주의 막강한 권력 하에 특권계급적 지배질서였던 '앙시앵 레짐(Ancien Régime)'이 그 힘을 다해갔다. 이에 1789년 5월 루이 16세는 심각한 재정난을 타개하고자 새로운 조세 수입을 창출하기 위해 성직자, 귀족, 평민 등 3개의 신분의 대표자가 모인 삼부회를 소집했는데 세금 징수는커녕 평민 중 힘이 있었던 부르주아들로부터 저항을 받게 됐다. 그들은 왕과 귀족에 맞서 국민의회를 구성하고 새로운 헌법을 제정하여 성직자와 귀족의 면세특권 철폐,

정당한 재판 등을 요구했고 이에 왕은 군대를 동원해 진압하려 했지만 하층민들까지 봉기하면서 '프랑스대혁명(Révolution française)'에 가세했다. 육체노동자, 노숙인, 소상인 등의 하층민이 혁명에 참여한 이유는 단순 감정적인 표출이 아닌 사회계약론을 통해 국가는 그 전체 구성원과 계약을 통해 성립되며 그 사회 안의 모든 개인은 사회구성원 전체 의사로 통치되어야 한다는 장 자크 루소(Jean-Jacques Rousseau)의 직접민주주의 이념에 따른 공감대 형성이 한몫 했다. 이후 같은 해 8월 국민의회는 인간과 시민의 권리선언을 발표했고 교회 재산 몰수, 행정과 사업제도 정비 등의 개혁을 단행했으며 9월에는 헌법을 제정하여 권력분립에 입각한 입헌군주제를 시행했다.

하지만 자국으로 혁명이 전파될 것을 우려한 이웃국가 군주들은 그 영향을 차단하고자 1791년 말 프랑스를 침입하지만 전국 각지에서 의용군이 조직한 민중들의 헌신적인 투쟁 덕분에 외세를 몰아냈고 곧바로 입법의회를 해산했다. 이후 모든 남자에게 선거권을 부여하는 보통선거가 제도화되고 선거를 통해 국민공회가 소집됐으며 1792년 9월 국민공회는 제1공화정을 선포하고 루이 16세를 혁명재판에 회부하여 처형시킨다.[33]

- 암호화 시대

수천년 동안 공고화됐고 당연시됐던 중앙집중화는 부(富)의 주도권과도 연관이 있는데 투쟁의 수레바퀴에 따라 암호화를 매개체로 하여 그 주도권이 개인들에게 분산될 결정적 계기가 될 수도 있다. 인류 역사를 보면 자유를 향한 투쟁은 늘 있어왔고 중앙과 탈중앙은 엎치락뒤치락 계속 반복되어 왔는데 화폐혁명 역시 이제는 그 투쟁사를 피하기 어려울 지도 모른다.

그런데 암호화 시대에서의 화폐혁명은 과거의 극단적인 혁명과 비교할 때 우아하고 세련된 방식으로 진행될 가능성이 있기에 더욱 주목할 만하다. 무조건적인 혁명강요가 아닌 부패한 법정화폐와 무기력한 금융시스템에 대한 지속가능한 대안을 제시하고 그로부터 되찾은 권한을 개인들에게 부여할 것이다. 그 덕분에 기득권 세력의 관점에서 볼 때 암호화는 기존 금융구조를 불안정하게 하고 있다고 여기지만 그와 반대로 대중은 또 다른 새로운 패러다임이 오리라는 기대감을 갖게 됐다. 인터넷을 통해 개인들이 정보접근 권한의 분산을 누린 정보화시대가 왔듯이, 블록체인을 통해 개인들이 화폐주도권의 분산을 누린 암호화시대가 올 것이다. 이렇게 범지구적인 권한의 분산의 움직임은 모든 사람이 자신의 양심과 자신의 자유의지에 따라 주어진 문제를 스스로 결정한다는 것을 의미한다. 다만 이런 조용한 혁명은 급진적이지 않되 지속가능한 훌륭한 대안이 필수적이다.

암호화 혁명의 씨앗인 블록체인과 비트코인의 탁월한 점은 지금 진행되는 탈중앙화의 새로운 패러다임이 개인들에게 자기 노동의 산물인 자신의 부를 통제할 수 있는 분권적인 수단을 제공함으로써 금융 자유의 구조를 재정립하는 데에 있다. 이것은 개인들이 여태껏 누렸던 언론, 종교 등과 같은 자유는 물론 심지어 경제권까지 되찾아 자신의 삶을 온전히 통제할 수 있는 것을 의미한다. 즉, 비로소 그들은 중앙 집중식 화폐 및 시스템에 복종하거나 회피할 수 있는 지속가능한 대안을 갖는 계기가 생긴 것이다.

바로 그 점 때문에 모든 국가가 암호화를 역이용해 탈중앙으로의 이동을 막고 중앙집권화를 유지하려고 한다. 다시 말해서, 피하지 못하면 안고 가겠다는 전략이다. 실제로 이미 주요 국가의 중앙은행들은 암호화폐 시장을 선점하고 지배하기 위해 자체 암호화 기술과 암호화폐를 개발하고 발행하려고 한다. 그렇게 함으로써 중앙집중화된 교류로 암호거래까지 지배하려 하고 있으며 민간 주도의 암호화 기술과 암호화폐는 불법행위의 도구로 선전하고 국가통제의 그것은 신성한 산물로 홍보하고 있다.

그러나 앞서 우리가 고대국가부터 시작된 중앙과 탈중앙의 순환역사를 돌이켜봤듯이 적절한 타이밍에 위대한 인물이나 집단의 참여의 계기만 있다면 중앙성은 탈중앙성으로 전환된다는 점을 깨달았다. 고대 그리스 시대에는 계급의 갈등이 극에 달하자 참주정이라는 과도기를 거쳐 클레이스테네스 주도로 민주정이 수립됐고 삼권분립의 민주제도를 확립하고 시민의 권한을 확대했다. 또한 고대 로마 시대에는 시민들이 귀족 이상의 용기와 지혜를 갖고 전쟁에 참여하거나 자유를 해치는 자에게 두려움과 분노를 펼치는 노력을 통해 주요 이슈에 결정과 책임을 다했다. 중세 및 근세 시대에는 영원할 것 같던 신과 원죄의 굴레 속에서 구원을 찾던 사람들이 화려했던 옛 정신을 되찾으면서 다방면의 인류 부흥을 일으키기도 했다. 그리고 근대 시대에는 절대왕권과 외세침입에 굴하지 않고 수차례의 혁명과 개혁을 통해 기존 제도를 타파하고 시공간을 넘어 자유와 평등을 전파하여 민주주의의 기초를 다졌다. 그렇다면 암호화 시대에 우리는 무엇을 해야 하고 그것으로부터 무엇을 기대할 수 있을까.

여태껏 우리는 국가주도의 경제와 금융 분야에서 공황, 버블, 시스템 붕괴를 여러 번 목격했고 이후 기득권 세력만 더 부유해졌고 대중은 오히려 더 빈곤해졌다. 그에 따른 불만과 갈등이 심화될 때쯤 사토시가 제안한 대안 화폐와 시스템은 마치 임의의 공간 속에 파워엘리트와 상류층 그리고 절대 다수를 차지하는 개인들을 불러 모은 '현대판 삼부회'로 볼 수 있다.

중요한 사실은 지금부터 경제권의 탈환과 탈중앙화는 우리에게 달려있다는 것이다. 고대 그리스 때처럼 페이시스트라토스나 클레이스테네스와 같은 인물이 나타나 현대경제판 참주정이나 민주정을 수립할 수도 있고 고대 로마시대 때처럼 남다른 용기와 지혜로 개인들이 나서서 열띤 참여와 감정을 표현할 수도 있고 근세 시대처럼 대중이 똘똘 뭉쳐 여러 번의 혁명과 개혁을 추진할 수도 있다.

더 중요한 사실은 암호화 혁명은 고대 그리스 때처럼 남자시민에게만 참정권을 부여하지 않고 만인에게 권한을 부여하며 누구나 월등한 블록체인 프로젝트를 만들고 많은 사람들이 개발과 성장에 참여하면 중세시대의 성직자 수준이 될 수 있으며 근대 시대처럼 무기를 들 필요없이 컴퓨터나 전자지갑의 돈을 갖고 신성한 현대 경제전쟁에 쉽게 참전할 수 있다.

그럼에도 암호화 혁명은 어쩌면 르네상스나 프랑스대혁명 때보다 더 어려울지도 모른다. 오스트리아 학파 로스바드의 말처럼 역사적으로 돈은 정부가 통제하는 최초의 것 중 하나였지만 18세기와 19세기의 자유시장 혁명 때조차 화폐 영역에서 거의 영향을 미치지 않을 정도로 그 카르텔이 매우 공고하기 때문이다.

그러나 중앙과 탈중앙의 순환역사를 볼 때 우리는 때가 왔고 위대한 인물이 유용한 대안을 제시했음을 알고 있다. 따라서 사토시가 밀고 있는 투쟁의 수레바퀴가 얼마나 빠르고 멀리 굴러가는지가 매우 기대되며 우리는 인류 역사상 전례 없는 혁명이지만 역시 역사상 가장 조용하면서도 중요한 혁명을 수행 중인 사실을 명심해야 한다.

Part 4

"세 번째 반감기와 그 이후"

(2020.5.~2024.5.)

Chapter15

분산경제와 블록체인산업

#작업분산경제 #지분분산경제 #블록체인이데올로기

Ⓑ 블록체인이 던진 화두

- 블록체인의 현주소

비트코인 탄생 덕분에 블록체인은 시간이 지나면서 사회, 경제, 정치 등
여러 영역으로부터 관심이 커지고 있다. 다만 그 과정에서 블록체인이 무
엇인지, 비트코인이 무엇인지에 대한 논의는 많아졌지만 정작 그것들을
마주하고 있는 우리 경제와 산업의 현주소는 어딘가에 대한 문제의식은
아직 뚜렷하지 않다. 그래서 이런 의문이 생겼다. 현재 우리 사회는 어디
에 있고 또 어디로 가는가. 그것을 알아보기 위한 방법과 내용은 다양하
겠지만 여기서는 분산경제(Decentralized economy, Deconomy)와 블록체
인산업 구조에 대해 알아보겠다.

- 분산경제란

분산경제는 중앙발행자 없이 상호간 분산원장을 공유하고 전자거래가
가능한 블록체인 기반의 분산네트워크에 기반해 탄생된 경제모델이다.
이 모델은 전에 없던 방법과 기술에 따라 구현되기 때문에 설명하기에도
이해하기에도 쉽지 않다. 따라서 이 새로운 개념의 이해를 돕기 위해 필
자는 네트워크에서의 참여자들 간 합의규칙의 핵심 요인인 블록생성규칙
을 활용해 설명해보겠다. 그런 의미로 볼 때, 분산경제의 유형은 '작업증
명방식(Proof of Work, PoW)'으로 대변되는 '작업분산경제(Deconomy on
Mining)'와 '지분증명방식(Proof of Staking, PoS)'으로 대변되는 '지분분산
경제(Deconomy on Staking)'로 나뉜다.

그와 동시에 알아볼 블록체인산업 구조에 대해서는, 우리가 배운 이 산

업의 개념을 블록체인에 적용시켜 비교해보고 그간 비트코인이 닦아놓은
블록체인의 길과 앞으로 더 넓게 펼쳐질 블록체인의 영역을 예측해보겠다.

Ⓑ 작업분산경제(Deconomy on Mining)

비트코인은 PoW에 의한 채굴로 10년 넘게 그만의 분산 네트워크가 큰
장애 없이 성공적으로 불특정 다수에 의해 운영되고 있다. 그 덕분에 비
트코인은 최고 수준의 장애허용 모델을 유지하면서도 안정적인 네트워크
가 유지되는 최적의 메커니즘을 보여주고 있다고 말해도 과언이 아닐 것
이다. 그렇다면 그 합의규칙의 채굴(Mining)이 어떻게 분산경제의 포문을
열었을까.

- 작업분산경제의 개념

앞서 설명한대로 PoW의 핵심인 채굴은 철저히 경쟁을 통한 이익중심
행동에 기반한다. 사토시는 이 경쟁중심행동을 활용하여 지속가능한 블
록체인의 구현체를 성공적으로 출시한 것이다.

또한 채굴은 총괄책임자의 개입에 따른 오너리스크를 최소화 할 수 있
다. 비트코인은 창시자이자 총괄책임자인 사토시가 도중에 자취를 감춰
버렸음에도 불구하고 비트코인에 관심을 갖거나 흥미를 지닌 참여자들이
자발적으로 개발하고 유지관리해왔다. 이것이 가능한 이유는 채굴행위
자체가 블록생성(생존)과 보상분배(유지)와 직결되어 있고 그것들을 동시에

해결하기 때문이다. 이렇게 직관적이고 간단명료한 채굴과 그로부터 파생되는 메커니즘을 기반으로 한 경제모델이 작업분산경제다.

– 작업분산경제의 산업구조

작업분산경제를 세부적으로 알아보기 전에 산업구조의 개념에 대해 짚어보기로 하자. 1차 산업의 개념은 우리가 생존하기 위해 필요한 의식주 등을 영위하기 위한 것으로 대표적으로 농업, 축산업, 수산업 등이 여기에 해당한다. 역사적으로 인류는 기존방식이 더 이상 통하지 않을 때 탈출구에 대해 생각해왔다. 그 대표적인 예가 인류를 정착생활하게 만들고 인류문명을 꽃 피우게 한 농업이다. 머나먼 과거에 수렵채취인들은 끊임없는 이동생활을 해오다가 어느 순간 농업에 대한 요령과 이점을 체득하고 느꼈을 것이고 그렇게 이동생활에 대한 탈출구로 농업에 의한 정착생활을 시작했을 것이다. 어쩌면 우연한 사건이었을 수 있지만 실제로는 사냥감과 식용식물은 점점 줄어들었을 수 있고 새로운 사냥터도 사라졌을 수도 있었기 때문에 이동생활의 활동영역을 넓히는 것도 불가능했을 것이다. 그래서 그들은 생존위기에 직면한 이들은 실험을 할 수밖에 없었고 어찌됐든 결국 농업이 수렵채취를 대체했다. 축산업도 마찬가지다. 동물을 사냥하고 잡아먹기보다는 그것들을 키우거나 번식시키는 방법을 체득했고 그것들로부터 식량을 확보하는 것은 물론 유제품, 가죽 등 부산물을 챙기기 시작했다. 수산업도 자연으로부터 식량을 얻는다는 점에서 축산업과 비슷하며 다만 자원을 획득하는 방법이나 출처가 다를 뿐이다. 이러한 1차 산업은 신석기 시대 이후 식량을 확보하는 가장 중요한 활동이 됐고 이 농경의 시작을 '신석기 혁명'이라고 부른다.

블록체인에서의 1차 산업은 무엇일까. 비트코인은 PoW으로 합의규칙을 설정했고 네트워크 참여자들은 네트워크 유지 등에 대한 보상을 얻기 위해 연산작업, 즉 채굴을 한다. 그런 의미에서 볼 때 블록체인에서의 1차 산업은 '채굴업'이다. 인터넷 세계에서 유랑 중이던 사람들이 비트코인을 알게 됐고 그것의 가치를 발견하면서 채굴을 하거나 개발하기 시작했고 비트코인 커뮤니티에 정착하면서 더 세련된 자원획득 방법으로 더 높은 생산성을 얻도록 노력하고 있는 것이다. 다만 문제가 있다면 전에 없던 기술인 블록체인 기술을 통해 전에 없던 자산 형태인 비트코인을 갖게 됐지만, 문제는 그것으로 무엇을 할 수 있으며 그것을 어떻게 활용해야 하는지 모른다는 것이다. 1차 산업의 대표 격인 농업의 역사와 대조할 때 비트코인의 그것은 상대적으로 너무 짧으므로 그 문제를 해소하는 것이 커뮤니티의 숙제일 것이다. 아직까지 그런 문제가 있음에도 불구하고 농업에서 풍년의 수확의 기쁨을 누리듯이 채굴참여자들은 경쟁을 통한 이익중심행동에 기반해 채굴 대박을 꿈꾸며 그 행위에 더욱더 몰두하게 됐다. 그 덕분에 비트코인은 초기에도 생존할 수 있음은 물론 채굴 커뮤니티를 지속 확보함으로써 생태계를 확장하면서 현재까지 생존할 수 있었다. 이러한 채굴업은 중개자 없는 상호간 거래와 권한과 책임을 분산시키는 자발적 참여활동을 가능케 하므로 '블록체인혁명'이라고 부른다.

– 작업분산경제의 요인: 컴퓨터(PC), 인터넷 그리고 PoW

사토시의 철저한 준비와 날카로운 판단, 그리고 근거 있는 자신감 덕분에 경쟁을 통한 이익중심 행동에 기반한 '오너리스크 없는 탈중앙화 커뮤니티'가 실현됐다. 이게 가능했던 이유는 무엇인가.

3차 산업혁명의 산물인 컴퓨터와 인터넷은 또 다른 산업혁명 물결들 중 하나인 블록체인에게 있어 좋은 밑거름이 됐다. 우선 비트코인을 채굴하기 위해서는 CPU, GPU 등의 하드웨어가 필요했는데 이것들은 이미 컴퓨터 안에 내장되어있었기 때문에 초기진입이 용이했다. 또한 채굴을 하는 사람들이 많아지면서 비트코인포럼, 레딧 등 비트코인 관련 정보를 공유하는 온라인 커뮤니티가 늘어나기 시작했다. 자연스럽게 새로운 기술을 쫓고 받아들이는 그들만의 커뮤니티가 인터넷 영역에서 자생하기 시작해 현재까지 이어지고 있는 것이다.

– 작업분산경제의 한계: 과도한 경쟁이 낳은 부작용

아무리 좋은 기술이라고 하더라도 명암이 존재하는 법이다. 태생적으로 이익 중심의 경쟁 때문에 비트코인이 나온지 얼마 되지 않아 GPU채굴장을 만든 사람이 나타났고 좀 더 뒤에는 경쟁의 우위를 확고히 하기위해 FPGA, ASIC 등 채굴전용 하드웨어까지 생겨났다.

결국 이런 무한 채굴경쟁은 개인차원에서는 비트코인을 채굴하기 어려워 생태계에 기여할 가능성이 줄어들었고 비트코인 핵심 커뮤니티에서도 생각과 철학이 다른 유사프로젝트들이 분기되어 나오게 하는 원인을 제공했다. 문제는 그뿐만이 아니다. ASIC을 통한 경쟁우위의 맛을 본 대형 채굴업체들은 규모의 경제를 앞세워 비트코인 생태계를 장악하기 시작했다. 또한 블록체인 네트워크를 유지하는 요인이 외부(하드웨어)에 있는 특성상 에너지, 유지비 등 많은 자원이 들어가기 때문에 엄청난 전력을 소비하여 환경적이지 못한 문제까지 존재한다.

다시 말해 사토시는 작업증명방식(PoW)이라는 기막힌 합의규칙으로 비트코인이 자생토록 했다. 하지만 그 이점 못지 않은 단점이 하나둘씩 생겨나기 시작하면서 개발자와 사용자는 그에 대한 반작용으로 다른 방식에 대한 고민을 하기 시작했다.

그렇게 해서 탄생한 합의규칙이 '지분증명방식(PoS)'이다. PoS가 PoW 이후에 생겼다고 해서 확실히 더 낫거나 뛰어나다고 할 수는 없지만 단조로운 PoW에 비해 PoS는 그 안에서 설계할 수 있는 재량이 크므로 잘만 구현시킨다면 블록체인 네트워크 운영의 단점을 최소화하고 장점을 극대화할 수 있는 잠재력이 있다. 그래서일까, PoS는 어느 순간부터 PoW가 보여주지 못한 새로운 그림을 그리기 시작한다.

- 과도기 분산경제의 산업구조

2차 산업이란 단순히 수요에 따라 물자를 제조하는 것만이 아닌 전기, 수도 등 일상생활에 꼭 필요한 자원을 생산하는 것까지 포함하는 활동이다. 대표적인 2차 산업군은 광공업이며 이것은 공장에서 생활에 필요한 물품을 생산하는 제조업 위주의 산업체제를 의미한다. 앞서 언급한 농업 등의 1차 산업으로부터 얻은 원료나 자원을 인공적으로 처리 즉 가공하는 활동이 대부분이다. 향후 3차 산업이 등장하기 전만 하더라도 대부분의 주요 국가에서 2차 산업은 국가의 근간산업이었고 현재까지도 우리나라를 포함한 독일, 일본 등이 제조업 위주 국가일 정도로 그 영향력이 있다. 특히, 최강대국인 미국도 최근 들어 제조업을 다시 육성해야 한다는 목소리가 커지고 있고 국가 전체적으로 봤을 때 2차 산업을 포함한 여러 산업군들이 골고루 존재하고 발전하는 것은 경제활성화 측면에서 상당히 긍정적이다.

블록체인에서 2차 산업을 굳이 찾는다면 '토큰제조업'이 될 것이다. 2009년 1월 블록체인 기반의 비트코인이 출시된 이후 라이트코인, 이더리움 등 비트코인으로부터 분리되거나 자체 메인넷을 출시한 여러 프로젝트가 생겨났고 자체 메인넷으로부터 나온 코인과 그로부터 파생된 토큰이 수 천개에 달한다. 달리 말해 비트코인이 새로운 혁신분야에 심은 씨앗이 다양한 아이디어 열매를 맺게 만들었고 그 열매의 수확 덕분에 엄청나게 많은 토큰을 제조하는 활동이 생겼다. 다만 너무 생소한 혁신이기에 수요보다 공급이 더 앞서 토큰이 무분별하게 시장에 풀린 점도 있지만 경쟁력 있는 토큰업체나 개발자들은 더 실용적이고 더 세련된 토큰상품을 만들기 위해 노력 중이다. 이렇듯 비트코인을 대체하거나 더 진보했다고 자처하는 '알트코인'들은 각자만의 철학과 메커니즘을 내세우며 다양한 합의방식, 경제정책(토큰이코노미), 커뮤니티 활성화 방식, 컨셉 등을 보여주기 위해 노력하고 있으며 토큰 시총 전체에서 절반에 육박하는 큰 비중을 차지하면서 블록체인과 암호화폐의 현재와 미래를 이끌고 있다.

Ⓑ 지분분산경제(Deconomy on Staking)

- 지분분산경제의 개념

이 합의규칙에서는 자신이 보유한 지분을 블록체인 네트워크에 예치하는데 그렇게 담보로 잡힌 지분, 즉 유효지분이 얼마나 네트워크 생존과 유지에 기여하느냐에 따라 블록생성과 보상의 기회가 주어진다. 작업증명방식의 채굴이 블록을 캐는 것이라면 지분증명방식의 주조는 블록을 찍어내는 것이라고 할 수 있다.

– 지분분산경제의 파급효과

얼핏 보면 PoS의 주조(鑄造)가 PoW의 채굴과 비슷해 보인다. 하지만 자세히 보면 많은 차별점이 존재한다는 사실을 알 수 있는데 어떤 파급력을 발휘하는지 알아보자.

첫째로 '스테이킹 서비스(Staking as a service, Saas)'가 생겨난다. 스테이킹이란 본인 지분의 전부 또는 일부를 네트워크에 예치 담보해놓고 네트워크 유지 및 관리에 기여하는 행위로 참여자들은 그 기여도에 따라 보상을 받는다. 보상을 받기 위해서는 직접 지갑을 설치하는 방법과 거래소를 통한 방법이 있다. 직접 지갑을 설치하면 중개자가 없기 때문에 자신이 보상 전체를 취할 수 있고 온전한 자산소유권을 획득할 수 있는 반면 지갑을 유지 관리하기 위한 약간의 지식과 불편이 존재한다. 반면 거래소를 통하면 스테이킹을 위임하는 것이기 때문에 편리하지만 거래소에 재정, 보안 문제가 터질 경우 자산을 잃어버리는 리스크가 존재한다. 둘 중 어떠한 방식을 택하든 스테이킹 서비스는 거래소의 거래 수수료, 개인의 시세차익 등 전통적인 수익경로 외의 새로운 수익창출 모델을 기대할 수 있고 유효지분 참여자의 증가로 해당 네트워크 시스템이 더욱 안정적으로 유지될 수 있다. 또한 컴퓨팅 파워 물량 공세로 규모의 경제를 누리는 채굴방식과는 달리 유효지분방식은 참여비중만큼만 보상이 주어지며, 채굴난이도가 수시로 바뀌고 언제든 체인이 분기될 수 있는 작업증명방식과 달리 지분증명방식에서는 단기투자 접근뿐만 아니라 중장기투자 접근도 용이하다. 즉, 기존의 기관투자자 중심의 전통적인 금융상품에서 벗어나 거래소 등이 제공하는 스테이킹 서비스 덕분에 개인투자자도 충분히 적정 보상을 기대할 수 있으며 우리가 현재 경험하고 있는 금융서비스를 많이 바꾸거나 포용할 수 있을 것이다. 스테이킹 서비스는 가까운 미래에 다양한 지분증명방식 프로젝트를 통해 점점 더 많은 사람들이 참여할 것이며 지분분산경제시대의 화두가 될 것이다. 그렇게 보는 이유들 중 하나는 스테이킹이 일종의 사업모델화 또는 금융산업화가 될 수도 있기 때문이다. 스테이킹은 본인이 지갑을 설치하고서 참여할 수도 있지만 스테이킹서비스 산업이 성숙될 때까지는 관련 지식과 교육이 부족할 것이기 때문에 위임기관을 사용할 것이고 위임기관을 제공하는 비지니스 기회가 늘어날 것이다. 즉, 현재 사람들이 식당, 상점 등을 창업하는 것처럼 스테이킹을 위임받아 서비스 수수료를 공제하고 원소유자에게 보상을 주는 것이다. 쉽게 말해 블록체인 네트워트 하나하나가 본사라면, 각 위임기관은 지점이 되어 개인 또는 법인사업자가 되는 것이고 지분분산경제의 새로운 창업 패러다임이 생길 수도 있다.

둘째로 인터블록체인(InterBlockChain, IBC)이 가능하다. 비트코인이 블록체인을 통해 대안 화폐와 시스템을 확장하고 토큰경제시대를 열었듯이, 그리고 이더리움이 블록체인에 스마트컨트렉트를 통해 응용의 확장을 일으키고 토큰제조업시대를 열었듯이 인터블록체인 프로젝트는 각자 도생하는 블록체인을 서로 연결하는 토큰융합시대를 보여줄 것이다. 이것이 중요한 이유는 탈중앙성 유지의 해법이 될 수 있기 때문이다. 가령, 중앙화된 블록체인 네트워크가 수백 개 있고 탈중앙화된 블록체인 네트워크도 그만큼 있다고 하자. 이때 이것들의 인터블록체인을 통해 거대한 블록체인 네트워크 그룹이 되고 그것이 적절히 탈중앙화 방식으로 운영된다면 기존의 수백 개의 중앙화된 블록체인의 전체적인 중앙성은 낮아질 수 있다. 다만 네트워크 연결이 늘어날수록 유지관리의 복잡성이 늘어나 합의가 어려워지고 개선이 더딜 수도 있는 문제는 존재한다. 어쨌든 인터블록체인은 PoW에서도 구현될 수 있지만 확장성이 뛰어나고 다양한 토큰정책과 합의 설계가 용이한 PoS에서의 구현이 보다 유리하다. 그러나 현재로서는 인터블록체인은 갈 길이 멀다. 특히 블록체인들을 잇는 대규모 프로젝트를 관리하려면 참여자의 역할이 정말 중요하다. 참여자는 본인 자산을 예치 또는 위임만 하기 보다는 그 자산(유효지분)으로부터 생긴 권한을 토대로 운영되는 네트워크에 장애가 발생하는지 관찰하고 장애발생시 어떻게 해결하는지 투표를 통해 결정하는 등 많은 일을 해야 하기 때문이다.

셋째로 인공지능(AI)과의 융합이다. 인공지능은 블록체인만큼 쉽게 체감할 수 있는 혁신기술로 일부 미래학자나 전문가는 인공지능 때문에 수많은 직업이 사라지고 실업자가 많아질 것이라고 벌써부터 경고하고 있다. 가령 자율주행차만 생각해도 화물트럭운전사, 택시기사 등 운전으로 먹고사는 많은 사람들이 실직할 것이고 호텔, 식당, 은행 등에도 무인기가 설치되어 사람이 설 자리를 잃어가고 있다. 이렇게 인공지능 시대가 온다면 블록체인과 암호화폐 분야는 어떤 모습을 보일까. 인공지능이 발전할수록 생명공학, 제조공학 등 다른 신기술들과 결합해 일부 특성을 제외한 거의 모든 면에서 현 인류와 딱히 구분되지 않는 새로운 인류(이하 '신인류')가 나올 것이다. 이 신인류가 중요한 이유는 끝없는 욕심을 가진 현인류보다는 탐욕과 감정에 휘둘리지 않는 신인류에게 스테이킹 등과 같은 혁신 서비스를 위임 관리시킨다면 중개리스크, 신뢰리스크 없이 블록체인 기반 지분분산경제의 이점을 온전히 누릴 수 있을 것이기 때문이다.

넷째로 기본소득(Basic Income)의 도입이다. 디지털 화폐가 충분히 개발되고 일상화되거나 인공지능의 발달로 인해 수많은 직업이 사라진다면 서서히 기본소득제의 도입이 공론화 될 것이다. 어쩌면 코로나19 확산으로 인해 이미 기본소득제의 공론화는 시작됐는지도 모른다. 그러나 이미 2016년 스위스에서 기본소득제가국민투표로 제안된 적이 있었는데 결국은 부결됐다. 소위 다 놀고 먹으면 소는 누가 키우냐라는 상류층의 시각 때문에 부결된 것은 아니다. 이미 훌륭한 사회복지시스템이 있다는 현재 시점의 이유도 있었지만, 기본소득 도입 시 예상되는 재원 조달방식과 막대한 비용부담이라는 미래시점의 이유도 있었다. 기본소득을 주려면 재원이 필요한데 그 재원을 무엇으로 또 어떻게 조달할 것인지가 문제이며 보통은 세금추가징수로든 추경으로든 조달해야 한다는 우려가 있었다. 다만 그럴 경우 공공지출감소(경제), 빈부계층 간 갈등(사회), 진보보수 간 다툼(정치) 등이 발생해 빈대 잡으려다 초가삼간 다 태우는 격이 된다. 그런데 기본소득제 도입시 블록체인과 암호화폐가 이미 일상화되었다면 어떤 일이 벌어질까. 우선 재원조달방식은 상호 믿지 않아도 되는 무신뢰 네트워크, 즉 블록체인을 통하면 된다. 그리고 조달비용은 민간기업 등과 협력하여 구축된 네트워크에서 새로 발행하는 토큰을 생성하되 생필품, 공공요금 등 특정 분야에 한해 활용케 하면 된다. 그렇게 새로운 가치시장이 생기면 공공지출이 감소될 확률은 적어지고 빈부계층 간 갈등은 존재하더라도 이전보다는 줄어들 것이며 보다 민주적인 메커니즘 덕분에 정치다툼은 적을 것이다. 다만 이 블록체인 기반 기본소득제도에서 유의해야할 점이 있다. 우선 기반 인프라 구축이다. 토큰을 제공해도 사용처가 없으면 그저 디지털 쓰레기일 뿐이다. 따라서 식료품, 공과금 등을 토큰으로 결제할 수 있도록 결제기기, 결제시스템 등이 잘 구축되어야한다. 또 다른 점은 디지털 화폐정책이다. 모든 국민에게 보편적으로 동일지급할지 아니면 소득수준별로 차등지급할지, 인플레이션 발생시 기본소득을 조절할지 아니면 충분히 풀되 향후 일부를 소각할지, 충분한 유동성을 제공하기 위해 정부와 당국이 개입할지 아니면 완전 시장에 맡길지 등 많은 검토와 대응이 필요할 것이다.

- 지분분산경제의 산업구조

3차 산업이란 유무형의 생산물을 제공하는 산업으로 대부분의 선진국가들에서는 가장 많은 비중을 차지하며 그 종류도 금융업, 상업, 유통업 등 매우 다양하다. 대표적인 서비스업인 유통업은 생산자가 생산한 어떤 것을 소비자에게 판매하는 행위로 크게 보면 화폐, 정보 등의 흐름을 의미한다. 또 다른 서비스업인 금융업은 돈을 빌려주고 빌리거나 돈을 다른 돈으로 매매하는 것을 말하는데 증권, 은행 등이 속한다. 따라서 금융업은 화폐의 유통으로 볼 수 있고 이는 다시 교환 수단으로서의 유통과 가치저장으로서의 유통으로 나뉘는데 후자가 금융에 속한다. 서비스업은 현대사회에서 가장 부가가치가 높고 가장 비중이 늘어나는 산업군으로서, 잘 운영 관리하는만큼 국가경쟁력에 큰 영향을 끼칠 수 있다. 최근에는 이 서비스업이 급속히 성장함에 따라 4, 5, 6차 산업까지 세분화하는 시도까지 있으며 앞으로도 중요성이 커질 것으로 예상된다.

블록체인에서의 3차 산업은 현재 태동하고 있거나 앞으로 존재할 것이므로 확정지어서 말하기 어렵지만 예측하건데 블록체인 기술을 수요에 맞게 기존 서비스에 접목하는 Baas(Blockchain as a Service)가 도입될 것이다. 이는 쉽게 말해서 블록체인 응용프로그램, 스마트컨트렉트 등 블록체인 관련 기술을 활용해 기존 기업이나 산업이 마주한 여러 문제들을 해결하는 활동이다. 탈중앙금융(Decentralized Finance, Defi)이 대표적인 사례이며 블록체인 버전의 금융업이라고 할 수 있다. 이것은 중개자없는 탈중앙화 블록체인의 메커니즘을 활용해 주로 암호화폐를 담보로 걸고 일정 금액을 대출 받거나 다른 담보를 제공하고 암호화폐를 대출 받는 방식이다. 비록 암호화폐 보유 자체가 리스크가 있지만 전통 금융권보다 높은 이율이 형성되어있기 때문에 초저금리 기조와 블록체인 혁신과 맞물려 인력과 자본이 몰려들고 있다. 탈중앙소셜네트워크(Decentralized SNS) 역시 또 다른 대표적인 사례다. 소셜네트워크의 해킹, 개인정보탈취 등의 문제가 지속되면서 중앙주체의 권한이 거의 없으면서 보다 투명하고 안전한 블록체인 기반의 소셜네트워크가 점점 더 주목받고 있고 구현모델이 속속 출시되고 있다. 이러한 블록체인 3차 산업군은 이미 그 위력을 서서히 보여주고 있으며 가까운 미래에 현실 속 산업과 우리 일상생활까지 상당한 파급력을 보여줄 것으로 보고 있다. 다만 아는 사람만 알 뿐 대중적인 사용자 인식이 미흡하고 사용자 경험이 부족하여 대중적 수용이 일어나기에는 아직 갈 길이 멀다.

Ⓑ 분산경제시대에 대한 제언

직관적으로 훌륭한 PoW기반의 작업분산경제는 단순하게 블록생성 및 검증 등 네트워크 유지에 기여하고 그 보상을 받는 반면 PoS기반의 지분 분산경제는 토큰자산을 보유 및 예치하고 블록생성검증 외 투표 등 더 다양한 네트워크 운영을 하거나 분배조절, 위임정책 등 더 다양한 통화정책을 설계할 수 있다. 그렇기 때문에 더욱 다양한 군상들이 공존할 미래사회에는 단순하지만 명료한 작업분산경제와 복잡하지만 활용도가 높은 지분분산경제가 공존하는 분산경제 시대가 지배할 가능성이 크다.

'우리 사회는 어디에 있고, 또 어디로 가는가'. 서두에 언급한 두 가지 의문에 대한 답변으로 필자는 분산경제를 제시했고 그것의 가능성과 파급력에 대해 알아봤다. 그것이 미래에 얼마나 실현될지는 모르지만 확실한 것은 바로 미래는 이미 와 있지만 널리 퍼져있지 않았다는 것이다.

Ⓑ 블록체인 산업구조의 고찰

- 산업구조의 계층

앞서 살펴 본대로 현실세계의 산업구조는 크게 3층 구조로 되어있다. 맨 아래에 농업이 있고 그 위에 광공업이 있으며, 서비스업이 꼭대기에 있다. 잉여 재산이 생기고 자본이 모이자 노동집약적인 농업의 일부는 자본집약적인 광공업으로 변모했고 추가로 남아도는 물자와 인력은 서비스라는 새로운 분야로 무게중심이 옮겨졌다.

인류사회의 산업이 그래왔듯이 블록체인을 하나의 역사로 본다면 큰 틀에서의 양상을 예상하는 것은 어렵지 않다. PoW으로 대표되는 채굴업은 블록체인과 비트코인을 세상에 각인시켰지만 에너지 낭비, 무한경쟁 등의 부작용 때문에 다른 대안을 찾게 됐고 그 과정에서 수많은 프로젝트들이 등장해 자체 코인과 토큰을 창출한 토큰제조업이 출현했으며 앞으로는 여태 나온 기술, 메커니즘, 아이디어 등을 기반으로 다양한 서비스와 시스템이 나와 현실세계와도 연결된 블록체인 서비스산업이 급성장할 것이다.

- 블록체인 산업구조의 특성

현실세계의 산업과 블록체인 산업을 매칭해 비교해보니 서로 비슷해 보이지만 본질적으로 다른 점이 있다. 바로 산업화를 일으키는 주체다. 현실 속 산업군의 등장과 변모는 사상, 이념, 과학 등의 흥망성쇠에 따른 대세에 따라 어쩔수 없이 1차, 2차, 3차 산업으로 우리를 이끌었다. 그런데 블록체인 서비스는 그렇지 않을 수도 있다. 이 새로운 혁신도 4차 산업혁명에 편승해 '어쩌다 혁신'으로 간주되지만 그 이면에는 네트워크 참여자들의 역할이 상당하다. 과연 현실 속 1~3차 산업에 우리가 어떤 블록체인 옷을 입힐 수 있을까. 그것에 대한 대답은 그것을 태동케 한 우리 모두에게 달려있으며, 참여자 모두가 조금씩 분산권한에 대한 의무와 권리를 갖고 있음을 인지하고 더 많은 관심과 참여를 보여줘야 한다고 생각한다.

Ⓑ 블록체인 이데올로기(Blockchain ideology)

블록체인과 암호화폐는 아이디어 기술에 가깝다. 이러한 아이디어 기술의 특징은 눈에 보이지도 않고 만질 수도 없지만 문화를 통해 빠르게 퍼질 수 있으며 따라서 사람들이 감지도 하기 전에 엄청난 영향을 끼칠 수 있다. 또한 이데올로기란 사람들의 생각과 행위에 영향을 끼치는 것으로 사람들이 생각하는 방식을 바꾸고 미래에 하는 행동을 본인도 모르게 변화시키면서 서서히 실체를 드러낸다. 따라서 이데올로기의 영향력은 그 문화 속에 그게 얼마나 널리 그리고 깊이 퍼져있느냐에 달려있으며 블록체인과 암호화폐 역시 지금 이 순간에도 '블록체인 이데올로기'라는 이름으로 소리없이 우리 생활 면면을 잠식하고 있다. 참고로 블록체인 이데올로기는 필자가 고안한 용어로, 블록체인과 암호화폐가 경제분야를 시작으로 사회분야, 정치분야 등 일상생활을 잠식하면서 우리의 신체적 및 정신적 태도는 물론 대중문화로까지 전이되어 범세계적 새 패러다임을 여는 시대정신이라고 말할 수 있다.

인류역사를 돌이켜보면 새로운 산업혁명은 소리 소문 없이 우리 삶에 잠식해 들어와 전혀 예상치 못한 방식으로 인류가 나아가야할 방향을 제시했으며, 따라서 분산경제 역시 나름대로의 방식으로 새로운 패러다임을 제시할 것으로 예상된다.

Chapter16

금과 비트코인, 그리고 디지털 골드러시

#북미골드러시 #디지털골드러시

Ⓑ 금이란 무엇인가

금은 인류문명에 가장 가치 있는 붉은 황색의 무른 금속이다. 익히 알려졌듯이, 반짝거리고 아름다운 빛깔을 지닌 이 금속은 귀금속, 조각 등 관상용뿐만 아니라 전자, 의료, 요리 등 다양한 분야에 산업용으로 활용된다. 또한, 공급에 비해 수요가 높아 희소성을 띄며 인류문명 전체로 봐도 언제든 높은 가치를 보장받을 정도로 환금성이 뛰어나다.

또한 금은 모두 빛나는 것이라는 의미로 선캄브리아 시대(Precambrian time)부터 형성된 암석의 광석으로부터 발견된다. 대부분의 경우 자연금속(Native metal)으로 존재하며 이때 8~10%의 은이 함유된 금은합금 또는 자연금과 자연은의 합금인 일렉트럼으로 되어있다. 자연금(Native gold)은 암석에 박혀있는 매우 작거나 미세한 입자로 존재하는데 바위에 침식되어 알갱이, 덩어리 등의 형태를 지닌다.

금은 구약성서의 창세기전에도 기록될 정도로 긴 역사를 지녔다. 가장 오래된 인류 문명인 메소포타미아 시대와 이집트시대에도 금으로 만든 물품이 있었다. 그리스 시대에는 최고의 상징이나 공식을 금에 비유하여 황금비율 등으로 표현했으며 동서고금을 막론하고 뛰어난 업적을 이룬 이들에게 금으로 만든 상이 주어졌다.

Ⓑ 골드러시

– 북미 골드러시

19세기 북미에서의 골드러시는 부를 축적할 수 있는 엄청난 기회였다. 특히 19세기 중반의 캘리포니아 골드러시는 북미뿐만 아니라 다른 나라에서도 수십만 명의 사람들이 '캘리포니아 드림'을 꿈꾸며 금을 찾기 위해 몰려들어 왔고 이주의 물결은 물론 새로운 부의 이동을 창출했다. 모두가 그 꿈을 실현할 수 없었지만 금을 쫓은 이들의 일부는 막대한 부를 쌓았으며 일부는 돈과 인력이 모이는 지역의 이점을 고스란히 누렸다. 그렇게 부와 사람이 축적된 지역 위주로 시장, 교통, 수송 등 인프라가 확충됐고 더 나아가서는 금과 다른 희소자산의 공급이 늘어나면서 지역 간 무역과 투자가 촉진됐다.

– 디지털 골드러시

북미 골드러시로부터 약 150년이 지난 후 또 다른 골드러시가 될지 모르는 씨앗이 익명의 이름으로 세상에 심어졌다. 그것은 바로 사토시가 블록체인을 통해 구현한 비트코인이다. 과거의 골드러시가 금이라는 희소자산의 번성과 다방면에 새로운 부의 질서를 세운 것처럼 디지털 골드러시는 비트코인이라는 희소자산의 성장과 새로운 경제 패러다임을 몰고 올 잠재력을 지녔다.

– 골드러시 vs 골드러시

금과 비트코인에 대해서 알면 알수록 공통점이 많지만 우리가 더욱 주목해야 할 것은 이 둘의 차이점이다. 우선 접근성의 차이가 있다. 지난 수 백년 동안 이어진 골드러시는 금을 찾아 채굴할 용기와 체력이 요구되는 이들에 한해서 기회가 주어졌다면 새로운 골드러시, 즉 디지털 골드러시는 비트코인을 채굴할 정보와 지식, 그리고 장비가 있다면 충분히 도전할 수 있다. 물론 접근성이 높은 탓에 시간이 지나면서 채굴 집단에 밀려 개인들이 비트코인을 채굴하기 어려워지긴 했지만 채산성이 더 높은 다른 암호화폐들이 존재한다.

또 다른 차이점은 교과서로만 보던 골드러시의 성취를 바로 여러분도 성취할 수도 있다는 점이다. 물론 그 기회는 부여하기 나름이겠지만 우리가 현재 맞이하는 디지털 골드러시는 인류사 관점으로 볼 때 새로운 부가 창출되는 엄청난 글로벌 트렌드이자 새로운 패러다임이다.

방금 서술한 것들이 세련된 세일즈맨의 화술 같더라도 못 이기는 척 새로운 부의 추월차량에 무임승차한다고 생각해보시라. 이미 본인이 어느 정도 안다고 하더라도 지식검증과 가치투자에 대하여 점검해보시라. 블록체인과 비트코인이 도대체 무엇이 특별한가, 또 기존 역사와 체제를 돌이켜 볼때 현재와 미래를 어떻게 그려나가고 있는가.

디지털 골드러시, 그 선택은 자유겠지만 그것에 대해 아느냐 모르느냐는 향후 여러분의 권리이자 의무가 될지도 모른다.

– 연금술, 금을 창조하다

금은 보기에 매력적일 뿐만 아니라 오랜 시간 동안 높은 희소성, 활용성이 검증된 물질이다. 그래서 일찍이 메소포타미아, 이집트, 그리스, 중동, 인도, 중국 등에서 끊임없이 금을 만들 수 있는 비법을 터득하기 위해 노력했으며 그 결과로 화학, 금속학, 점성술 등을 통해 금속에서 귀금속을 추출하려는 철학적 시도이자 운동이 일어났다. 그 기원은 금을 채취하는 것이 아닌 만들려고 한 이집트로 거슬러 올라가며 그리스 학자들에 의해 중세유럽에 들어와 보다 정교화되고 본격적인 연금술이 성행하게 된다. 흔히 알려진 대로 연금술은 일반금속을 금으로 바꾸는 방법인데 연금술의 진정한 의미는 낮은 수준의 자신을 더 높은 수준으로 향상시키는 계몽에 있다. 즉, 과학이나 기술이라기보다 자기수행이나 자기계발에 가깝다. 실제로 납과 같은 금속을 금으로 정련하는 연금술에 성공한 사례는 없지만 그런 시도를 통해 자신을 성공했다고 말하는 연금술사는 있었다.

수세기 동안의 열띤 연금술의 발전 덕분에 연금술에 버금가는 기술들이 탄생하기는 했다. 서양에서는 19세기 후반에 루비나 사파이어 같은 보석을 인공으로 합성하는 기법이 개발되어 현재까지 다양하게 응용되고 있다. 연금술과 다른 측면이지만 동양에서도 흙처럼 흔한 재료에서 아름다운 제품을 만들기 위한 시도가 있었고 장인들의 화학적 철학의 결과로 화려한 자기가 창조됐다. 하지만 결국 원자는 변하지 않는다는 돌턴의 원자설로 인해 연금술은 근대과학의 뒤안길로 사라졌다.

Ⓑ 디지털 골드러시

- 디지털 광산이 형성되다

연금술의 실제 구현이나 그로부터 파생된 시도는 많았지만 금만큼이나 그 이상의 무언가를 창조하는 유의미한 성과는 없었다. 하지만 금과 같은 성질을 갖고 있으면서 기반이 다른 기술적, 경제적, 철학적 시도가 2009년 1월에 시작됐다. 바로 비트코인이다.

비트코인은 중앙발행자 없이 상호간 분산원장을 공유하고 전자거래가 가능한 블록체인 기반의 네트워크 모델로 암호화폐 중 가장 오래되고 널리 알려져있다. 총 발행량은 2,100만개이며 발행 추이를 감안할 때 2140년에 완전히 발행될 예정이다.

- 디지털 연금술사

새로운 시대에 걸맞는 연금술을 발굴하고 스스로 새로운 차원의 연금술사가 되려는 자가 있다. 바로 비트코인의 창시자, 사토시 나카모토다. 과거 사람들은 연금술을 통해 다른 금속으로부터 금을 찾는 이윤적인 관점에 그치지 않고 그런 과정을 통해 낮은 수준의 인간에서 더 높은 수준의 신을 닮으려는 철학적 계몽의 수준으로 끌어올렸다. 사토시 역시 이미 우리에게 익숙한 디지털 세계에 적합한 블록체인이라는 연금술을 발견하고 인류의 경제, 금융, 기술, 사회, 정치 등 다양한 분야를 한 차원 높이는 진보적 계몽의 반열로 올리며 본인 스스로 새로운 차원의 연금술사가 되려 한다. 그가 그만의 연금술로 어떤 결과물을 만들었는지는 이미 앞서 설명했으므로 그의 정체에 대해서 여러 측면으로 알아보겠다.

첫째로 사토시는 언론을 활용하는 법을 안다. 실제로 그가 2009년 1월 3일 비트코인 최초 블록에 담은 메세지는 다음과 같다.

"The Times 03/Jan'2009 Chancellor on brink of second bailout for banks(더 타임스, 은행들을 위한 두 번째 구제금융을 앞둔 재무장관)"

이 문구는 당일 런던 타임스지 1면의 실제 뉴스 헤드라인이었는데 사토시 본인의 동기와 철학을 잘 설명한다. 즉, 정부와 당국은 대중의 희생을 지렛대로 기득권층을 살리며 대중은 아무것도 하지 못한 채 현실 금융경제계에 실망을 할 뿐이라는 메세지다. 달리 말하면 사토시는 언론의 헤드라인을 끌어와 자신의 동기와 철학을 비가역적이고 완전 공개된 공간에 흩뿌려 블록체인과 비트코인을 혁신적인 브랜드로 창조해낸 것이다.

둘째로 사토시는 명성 쌓기에 혈안이 된 역대 리더들과는 달리 계속 익명으로 남았으며 심지어 도중에 자취를 감춰버렸다. 기존 리더들은 현실 세계에서 대중에게 자신의 성공 이력을 각인시키고 대중에게 자주 노출되기를 원한 반면 혁신기술기반의 오픈소스 체제에서의 사토시는 정반대로 시간이 지나면서 자신의 정체를 숨겼다. 그런 이유로 그는 욕심이 없는 성직자 같기도 하고 생존여부도 파악이 안 되니 수많은 스토리텔링의 주인공 같기도 하며 최고장애허용 모델을 완벽히 구현한 천재 같기도 하는 등 평범하지 않은 방법으로 최고의 명성을 쌓게 됐다.

셋째로 사토시도 역대 리더들처럼 자신이 무엇에 선택하고 집중해야하는지 알고 있는 것 같다. 비트코인이 세상에 나온지 10년이 넘은 현재까지 수많은 사람들이 탈중앙성을 추종하고 있다. 사실 사토시가 대놓고 탈중앙성을 언급하거나 정의한 적은 없다. 그럼에도 불구하고 그가 남긴 역작은 중앙화된 세상을 개선하거나 탈피하려는 이들의 영감을 불러일으켰다. 아마도 진정한 탈중앙성이 달성될 때까지 사토시의 비전은 계속 회자될 것이다.

넷째로 사토시는 설득에도 일가견이 있다. 협상의 대가인 도널드 트럼프 미국대통령(이하 트럼프)과 비교하자면 사토시는 트럼프처럼 자신을 드러내면서 존재감을 뽐내진 않았지만 스케일이 크고 예측불가능하게 했다는 점에서는 닮은 점이 있다. 트럼프가 자기사업과 미국대선이라는 무대를 발판으로 전 세계의 이목을 집중시키며 자신의 방식대로 지지자와 비판자들을 설득했다면 사토시도 자기만의 방식으로 세상에 소리 없는 아우성을 내질렀다. 또한 트럼프는 상대방을 들었다놨다가 진이 빠질 때까지 밀당을 하는 예측불가한 방식으로 최대의 협상결과를 뽑아냈다면 사토시는 한정된 자원의 가치저장소를 통해 현재까지도 많은 이들은 끌어들여 점점 더 많은 지지자들을 양성하고 있다.

아울러 전형적인 리더들은 그들이 가장 다루고자 하는 주제인 리더십과 경쟁력에 고에너지를 쏟아부었는데 사토시는 그 반대로 하면서도 리더십과 경쟁력을 지속 유지시켜왔다. 그것이 바로 분산된 리더쉽과 독자적인 경쟁력이다. 익히 알려진대로 비트코인은 그것을 발명한 사토시 혼자만의 것도 아니고 누구의 것도 아니다. 마케팅 문구 같지만 실제로 '그것은 누구의 것도 아니면서 모든 이의 것'이기도 하다. 이렇게 분산되어 있는 경쟁력은 잘만 구축되면 엄청난 힘을 발휘하는데 참여자들이 늘어날수록 그리고 각각의 참여자들의 관심과 능력이 높아질수록 책임은 분산되면서 총 에너지량이 증대된다. 이렇게 되면 자연스럽게 그만의 경쟁력은 높아지며 어느 순간 현실세계의 기득권층 조차 무시할 수 없는 대세가 될 수도 있다.

여러 의미로 볼 때 역대 탁월한 리더들이 그러했듯이 사토시는 지지 않는 게임을 즐기는 게임 체인저와 같다. 따라서 사토시와 같은 리더의 영향력에 속한 우리들이 해야 할 일은 우리가 여태 배워오고 행동했던 습성의 주파수를 돌려서 그들의 목소리에 맞춰야한다고 본다. 결론적으로 우리는 사토시의 미래경제의 새로운 패러다임을 맞을 준비가 되어있어야 한다.

– 디지털 골드로서의 가능성

2008년 10월 사토시는 신뢰해야 하는 제3자가 없는 개인 간 전자거래 네트워크인 비트코인를 설명한 백서를 공개했다. 이 비트코인 네트워크의 거래는 계좌의 단위 역할을 하는 분산원장에 전자방식으로 기록된다. 이후 2009년 1월 비트코인은 네트워크의 참여자들인 노드들을 통해 민주적 합의절차를 통해 네트워크 유지관리에 기여할 수 있도록 오픈 소스 코드로 출시됐다.

금은 과거 수천년 동안 물리적으로 표현되는 가치자산에 의해 움직이는 경제에서는 중심적인 역할을 했지만 오늘날 우리가 살고 있는 세상은 점점 더 디지털화되고 있다. 이런 디지털로의 전환은 즉시성, 편의성, 복잡성을 가속하면서 기존 거래 인프라를 자극하고 있으며 비트코인을 디지털 골드로 만들기 위한 주요 요인이 되고 있다.

– 금과 비트코인의 심층 비교

이 둘을 비교 대상으로 한 이유는 간단하다. 고대 국가와 사회에서는 금으로 만든 동전이 교환 매개체로 활용됐기 때문이고 금은 가치저장은 물론 활용면에서도 우수하기 때문이다. 만약 금과 비교했을 때 나름대로 선방을 한다면 비트코인이 디지털 골드로서의 가능성이 있다는 말과 같을 것이다.

1) 내구성(Durability)

금은 부식이나 변색되지 않는 등 많은 시간이 흘러도 그모습 그대로 보존이 되어, 가치와 교환의 물리적 매개체로서 이점이 높다. 반면 비트코인은 단일 장애지점이 없는 오픈소스 분산네트워크상에서 유지 관리되기 때문에 안전하고 신뢰가능하다. 이 분산 네트워크의 참여자들은 비트코인이 지속가능하고 더 나은 환경을 갖길 바라는 공통목적이 있기 때문에 일부 장애가 있다 하더라도 네트워크 복원력이 뛰어나며, 이 점은 이 디지털 상품의 내구성에 긍정적인 영향을 끼친다.

2) 희소성(Scarcity)

금은 고대 문명부터 현대 문명까지 가치보존은 물론 교환매개체로서 잘 활용됐고 보석, 의료, 요리에도 활용 가능하며 계속 채굴되고 있다고 하지만 전체 매장량이 30만톤 정도로 공급이 매우 한정되어있다. 비트코인도 주요 국가들에 존재하는 거래소를 통해 각국의 법정화폐로 교환할 수 있고 다른 코인으로 교환 가능하며 스위프트(SWIFT)를 포함한 어떠한 국가 간 송금 방식보다 더 빠른 전송이 가능하다. 또한 전체 공급량이 2,100만개로 한정되어있어 희소성을 갖고 있다.

3) 분리성(Divisibility)

금은 연성과 전성이 뛰어나 가늘고 길게 늘이거나 넓고 얇게 펼 수 있는 물리적 특성 때문에 다루기 쉬워 어떤 모양으로든 변형이 가능하다. 그 덕분에 서로 다른 양으로 떼내어 쉽게 거래될 수 있다. 반면 비트코인은 세상에서 상당한 소액단위로 분할가능하다. 가장 작은 단위는 창시자의 이름을 따서 '사토시(Satoshi)'라고 불리우며 이는 소수점 이하 8자리를 의미한다. 이런 작은 단위가 있는 덕분에 전자 소액결제 및 소액금융이 가능하다.

4) 휴대성(Portability)

금은 분리성이 뛰어나기 때문에 막대(Bar)나 동전(Coin) 형태로 갖고 다닐 수 있다. 반면 비트코인은 물리적으로 존재하는 금이나 현금보다 휴대성이 좋다. 다만 인터넷이 연결된 컴퓨터나 모바일 기기가 있어야 한다. 그러나 이미 다양한 서비스를 통해 인터넷이 쉽게 연결가능하고 금융문맹이 많은 지역에서도 모바일 기기는 많이 사용하기 때문에 큰 진입장벽은 아니다.

5) 대체가능성(Fungibility)

금은 형태가 달라도 화학적으로 같기 때문에 일정 단위당 일정한 가치를 지닌다. 즉, 막대 모양의 1g의 금이 X달러의 가치를 갖는다면 같은 시점에 동전 모양의 1g의 금 역시 X달러의 가치를 가지며, 따라서 당연히 막대모양의 1g과 동전 모양의 1g은 등가교환 가능하다. 비트코인 역시 상대적으로 변동성은 크지만 1비트코인은 여러 조각으로 나눠 보관하든 통으로 보관하든 동일한 가치를 지닌다.

6) 검증가능성(Verifiability)

금은 화학적으로 진짜인지 아닌지 함유량이 얼마나 되는지 검증가능한 반면 비트코인도 언제 어디서나 블록체인 상에서 거래내역이나 소유권을 검증할 수 있다.

7) 변동성(Volatility)

수천년 동안 활용되고 검증된 금과 출시된 지 10년 정도된 비트코인과 단순 비교하기 어렵지만 아마 이 둘의 가장 큰 차이점은 변동성일 것이다. 비트코인은 가장 큰 변동성을 보여준 2017년에는 연초 대비 연말에 15배 이상의 상승을 보여줬고 가장 낮은 변동성을 보여준 해에도 중간중간 엄청난 변동률을 기록했다. 반면 금은 최근 10년간 가장 큰 변동성을 보여준 해에도 비트코인에 비하면 별것 아닌 변동률을 보여줬다.

8) 보안성(Security)

금은 물리적으로 존재하기에 개인 금고나 은행 같이 안전한 곳에 다양한 형태로 보관할 수 있고 신원검증을 통해 관리할 수 있다. 비트코인 역시 물리적으로 존재하는 현물지갑(Hardwallets)이나 코드로 존재하는 디지털지갑(Softwallets)에 원하는 수량만큼 분할하여 보관할 수 있고 본인소유권을 증명할 수 있는 개인키(Private keys)를 통해 관리할 수 있다. 이런 차이 때문에 금을 훔치기 위해선 물리적으로 상당한 노력이 필요하고 탈취하려는 양이 늘수록 힘이 더 든다. 반면 비트코인을 훔치기 위해서는 상당한 기술이 필요하지만 동일한 자산 대상에 한해서 훔치려는 양과 무관하게 기술적 난이도에는 큰 차이가 없다.

9) 수요처(Sources of demand)

금은 주로 보석을 만들기 위해 사용되지만, 투자, 산업 등 다양한 분야에 수요가 존재한다. 반면 비트코인은 아직까지는 전송수수료, 네트워크 유지를 위해 사용되지만 대부분의 수요는 투자 또는 투기에 의해 발생한다. 거기에 채굴량이 반으로 줄어드는 반감기를 몇 번 겪으면 언젠가 채굴보상이 채굴단가보다 낮아지게 되고 상시 체인분기가 가능하기 때문에 동일한 네트워크 특성을 가진 모델이 탄생 가능하다. 따라서 비트코인 수요처가 다양해지지 않으면 시간이 지날수록 더더욱 투기를 위한 수요만 늘어나 위대한 실험에 그칠 것이다. 비트코인의 개발과 성장을 더 지켜봐야 하지만 현재로서는 금이 비트코인보다 더 많은 수요처를 갖고 있다.

10) 유동성(Liquidity)

유동성은 어떤 자산을 매매할 때 얼마나 쉽게 그 자산을 매매할 수 있는지에 대한 척도로, 여기서는 그 자산의 유동성 자체와 그 자산이 거래되는 시장의 유동성에 대해 알아보겠다. 금은 얼핏 생각할 때 물리적으로 존재하므로 거래하기가 어렵다. 하지만 금과 관련된 상장지수펀드(ETF)나 선물거래방식으로 문서를 통해 쉽게 거래할 수 있다. 심지어 금과 연동된 디지털 시스템을 통해서도 쉽게 거래될 수 있다. 반면 비트코인은 금과는 달리 ETF와 같은 방식은 아직 없지만 태생적으로 디지털화되어 있기 때문에 이미 존재하는 여러 거래플랫폼을 활용한 거래는 물론 직접 만나 개인키와 같은 소유정보를 교환하여 거래가능하다. 다시 말해 긴 역사를 자랑하는 금과 비교할 때 짧은 역사를 가짐에도 불구하고 비트코인은 자기만의 유동성을 빠르게 키워가고 있다.

- 금의 위상과 비트코인의 도전

사실 금과 비트코인은 그 역사, 시총, 수요, 활용 등 다양한 면에서 동등하게 비교하기에는 무리가 있다. 비트코인이 아무리 지난 10년 이상 시세가 전반적으로 상승세였고 그 기간 동안 금보다 더 높은 수익률을 자랑한다 해도 금은 동서고금을 막론하고 인류 최고의 자산이자 최대의 플랫폼으로 군림해왔다. 그럼에도 우리가 비트코인에 주목해야 하는 이유가 있다. 다른 이유들은 논외로 하더라도 그것 하나만으로도 금보다 비트코인의 가능성에 눈여겨 볼 필요는 충분하다. 바로 '가치(Value)'에 대해서다.

인류 역사에 있어 그동안 생기고 없어진 수많은 화폐는 물론이고 심지어 금마저 본질적인 가치에 대한 명확한 근거가 없다. 다시 말해 역대 국가가 찍어낸 동전이나 화폐에는 그것을 만들기 위해 쓰이는 원자재와 노동력이 딱 본질적인 가치이지만 국가의 보증 때문에 그 본질적 가치 이상으로 시장에서의 가격이 결정됐다. 금 역시 예외가 아니다. 앞서 살펴본 대로 금은 내구성도 있고 활용성도 우수하다. 하지만 그것만으로는 그것 자체에 본질적인 가치가 있다고 말하기 어렵다. 그저 금을 채굴하는 게 어렵고 무엇보다 보기에 아름다우니 본질적으로 가치가 있다고 말하는 것이 차라리 낫다. 그렇다고 비트코인이 역대 화폐나 금과는 달리 본질적인 가치가 존재한다는 뜻은 아니다. 하지만 네트워크에 자발적으로 참여해 지속 유지되고 가치가 생성되고 자연스럽게 시장가격이 오르락내리락 하는 것은 인류 역사를 통틀어서도 매우 흥미로운 현상이다. 어쩌면 그동안 우리는 국가와 정부라는 든든한 배경 덕분에 어떤 화폐나 자산의 본질적인 가치인 공정가치(Fair value)가 물건으로 매매할 때 형성되는 시장가격(Market price)과 같다고 당연시해왔는지도 모른다. 즉, 우리가 여태껏 써온 화폐의 시장가격이 과연 그것의 공정가치를 내포하는지 앞으로는 의문이 들 수 있으며 이것이 우리가 디지털 골드라 불리우는 비트코인에 주목해야 하는 이유다.

결론적으로 금과 비트코인을 비교할 때 사전에 프로그래밍된 특성 때문에 비트코인이 금보다 더 나은 점이 있지만 상대적으로 아직 검증시간이 짧고 시총과 인지도가 낮기 때문에 비트코인이 금을 대체하기에는 무리다. 그럼에도 불구하고 비트코인은 인류가 여태 쌓아온 지식과 철학을 총동원해도 쉽게 정의할 수 없는 거대한 실험체이며 만약 비트코인이 지닌 잠재력을 최적화하고 부작용을 최소화한다면 진정한 디지털 골드로써 군림할 수도 있으며 그렇게 된다면 기존 골드러시를 넘어서는 디지털 골드러시가 일어날 수도 있다.

Chapter17

가짜 화폐와 시스템 vs 대안 화폐와 시스템

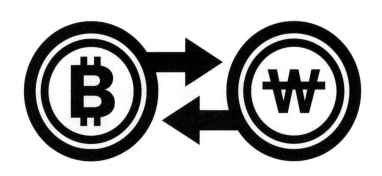

#정부통화정책 #인플레이션

Ⓑ 당신의 돈은 누구를 섬기는가

- 정부의 통화 정책

개인과 달리 정부는 돈벌이를 위해 재화와 서비스를 자발적으로 교환하지 않는다. 대신에 정부는 돈을 벌기 위해 다양한 전략을 통해 자원을 활용해 개인들에게 그 재화와 서비스에 대가를 지불하도록 강요한다. 가령, 소득이 있는 곳에 세금이 있다는 말처럼 거의 모든 재화와 서비스에 세금을 부과하기도 하고 우표발행, 우편발송, 자동차 면허발급과 같이 독점권을 행사하기도 한다. 하지만 가장 강력한 전략은 화폐발행권을 독점하는 것이다. 경제학자 로스바드는 "돈의 출현은 인류에게 이득이 되는 반면 정부의 자원 활용을 위한 더 교묘한 길이 열렸다"고 설명했다. 만약 정부가 무언가에 얽매이지 않고 화폐를 자유롭게 발행할 수 있다면 귀금속을 어렵게 쟁여놓거나 새로운 재화와 서비스를 강매하지 않고도 당연하게도 돈을 쉽게 축적할 수 있다.[34] 화폐발행 독점권을 쟁취한 정부는 여태까지 어떻게 기존 화폐와 시스템을 활용해온 것일까.

Ⓑ 가짜 화폐와 시스템

- 조정 메커니즘

미국 독립 전쟁의 주요 원인들 중 하나가 당시 영국의 과도한 조세정책일 정도로 동서고금을 막론하고 누구든 세금을 달갑게 생각하지 않는다.

그런데 체감할 수 있는 세금과 달리 인플레이션은 상대적으로 은밀하기 때문에 개인들이 직접적으로 알아차리고 분노하기가 애매하다. 정부는 인플레이션에 따라 통화 공급을 조정해 안정적인 물가와 구매력을 유지한다고 하지만 그것이 전부가 아니라는 것은 이미 알만한 사람들은 다 아는 사실이며 법정화폐는 자기 조정 메커니즘이랄 만한 것이 딱히 없다.

그나마 조정 메커니즘에 가까운 것이 인플레이션이지만 이것만 따져도 정부가 조정하는 것인지 아니면 오히려 조정당하는 것인지 헷갈린다. 자연스러운 방식이든 인위적으로든 인플레이션이 오르기 시작하면 구매력이 떨어지고 제때 잡지 못하면 경제시스템에 전반적으로 악영향을 끼친다. 더 큰 문제는 과도한 인플레이션이 발생하면 가장 많은 피해를 보는 계층은 보통 사람들이다. 그들의 자산은 (그마저도 많지 않겠지만) 현금, 저축, 부채 위주로 이루어져 있다. 통화가치가 떨어지면 지갑의 현금이든 통장의 저축예금이든 그 가치가 뚝 떨어지나 부채 이자의 가치는 올라가서 이중으로 고통 받는다. 반면 부자들은 부동산, 귀금속, 주식 위주의 자산을 보유하기 때문에 타격은 받겠지만 보통 사람들보다 덜 받으며 오히려 인플레이션을 기회로 삼아 보유 자산의 가치가 올라감과 동시에 헐값에 원하는 자산을 획득할 수 있다. 존 메이너드 케인즈는 「평화의 경제적 결실」이라는 책을 통해 "지속적인 인플레이션 과정에 의해 정부는 국민의 중요한 부분인 부를 은밀하게 몰수할 수 있다"고 기술했다.

1971년 당시 닉슨 미국 대통령이 금본위제를 폐지하는 '닉슨쇼크' 이후 미국은 달러를 발행하기 위해 그 어떤 구속도 받지 않고 또한 본질적으로 아무 비용도 들지 않게 됐다. 무한발행권 덕분에 정부가 중요하게 여기는 중앙은행들과 대기업들이 너무 큰 실수를 할 경우 돈을 찍어내서 구제를 해줄 수 있었다. 금융시스템 유지와 경제 재건이라는 듣기 좋은 명분하에 그들을 구제해주는 전략은 명확한 반대급부가 없을 뿐만 아니라 보통 사람들에게 장기적으로 큰 비용의 고지서를 발부하는 셈이다. 처음에는 느끼기 어렵지만 돈을 엄청 찍어내고 주변의 모든 것이 점점 더 비싸지는 것을 보면서 서서히 그 파장을 경험한다.

- 조정 실패의 사례

미국에 국한된 통계이지만 전 세계 경제와 금융에 막강한 영향력을 끼치는 점을 감안해서 보면 미 연방정부와 당국이 2008년 대침체기 이후 얼마나 극단적인 경제정책을 쓰는지 알 수 있다.

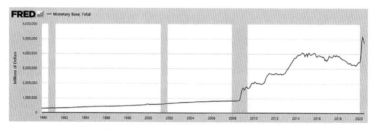

〈6〉 미 연준 본원통화 보유량의 역대 추이

앞서 고대 이집트와 로마, 16세기 중국, 근대 유럽 등과 같은 과거 사례를 통해 인플레이션에 대한 정책적 판단 착오가 어떤 결과를 초래했는지 살펴보았다. 고대 이집트 때는 전쟁비용을 충당하기 위해 은화에서 구리화로 바꾸다가 애먼 인플레이션을 겪어 다시 은화로 돌아오지만, 이후 또 한번 불순물을 첨가하면서 인플레이션이 재발했다. 고대 로마 때 역시 전염병, 영토확장 등에 따른 재정지출 부담으로 고대 이집트 사례를 잊은채 은화에 불순물을 첨가하면서 1백년 만에 인플레이션이 15,000% 상승하는 등 로마 경제를 마비시키는데 일조했다. 10세기 때부터 중국을 기점으로 발행된 지폐가 활발히 활용됐지만 구권 폐기 없이 신권을 발행하다가 인플레이션을 피할 수 없었다. 근대 유럽 때도 신대륙 개척 과정에서 엄청난 귀금속이 유입되는 바람에 유례없는 인플레이션을 겪었다. 이들은 지구 한쪽 구석에 존재하던 국가들이 아닌 한때 세계 최강의 국가들이었다. 물론 인플레이션이라는 요인 하나로 붕괴를 모두 설명할 수 없을 것이다. 다만 그만큼 인플레이션은 경제정책의 주요 요인들 중 하나이며, 그거 하나조차 조절하기 쉽지 않다는 점을 감안하면 우리 돈은 도대체 누구를 섬기는지 헷갈린다.

브레튼우즈 체제를 통해 달러기축통화 시대와 자유무역시대를 열고 현재까지 막강한 경제력을 자랑하는 미국은 주특기인 '화폐인쇄업'을 적극 활용해 자국민은 물론 타 국가와 그 국민들에게 엄청난 비용이 적힌 고지서를 계속해서 발부하고 있다. 그들이 죽지 않으려면 미국의 정책을 따라야 하겠지만 따른다 하더라도 결국 뒷수습은 그들의 몫이다.

Ⓑ 대안 화폐와 시스템

- 대안이라는 이름의 비트코인

비트코인은 신뢰하는 제3자를 거치지 않고 당사자 간에 거래할 수 있는 개인간 전자화폐이자 시스템이다. 개인들이 집과 저축을 잃고 있었고 은행과 기업들은 파산하고 있었으며 정부는 여러 차례의 양적 완화를 통해 경제를 활성화시키기 위해 돈을 찍어내고 있던 전 세계적인 대침체기간에 비트코인은 세상에 등장했다.

분권형 블록체인 설계와 화폐 발행과 보상의 구조는 채굴자, 사용자, 개발자의 이익을 일치시켜 간단명료하고 우아한 방식으로 내·외부 공격을 막거나 보안을 적절히 유지하는 동기를 부여했다. 물론 나온 지 10년이 넘은 현재도 확장성, 환경적인 영향, 가격 변동성 등을 둘러싼 난제가 많다. 하지만 화폐의 기본적인 기능 외에도 혁신적인 블록체인을 기반으로 한 오픈소스와 자발적 참여, 사전 프로그래밍된 자기조정 메커니즘, 디지털과 암호화에 따른 시의 적절성과 같은 특성은 법정화폐의 훌륭한 대안으로서의 면모를 보여주고 있다.

Ⓑ 진짜처럼 보이면 진짜?

– 대안의 가능성

앞으로 국가, 사회, 대중이 비트코인에 어떤 옷을 입힐지 모르지만 비트코인의 존재로 인해 기존의 화폐와 시스템이 과연 진짜인가에 대한 의문이 커졌다. 한마디로 가짜 돈의 베일을 벗길 진짜 돈의 가능성이 보이기 시작한 것이다. 파워 엘리트가 씨를 뿌리고 미국이 가꾼 가짜 돈의 민낯을 보여줄 대안 화폐와 시스템 구축을 비로소 우리가 만들 수 있다.

여기서 파워엘리트가 취할 수 있는 최선의 전략은 기존의 것에 비트코인이라는 대안을 덧씌우는 것이다. 다시 말해 중국은 물론 미국, 유럽, 심지어 다국적 대기업까지 기존 법정화폐에 블록체인 기술을 결합하면서 원래 그럴 계획이 있었다는 듯이 추진할 수도 있다. 아닌게 아니라 현재 중국은 국가주도의 디지털 화폐를 개발 중이고 미국도 부정적인 자세를 바꾸고 연방정부 차원에서 디지털 화폐 발행에 대한 검토를 본격적으로 시작했다. 아마도 페이스북이 주도하는 디엠이 이들 국가를 자극했을 것이고 향후 다른 기업에서도 기존 화폐를 기반으로 하는 디지털 자산을 발행한다고 나설 수도 있다. 그 계획이 뭐가 됐든지 비트코인과 같이 신뢰해야하는 제3자를 거치지 않고 누구나 참여 가능한 오픈소스이자 누구나 열람 가능한 분산원장을 통해 신뢰가 없어도 거래가 가능한 화폐이자 시스템이 아니라면 그 실체는 진짜라고 우기는 가짜일 뿐이다.

- 대안을 보는 파워엘리트의 시선

본질을 아는 사람들은 국가주도 디지털 화폐가 그저 가짜에 진짜를 도금한 것이라는 것을 알겠지만 대부분의 사람들은 드디어 기존의 병폐가 해소된 혁신적인 것이라고 여길 수도 있다. 아마도 파워엘리트가 노리는 점이 바로 그 점이고 그것이 또 먹힐 가능성이 적지 않다. 당장 미국이 달러와 연동한 연방 디지털화폐를 발행해 국가보증과 관련된 인프라 제공은 물론 기존보다 쉽고 편하고 국가 간 빠르게 전송까지 된다면 대부분의 사람들이 그것을 쓰지 않을 이유가 없다. 그러나 우리는 더 이상 속지 말아야한다. 더 이상 화폐영역을 혁명의 예외영역으로 당연시하지 말아야한다. 과거에는 그것을 대체할 대안이 없다하더라도 현재 우리에게는 대안으로 간주할만한 것이 있다. 비트코인을 통해 우리는 이제 경제의 생명줄이자 우리의 생명줄인 돈에 근본적인 관심을 돌릴 때가 되지 않았을까.

Chapter18

다섯 번째 정점: 버블론, 그리고 버블의 확장

#버블의탄생 #버블의붕괴 #버블의속성

#버블의사례 #크립토버블

Ⓑ 버블이란[35]

- 버블의 배경

현대 자본주의 시대에서는 그 시기가 최근일수록 급여로는 집값과 생활비를 감당하기가 점점 더 어려워졌고 개인이든 기관이든 무리한 투자 때문에 노후를 위한 자금을 불리기는커녕 자금을 확보하기가 불투명해졌다. 원하든 원하지 않든 사람들은 더 많은 돈을 확보하기 위해 아니면 더욱 교묘하고 세련된 금융공학기법 때문에 투자에 관심을 더 갖기 시작했다. 그 과정에서 점점 더 건전한 투자 기회는 적어지고 금융자본만 비대해졌다. 결국 남은 선택지는 보통 사람들의 불만 가득한 시선을 돌릴만한 새로운 투자 기회를 만들거나 더욱 투자판을 키우는 수밖에 없다.

- 버블의 탄생

일단 투자 대상이 검증이 안 된 초기 투자자들은 손실을 보더라도 재정적으로 타격이 크지 않을 유명 투자자나 진취적인 재력가들이다. 유명인사들이 흥미를 갖자 그때서야 리스크를 감수할 적극적 투자자들인 두 번째 투자그룹이 투자에 진입한다. 첫 번째 투자그룹은 비로소 두 번째 투자그룹에게 보유분을 전부 또는 일부 매도해 이익을 일부 실현한다. 이때 두 번째 투자그룹은 리스크가 있다는 사실을 인지하고 따라서 가격이 다소 하락하는 것도 감내한다. 다만, 그들은 적극적으로 매수한 만큼 본인이 매수한 가격 아래로 매도하지 않을 가능성이 크며 그들의 걱정은 자신들이 원할 때 팔 수 있는 유동성을 가질 수 있는지 여부다. 다행히 덜 적극적인 투자자들인 세 번째 투자그룹까지 서서히 가세하면서 가격은 상승세를 타고 유동성 리스크는 사라짐과 동시에 유의미한 상승 모멘텀이 생긴다. 버블은 이렇게 발생한다.

- 버블의 붕괴

버블 붕괴의 요인은 다음과 같다. 우선 버블이기 때문에 붕괴된다. 어느 누가 나서서 얘기를 하지 않을 뿐 투자에 참여한 대부분은 어느 순간 버블이 잔뜩 껴있다고 생각할 수 있다. 언제라고 딱 단정지을 수 없지만 부담스러울 정도의 정점에 이르러 누군가 특히 큰손들이 팔기 시작할 때 시장은 서서히 팔려는 눈치게임에 돌입한다. 그때쯤 유의미한 사건이 있을 때 붕괴된다. 이때 그 사건은 누구나 납득할만한 사건이어야 하고 붕괴의 틈을 남기기에 충분한 영향력이 있어야한다. 아울러 악성 소문이든 실제 악재든 충분한 공포를 심어줄 부정적인 분위기가 형성되어야한다. 보통 투자대상의 수익성이나 재정건전성 등의 펀더멘털 이슈에 붕괴되기도 하지만, 버블다운 버블이 생길 때는 펀더멘털이 견딜 만큼 견디다 가격이 빠지는 것이라기보다는 시장분위기를 지배하는 센티멘털의 여파가 더 크다.

일단 버블 시기에 악재가 발생해 가격하락이 발생하면 안 그래도 눈치게임을 벌이는 투자자들은 그 하락을 계기로 매도에 가세한다. 예상보다 더 큰 하락에 뒤늦게 판단한 이들도 매도행렬에 참여하면서 버블은 더욱 빠르게 붕괴된다. 이때 큰손들은 이런 혼란을 틈타 작전을 펼치는데 이 시점이 갑자기 높아진 거래량을 활용한 단기 수익실현에 유리하기 때문이다. 이성을 잃은 투자자들은 매도세가 거세질 때 덜덜 떨면서 투매에 가담한다. 작전세력은 진작에 팔았던 물량을 순간 낮아진 가격에 되사면서 가격을 올리기도 한다. 그러면 아까 팔았던 투자자들은 가만히 놔두거나 팔아버린 것을 후회하며 자기혐오에 빠지기도 하는데 상승세가 좀 지속되면 본전 찾는 심리로 되사기도 한다. 그러면 큰손들은 이때를 놓치지 않고 다시 되샀던 물량을 털면서 다시 한번 수익 실현을 하고, 손실을 만회하기 위해 되샀던 일부 투자자들은 물질적으로도 정신적으로도 패배감만 느낄 뿐이다.

Ⓑ 버블의 속성

- 리스크(Risk)

리스크는 위험을 감수하는 척도로서 리스크가 있다는 것은 손실의 가능성도 크지만 이익의 가능성도 그만큼 크다는 의미다. 그런 의미에서 볼 때 리스크가 큰 암호화폐 시장은 위기, 즉 위험과 기회의 땅이 될 자격이 충분하다. 투자에 있어서 상대적으로 높은 리스크를 감당하는 쪽, 그러니까 진취적인 투자자는 자본이 충분한 소수의 기관투자자나 재력가, 또는 소액을 투자하는 개인투자자들에 한정된다. 특히, 체감상 가장 높은 리스크를 안는 이들은 소수의 재력가들로 투자 대상이 그 진가가 발휘되면 일반 대중들은 그들을 보고 투자 심리가 발동된다.

반면 그와 반대인 보수적인 투자자들은 시세 변동성이 크다는 것을 크게 하락할 수도 있다는 것으로 해석하고는 감히 그것을 감내할 자신이 없다. 그들에게는 심지어 큰 상승에 대한 리스크도 환영하지 않는다. 그런 마인드로 위로든 아래로든 시세의 극심한 변동성을 지켜본 뒤에야 큰 리스크를 감당하는 진취적인 투자자들을 비판하거나 까기 바쁘다. 그런데 만약 장기적으로 볼 때 상승세를 이어간다면 어떨까. 만약 실제로 그런 상승을 보인다면 보수적인 투자자들조차 동요할 것이다. 그런 마법과 기적을 일으키는 요인들은 과연 무엇인가.

– 혁신적인 기술과 도구

버블은 때로는 혁신기술에 대한 기대감으로 생기기도 하고 때로는 세련된 도구를 통해 투자 상품이 실물자산과 연동될 때도 생긴다. 굳이 비유하자면 버블은 혁신이라는 식탁에서 '어려운 기술'이라는 밥과 '쉬운 도구'라는 반찬을 먹고 자란다.

우선 혁신은 전에 없던 완전 새로운 것으로부터 오지 않는다. 오히려 새로워 보이지만 기존에 존재했었던 것을 보다 쉽고 빠르게 활용하는 방식으로 탄생한다. 예를 들어 디지털 카메라는 기존의 아날로그 카메라보다 더 쉽고 빠른 촬영을 가능케 한다. 필름 카메라가 주를 이루던 21세기 초까지만 하더라도 사진을 촬영하고 출력물을 얻는 것은 전문가의 전유물이었지만 디지털 카메라의 등장으로 개인 차원에서 사진을 찍고 쉽게 파일로 저장하거나 빠르게 인화할 수 있다.

그렇게 새로운 혁신의 밥상이 차려지면 그 위에 뜨끈뜨끈한 '어려운 기술'이 시야에 들어온다. 여태까지의 인류의 기술은 한편으로는 더 세련되고 고도화되었고 다른 한편으로는 그 기술의 난이도와 상관없이 직관적으로 뛰어나고 파급력이 높았다. 한마디로 좋은 어려움이라는 뜻이다. 예를 들어 건축술은 수학, 역학, 과학, 예술 등을 포괄하는 고도의 복합기술로, 누구나 건물을 지을 수는 있지만 막상 지으려면 많은 공부와 시행이 필요하다. 다만 충분히 검증된 건축술은 시간과 공간의 제약을 넘어 넓게 전파되거나 활용될 수 있다.

혁신이라는 밥상에 뜨끈뜨끈한 기술 한 숟갈 떠먹으면 대중에게 쉽게 다가갈 수 있는 '쉬운 도구'에 손이 간다. 예를 들어 스마트폰은 전화, 메시지, 번호저장 등의 전통적인 통신 기능과 함께 수많은 어플리케이션이 실행되는 하나의 플랫폼으로 변모하여 사진촬영, 네비게이션, 일정관리, 인터넷 등의 기능을 수행하면서 대중의 라이프스타일을 상당히 바꿔놓았다.

Ⓑ 버블의 사례

인류 문명이 시작된 이래 수많은 버블이 발생했다. 멀게는 최초의 버블 현상인 17세기 네덜란드에서 벌어진 튤립 파동부터 가까이는 인터넷이 성장하고 IT기술이 발달하면서 그것과 관련된 회사의 주가가 폭등한 닷컴 버블까지 매우 다양하다.

모든 버블 사태를 서술하고 비교하면 매우 좋겠지만 제약상 초강대국 미국에서 그것도 최근에 발생한 사례 하나를 살펴보되 심도있게 살펴보자.

– 서브프라임 모기지 사태(Subprime mortgage crisis)

미국의 서브프라임 모기지 사태는 1929년 세계 대공황 이후 약 80년만에 전 세계의 금융시장을 흔든 위기였다. 우선 서브프라임 모기지 론(subprime mortgage loan, 이하 '서브프라임 론')은 이름에서 유추되듯이 상환능력이 낮은(sub) 채무자에게 가능한 최고(prime) 조건으로 제공하는 주택담보대출이다. 이것은 초기 2~3년 정도에는 고정 저금리지만 이후에는 변동 고금리로 바뀐다는 특징이 있다. 주 고객은 상환능력이 떨어지는 사람들이기 때문에 채무자나 채권자 모두에게 위험한 대출로 볼 수 있다. 하지만 이런 위험성에도 불구하고 서브프라임 론을 통해서 채권자는 채무자와의 신용능력과는 무관하게 거의 리스크 없이 수익을 확보할 수 있었다. 이런 기적에 가까운 일이 가능했던 주요 이유 중 하나는 담보상품인 주택 가격이 30년 가까이 지속 상승했기 때문이다. 이러한 서브프라임 론 타입의 대출은 1990년대 중반부터 확대됐고 2003년 이후에 급격히 증가했으며 그 덕분에 주택 가격 상승세가 앞으로도 지속될 것이라는 믿음덕분에 안정적인 투자심리가 존재할 수 있었다.

그 과정에서 서브프라임 론 관련 기업들의 수익 역시 급격히 늘어났는데 그 이유는 금융공학자들이 이 판을 더욱 키울 심산으로 이 대출을 기반으로 복잡한 금융상품들을 개발하고 판매했기 때문이다. 실제로 그들은 서브프라임 대출의 채권을 증권화 했는데 이는 리스크 높은 이 상품을 안정적인 증권으로 탈바꿈시켜버렸다. 담보자산인 주택으로부터 생기는 채권을 모은 다음 여러 개로 쪼갠 개별증권을 불특정 다수의 투자자들에게 판매했다.

이렇게 증권화 할 때 세가지 이점이 존재한다. 첫째로 분할된 개별증권 덕분에 투자자들은 큰 부담 없이 소액투자가 가능했다. 소액투자가 가능하다는 말은 누구든 무조건 소액을 투자했다기보다는 작은 투자부터 큰 투자까지 가능했다는 뜻이며 그만큼 투자자 계층이 다양해져서 더 많은 자금이 서브프라임 산업에 유입될 수 있었다. 둘째로 채권을 임의로 선택 및 조합할 수 있었다. 가령, 다양한 서브프라임 대출 채권을 모은 뒤 채무 변제가 높은 즉, 리스크가 낮은 부분만 떼거나 다른 성격의 자산과 합쳐

증권을 만든다. 이후 신용평가회사가 이 증권에 높은 등급을 매기면 리스크가 분산되는 매력적인 투자상품이 된다. 참고로 신용평가회사는 해당 상품의 세부 분석까지는 하지 않고 금융공학에 따른 표면적인 리스크와 수익성을 보고 등급을 매기기 때문에 애초에 그 상품이 근본적으로 얼마나 본질적인 리스크가 있는지에 대해서는 관심이 없다. 셋째로, 앞서 말한 대로 증권화에 따른 소액투자와 리스크 분산이 되어 기존에 있던 리스크가 더더욱 리스크가 아니게 된다. 일단 소액화덕분에 더 많은 사람들이 투자하고 우량 채권위주로 임의선택된 증권덕분에 또 리스크가 분산되고 이후 수익사례들은 점점 더 누적되어 투자매력도가 점점 더 높아진다. 하지만 여기서 중요한 사실은 원래 존재했던 본질적인 리스크는 금융공학적으로 교묘히 감쳐줬을 뿐 절대 사라지지 않았다는 점이다.

결론적으로 어쨌든 리스크가 높았던 서브프라임 론 채권은 증권화를 통해 개별 투자자들의 기호에 맞춰 가공됐으며 그전에는 쉽사리 투자 진입하기 어려웠지만 금융공학기법 덕분에 투자가치가 높은 표준화된 상품이 되어버린 것이다.

이렇게 상품이 표준화될 때 얻는 추가적인 이점은 그 상품을 분석하는 기법이나 전문가가 늘어나기 때문에 사회적 비용이 더욱 감소하고 규모의 이익을 더욱 누리게 된다는 사실이다. 따라서 그 상품을 구매하는 투자자의 계층이 매우 다양해지고 리스크는 한층 더 낮아지며 상품가치가 더 올라간다. 결론적으로 표준상품화는 연쇄적인 가격 상승을 야기한다.

그런데 이 버블에 뛰어든 투자자들은 개인들 뿐만 아니라 투자은행, 헤지펀드, 연기금 등의 기관들과 대출회사도 포함되어있다. 얼핏 보면 이들도 버블에 당한 것처럼 보이지만 어쩔 수없이 뛰어든 그들만의 사정이 있다. 태생적으로 그들은 수익을 낼 수 있으면 무조건 뛰어드는 생리를 갖고 있다. 그들은 프로이기 때문에 고객 돈을 불릴 책임이 있으며 경쟁자보다 더 높은 실적을 내기 위해 물불 가리지 않고 수익을 쫓는다. 따라서 서브프라임 론 채권이 리스크가 커도 지속된 주택가격 상승덕분에 수익을 어떻게든 낼 수 있었기 때문에 더더욱 진입할 수밖에 없었다. 또한 채권자인 서브프라임 대출회사는 애초에 채무자가 완벽하게 상환할거라는 기대를 하지 않았다. 그들의 관심사는 채무자가 담보주택을 매각하지 않고 변동고금리대출이자를 받아내든가 다른 대출이라도 갈아타게 해서 낮은 고정대출금리를 계속 받아내든가에 있었다. 채무자 역시 주택 상승 덕에 리스크없는 수익창출을 경험할 수 있었기 때문에 큰 불만은 없었다.

한 가지 주목해야하는 사실은 서브프라임 대출 회사에게는 대출 회사 자본이 대출 총액의 일정 비율 이상이어야 하는 제약이 있었다. 하지만 그 회사는 표준상품화 덕분에 이익이 증대됐고 대출을 채권으로 묶어 팔아치우면서 그 일정 비율을 유지하거나 오히려 계속 올렸다. 상황이 이쯤 되자 주택가격의 상승에 편승한 서브프라임 채권 붐은 다시 주택가격 상승을 부르는 자기증식효과를 더욱 더 뽐냈다. 이때부터 초기에 생성된 버블이 또 다른 버블을 만들어냈다. 즉, 버블을 팽창시킨 것이 버블 그 자체라는 말이다. 버블로 인해 충분한 가격 상승이 일어나면 더 큰 수요를 부르고 이는 다시 가격을 상승시킨다. 논리적으로는 절대 설명이 되지 않지만 버블측면으로 볼때는 이 과정이 지극히 자연스럽다. 다만 서브프라임 모기지 사태에서 목격했듯이 아무리 개개인이 합리적인 투자를 해도 전체적으로 불합리한 투자 구도가 형성된다면 그 관계의 모순이 발생하며 이것이 결국 버블을 만든다는 사실만 남겨질 뿐이다.[36]

Ⓑ 버블의 확장 "크립토 버블"

- 크립토 버블의 형성

비트코인의 버블 탄생 과정도 앞서 언급한 사례들과 크게 다르지 않다. 초기 비트코인 투자자들은 자본이 충분한 채굴자였거나 거래소 또는 개인 거래를 통해 투자한 유명인사들이나 모험심이 높은 개인들이었다. 이들이 신경쓰는 것은 리스크가 큰 비트코인을 더 높은 가격에 현금화하는 수익성에 있다. 다행히 채굴보상을 노리는 팬덤이 생기고 거래소가 많아지면서 더 많은 투자자들이 뒤따랐고 초기 투자자들은 후발 투자자들 덕분에 수익성을 얻을 수 있었다. 그 후발 투자자들은 큰 장애없이 네트워크가 유지되는 비트코인을 경험하면서 가치가 있다고 판단했으면서도 원하는 가격과 시점에 팔 수 있는 충분한 유동성을 기대했을 것이다. 이후 첫 반감기, 마운트곡스 거래소 해킹 등 사건사고가 있었지만 거래량이 늘어나고 장기가격 추세도 상승세여서 유동성 리스크는 점차 해소됐다.

- 크립토 버블의 진화

앞으로 눈여겨봐야 할 점은 비트코인의 표준상품화의 탄생 여부다. 서브프라임 론 붐에는 금융공학 마법에 의한 증권화로 소액투자와 리스크 분산이 일어났고 더 다양한 계층의 투자자들을 끌어들일 수 있었다. 현재도 거래소를 통해 일반투자자들도 비트코인을 구입할 수 있지만 그건 이미 진입한 투자자들 위주의 관점일 뿐 아직 보통 사람들에게는 거래 편의성이 미흡하다. 하지만 암호화폐에 대한 당국의 규제가 더 명확해지고 ETF와 같은 표준상품화를 통해 거래가 쉬워지면 투자자들에게 다가가기가 매우 쉬워지며 수요가 급증할 것이다. 이후 세련되고 기막힌 금융공학 기법이 가해지고 많은 열성 분석가나 지지자들이 목청 높여 투자 분위기를 조성할 것이다. 이때쯤 유의미한 버블이 형성될 것이며 그리고나서 자기증식효과에 따라 버블이 또 다른 버블을 낳으며 고공행진을 할 수도 있다.

투자대상의 종류를 막론하고 버블은 어찌 보면 다단계 판매조직의 체계와 유사하다. 버블은 다단계조직처럼 투자시기가 늦으면 늦을수록 이익이 감소한다. 당연해보이면서도 모순돼보이지만 가장 큰 이익을 얻는 자들은 가장 큰 리스크를 끌어안고 가장 먼저 진입한 투자자들이다. 뒤늦게 들어온 사람은 충분히 가격상승을 관찰하고 안전하다는 판단 하에 그 뒤를 쫓는다. 이쯤에 투자에 관심이 없던 이들 조차 흔들릴 것이고 끝내는 보수적인 투자자들까지 판에 끌어들이는데 성공한다. 바로 이때 버블은 극에 달하고 이내 붕괴한다. 가장 신중하고 보수적인 투자자들까지 끌어들여 희생시킨 채로 말이다.

또한 비트코인은 소수점 8자리까지 존재하므로 아무리 비트코인 가격이 올라가도 잘게 쪼개져 충분히 표시 가능하다. 따라서 비트코인 시세가 수천만원이 되어도 소액으로 부담 없이 투자할 수 있다. 그리고 실질 담보가 없는 비트코인은 그 자체의 리스크가 크지만 리스크를 일부 제거할 수 있다. 채굴만으로 비트코인을 얻을 수 있었지만 거래소가 생긴 후 직접 비트코인을 살 수 있게 되면서 채굴자에게는 거래소를 통한 구매자들 덕분에 비트코인 변동성 리스크가 줄어들었고 그 반대도 마찬가지다. 더군다나 장기전망을 높게 보는 투자자덕분에 단기투자자에게는 심리적 리스크가 적어졌고 반대로 끊임없이 유동성을 제공해주는 단기투자자덕분에 장기 투자자 역시 심리적 리스크가 적어졌다. 아울러 소액투자와 리스크 분산이 일어나자 통계학의 다수의 법칙에 따라 더 많은 사람들이 투자하게 되면서 비트코인의 투자 리스크는 더욱 줄어들었으며 자연스럽게 투자매력도를 높이면서 더 다양한 계층의 사람들을 끌어들였다. 즉, 암호화폐는 굴곡있는 변동성의 길을 걸어왔지만 버블가능성의 폭은 점점 커지고 있다.

비트코인이 만들어졌다고 전 세계의 자본이 늘거나 줄지는 않지만 전세계에서 고위험 고수익을 바라는 자들, 얼리어답터들, 자산을 쓰지 않고 보유하는 컬렉터들이 보유한 자본은 이곳으로 모이고 모이면 모일수록 판의 리스크는 줄어든다. 심지어 각기 다른 투자자 성향에 따라 다양하게 설계된 맞춤형 상품도 존재한다. 그리고 더 다양한 계층과 더 큰 규모의 자본이 모이고 더 오랫동안 보유하면 전에 없던 가치가 생긴다. 결론적으로, 자본의 총량은 변함없지만 새로운 가치가 창출됐다, 비트코인 덕분에 토큰화에 의한 새로운 가치가 창조되는 것이며 금융시장의 발달, 경제 활동의 발전이 가능해지는 것이다.

〈 역대 버블 흐름의 비교 〉

Ⓑ 다가올 역대급 크립토 버블의 전망

서두에 언급한 것처럼 점점 더 건전한 투자기회는 적어지고 죄다 투자를 해대는 탓에 금융자본만 비대해졌다. 결국 남은 선택지는 또 다른 버블을 만들어 새로운 투자기회를 만들거나 더 판을 키우는 수밖에 없다. 수익을 낼 수 있는 틈이라도 보이면 리스크가 어떻든 투자를 감행하는 리스크 감수현상이 쉽게 발생하고 기다렸다는 듯이 버블이 발생한다. 인류가 더 풍요로운 생활, 여유 있는 노후자금, 자금의 회전 등을 꾸준히 누리려면 금융자본이 더 커져야만하고 따라서 계속되는 버블의 발생은 필연적이다.

그 과정에서 금융자본은 실물경제까지 손을 뻗쳐 흔들어댔고 장래에 자기증식 효과가 극에 달하면 여태까지 보아온 금융 붕괴와는 차원이 다른 대혼란이 발생할 것이다. 정부와 당국이 늦게나마 그 심각성을 인지하고 공적자금을 붓는다해도 대혼란을 다소 연기시킬 뿐 언젠가는 닥칠 운명이다. 만약 대혼란이 발생한다면 달러를 포함한 법정화폐를 필두로 모든 국가의 화폐 가치가 하락할 것이며 부동산, 원자재 등 실물자산은 물론 우리가 관심 가져온 비트코인을 포함한 암호화폐에도 존재감을 뽐낼 기회를 얻을 수도 있다. 정말 버블의 사례에 비트코인을 빗대어 예측한 것이 단순 억지라고 볼 수 있을까.

앞서 설명한 역사 속 버블을 봤을 때 비트코인뿐만 아니라 블록체인을 기반으로 부동산, 예술품 등 유무형 자산을 분할투자 가능케 만드는 자산 토큰화 프로젝트들은 투자의 편의성과 인간의 소유욕을 건드리면서 엄청난 버블을 촉발시킬 가능성이 농후하다. 현재만 해도 비트코인을 포함한 암호화폐는 기존 금융 제도권 하에서 선물, 옵션 등이 이미 출시되었거나 출시가 검토되고 있어 투자의 무대가 착실히 준비되고 있다. 게다가 향후 토큰화된 자산에 대한 투자에 있어 사용편의성이 높아지고 사용 경험이 익숙해지면 투자의 주연이자 관객들은 확 늘어날 것이다. 또한 수많은 투자 경로와 고도화된 평가 기법 등 세련된 금융공학기법은 투자의 홍보역할을 하여 더욱 가열차게 투자 분위기를 조성할 것이다. 더욱 더 혼란스러워지고 불안해지는 국제정세는 투자 홍보에 덤이다. 일단 버블이 궤도에 오르면 역사를 통해 살펴봤듯이 버블 그 자체가 알아서 더 큰 버블을 만들 것이다.

이 모든 것이 잘 짜여진 각본처럼 진행된다면 2017년 코인붐과 차원이 다른 전 세계적 투기붐, 즉 크립토 버블을 일으키면서 인류사에 있어 역대급 버블의 한 페이지를 장식할 수도 있다. 그런 일이 실제로 발생할지는 시간이 지나면 알게 되겠지만 분명한 사실은 시간의 문제일 뿐, 버블은 계속 반복될 것이라는 점이다.

Chapter19

FUS가치투자기법

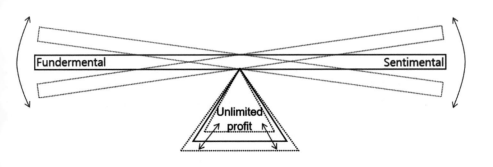

#펀더멘탈 #무한수익 #센티멘탈

Ⓑ 투자란

- 교환과 거래

우리가 일정분의 돈으로 어떤 상품을 구매하는 것은 '최소한 그 상품이 내는 돈 또는 그 이상의 가치를 가진다고 생각할 때' 이뤄진다. 가령, 홍길동이 1만원 짜리 책 한 권을 구매할지 고민 중이라고 하자. 만약 그 책이 1만원 또는 그 이상의 가치를 갖고 있다면 그는 1만원의 돈을 지불 할 것이다. 그런데 한 상품에 대한 교환이라면 이렇게 단순하겠지만 투자라는 것은 그 투자 대상이 어느 정도의 돈 이상의 가치를 지녔는지 판단하기가 어렵다. 심지어 돈의 구매력마저 변동된다면 투자는 더욱 어려워진다.

- 투자의 어려움

투자는 언뜻 보면 쉬워 보이지만 막상 하면 결코 쉽지 않으며 그 이유는 다음과 같다. 첫째로 기회가 평등하지 않다. 여기서 말하는 기회는 투자진입 시점, 투자원금, 투자능력 등 다양하다. 누군가는 압도적으로 이른 시점에 진입할 수도 있고 다른 누군가는 거품이 잔뜩 끼어있을 때 진입할 수도 있다. 또는 진입시점과는 상관없이 투자원금이 큰 사람은 운좋게 큰 수익을 얻을 수도 있고 반대로 크게 잃을 수도 있다. 설령 투자 진입시점과 투자 원금이 같다고 해도 투자능력에 따라 최종 수익이 다를 수도 있다. 이렇게 누구나 알고 있는 말을 굳이 언급한 이유는 결코 투자의 기회가 만인에게 평등한 기회를 제공하지 않는다는 사실을 강조하기 위함이다.

둘째로 과정도 공정하지 않다. 적절한 기회, 즉 좋은 투자진입시점, 충분한 투자원금, 훌륭한 투자능력 등을 누렸음에도 불공정한 과정이 존재하기에 투자자 모두 대박이 나기 어렵고 이미 우리는 그 사실을 목격해왔다. 가령, 2017년 코인붐 때 ICO를 통해 유망한 코인 프로젝트에 투자하고 장밋빛 미래를 꿈꿨지만 누군가는 속칭 설거지를 당했을 것이고 다른 누군가는 뭘 해보기도 전에 먹튀를 당해서 손실을 봤을 것이다. 뿐만 아니라 현물로 열심히 투자를 하는 개미들이 있는 반면 선물 등을 통해 상승장, 하락장 할 것 없이 거대한 물량을 등에 업고 자신들의 파이를 넓히는 큰손들도 있다. 특히, 이런 큰손들이 정보의 비대칭성을 활용해 악성 루머, 커뮤니티 정치 다툼 등을 하면서 개미들을 혼란에 빠뜨리는 과정이 반복된다.

셋째로 결과 역시 정의롭지 않다. 비트코인을 포함한 암호화폐의 시가총액이 등락을 반복하고 있지만 장기적으로 보면 현재까지 상승 중이다. 얼핏 보면 적절한 기회에 적절한 과정을 겪은 투자자라면 큰 손해를 보기 어려울 것이다. 하지만 이상하게도 점점 더 수익이 편중되는 부익부 빈익빈 현상이 짙어지고 있다. 왜 이런 믿기 어려운 결과가 도출되는 것일까. 그 이유 중 하나는 게임이론에 의해 일부 설명이 가능하다. 게임이론이란 상호 의존적인 의사 결정에 관한 내용을 다루는 이론이다. 즉, 게임 참가자들이 이익을 위한 전략을 임의선택해 각자 최대이익을 내기 위해 벌이는 게임으로서, 개미 투자자들은 물량전, 심리전, 인내전, 정보전 등에 상대적으로 매우 불리하다. 투자능력치별로 나눠서 본다면 이런 식일 것이다. 하수는 '네가 생각하는 것을 나도 알고 있다'. 그리고 중수는 '네가 생각하는 것을 내가 생각하고 있다고 네가 생각하고 있다는 것을 나는 알고 있다'. 반면 고수는 '중수 이하가 무엇을 생각하고 있는지 알고 있고, 그 이전에 준비하거나 때가 되면 대응'한다. 그런데 큰손들은 '생각하지 않고 주체적으로 행동'한다. 과연 우리는 어디에 속할까. 중요한 점은 게임이론 외에 투자시장은 완전하지 않은 경쟁시장이라는 점이다. 완전경쟁시장은 다음과 같은 조건들이 필요하다. 시장 참여자는 모두 완전한 정보력을 갖추고 있어야 하고 시장에서 거래되는 재화는 모두 동질적이며 진입과 탈퇴가 자유롭고 충분히 많은 수요자와 공급자가 존재하여 수요자, 공급자 모두 가격을 수용한다. 하지만 다른 투자시장과 같이 암호화폐시장도 이 모든 조건을 충족하지는 않는다.

더욱이 아직 성숙되지 않은 암호화폐시장에서 평가절하된 프로젝트를 발굴하면서 투자하는 가치투자는 그 과정도 결과도 녹록지 않다. 그럼에도 암호화폐 투자가 매력적인 이유는 리스크만큼이나 성장잠재력이 크기 때문이다. 그러면 위험과 기회가 공존하는 이 시장에서 어떻게 살아남을 수 있을까. 이제부터 필자가 제안하는 기초적인 투자 개론과 방법에 대해서 설명하겠다.

Ⓑ FUS가치투자론

- 펀더멘탈(Fundamental)

투자에 있어 '펀더멘탈'을 분석한다는 말은 기업의 실적 평가, 본질적 가치 측량, 동종회사와의 경쟁력 우위 등을 투자지표로 삼는다는 것을 의미한다. 이것은 흔히 기본적 분석(Fundamental Analysis, FA)라고 불리며 경제금융요인을 조사해 증권의 내재가치를 측정하는 방식이다. 다만 여기에서는 펀더멘탈을 투자대상의 객관적인 매력도를 가늠하는 방법으로 정의하겠다.

우선 암호화폐시장은 불과 10년 정도밖에 되지 않았고 그 기술의 활용성, 편의성, 대중성이 충분히 성숙되지 않았기 때문에 펀더멘탈을 파악하기가 쉽지 않다. 2017년 코인 붐 때까지만 하더라도 프로젝트의 비전, 기술, 정책, 인력 등을 서술한 백서만 그럴듯해도 투자자들 사이에서는 투자가치가 충분하다고 여겨졌었다. 당시만 해도 최고의 프로젝트를 능가하는 것은 더 최근에 나오고 더 큰 비전을 제시하며 더 빵빵한 인력이 투입된 프로젝트라고 할 정도로 펀더멘탈을 파악할 소재가 마땅치 않았다. 그럼에도 시장은 그런 빈약한 소재를 토대로 반응했으며 대형 버블을 견인했다. 이후 코인붐의 버블이 꺼지면서 암호화폐 전체 펀더멘탈 자체가 허약한 사실이 밝혀졌으며 펀더멘탈의 무게중심은 확장성, 편의성, 활용성 등 보다 빠르고 편리하며 실용적인 요인으로 옮겨지고 있다. 그런데 그 무게중심이 변해도 한 가지 변함없는 것이 있다. 바로 '현재시점에서 투자대상이 근본적으로 저평가 되어 있는지를 따지는 것'이다. 즉 투자대상의 내재가치가 현재시장가보다 높다면 그것은 저평가로 간주되어 매수가 권고되고 그 반대라면 고평가로 간주되어 매도가 권고된다.

암호화폐 시장에서의 펀더멘탈의 분석은 크게 질적 측면과 양적 측면으로 나뉜다. 질적 분석은 개발진이나 운영진이 정확히 무슨 일을 하고 있고 어떤 경쟁력을 갖고 있으며 커뮤니티와 잘 소통하고 있는지를 보는 것이다. 반면 양적 분석은 주최측이 프로젝트를 이끌어갈 충분한 자금이 있는지 그리고 거래의 유동성이 충분한지를 보는 것이다. 현재 암호화폐의 펀더멘탈을 분석하라고 한다면 아무리 관대하게 봐도 비트코인, 이더리움 등 소수의 암호화폐를 제외하고는 유의미한 펀더멘탈 분석이 불가능하다. 가령, 비트코인은 가장 오래된 암호화폐이자 현물, 선물, 옵션 등 가장 많은 파생상품이 출시되기 때문에 타 프로젝트보다 양적 측면에서 압도적인 이점을 갖는다. 질적 분석측면에서도 비트코인과 이더리움이 가장 많은 개발자들이 참여하고 가장 많은 사용자들이 연관되어 있기 때문에 후속·경쟁 프로젝트보다 분석이 더 용이하다. 따라서 비트코인과 메이저 알트코인이 펀더멘탈 분석 시 매우 용이하며 그 이점을 버리고 다른 암호화폐를 분석하는 것은 매우 높은 리스크를 동반한다.

– 무한수익(Unlimited profit)

펀더멘탈 분석을 아무리 잘해도 워낙 변수가 많고 변동성이 심하기 때문에 수익을 실현하기가 녹록지 않다. 따라서 그러한 리스크를 감수할 준비가 필요한데 그것들 중 하나가 바로 '무한수익'이다. 무한수익이란 필자가 고안한 용어로서 수익실현 가능시점에서 원래투자금을 빼고 남은 순수익을 의미한다. 이것은 투자 시 절대 손해보지 않게끔 만드는 핵심 요인이다. 가령 홍길동이 비트코인에 100만원을 투자했다고 하자. 등락을 반복하다가 다행히 비트코인이 한 달도 되지 않아서 10%가 상승했고 그의 투자가치액은 110만원이 됐다. 이때 그는 투자원금인 100만원을 현금화했고 10만원은 투자한 상태에 머물게 된다. 여기서 그 10만원이 무한수익이 되는 것이다. 일단 그는 아직 전액 현금화하지 않았으므로 10%의 수익이라고 단정 짓기에는 아직 이르며 그와 동시에 손실은 없다. 현금화할 때까지 수익률을 특정지을 수 없겠지만 손실리스크는 없고 수익은 계속 더 커질 가능성이 있다는 점을 들어 필자는 이것을 무한수익으로 명명한 것이다.

얼핏 들으면 마케팅 용어 같지만 실제로 투자할 때 원금보전이 된 상태에서 남은 투자 잔액이 더 커질 수 있는 기대를 갖는 점은 매우 고무적이다. 여기서 관건은 투자 초장기 때 이 마법과 같은 무한수익을 어떻게 확보하느냐다. 앞선 예시에서는 비트코인을 투자해 다행히 수익을 봤지만 코인 초기투자 시 왠만한 사람이 아니면 수면부족과 불안감으로 손실을 볼 확률이 높다. 그렇기 때문에 좀 더 쉽게 무한수익을 확보할 수 있는 방법이 필요하다. 그 방법들 중 하나로 스테이킹이라는 것이 있다. 가령, 일부 코인거래소에서는 스테이블코인을 스테이킹하면 이자를 준다. 스테이블코인은 가치가 1달러로 고정되어 있기 때문에 손실리스크가 없으며 이자를 통해 수익을 얻을 수 있다. 혹자는 차라리 무한수익 확보로 투자를 하느니 스테이킹으로 수익을 얻는 게 낫다고 말한다. 아주 틀린 말은 아니다. 다만 앞으로 최소한 한 번 이상의 코인 붐이 오고 초저금리 기조가 유지된다는 전제를 갖고 있다면 스테이블코인 스테이킹은 기회비용 측면에서 아주 매력적인 선택은 아니다. 굳이 스테이킹을 하기 싫다면 코인거래소나 코인 커뮤니티에서 제공하는 이벤트를 통해 코인을 얻는 방법이 있다. 즉, 코인투자를 하든 스테이킹을 하든 이벤트참여를 하든 일단 무조건 무한수익을 확보하는 것이 중요하다. 듣고 보니 당연한 말이고 누구나 생각할 수 있지만 실제로 무한수익을 얻기도 어렵고 무한수익만 갖고 투자하는 사람도 드물다. 하지만 투자에 익숙하지 않는 분이라면 막상 무한수익이 확보되면 심리적으로 편해지는 것을 경험할 것이다.

- 센티멘탈(Sentimental)

펀더멘탈 분석과 무한수익이 확보되어도 자신이 분석한 것이 과연 맞는지 그리고 무한수익만으로 성에 차지 않아서 투자심리가 흔들리거나 판돈을 키우고 싶을 수도 있다. 이때 필요한 요인이자 여기서 말하는 가치투자 기법의 마지막 퍼즐이 바로 '센티멘탈'이다. 본래 센티멘탈 분석은 확인된 자료에 기반한 펀더멘탈 분석과는 달리 기대감이나 상실감, 도전정신 등 심리에 기반한다. 즉 투자대상의 객관적인 매력도에 따른 펀더멘탈 분석과는 달리 센티멘탈은 투자자가 투자대상에 투영시키는 심리다. 그래서 센티멘탈은 매우 조절하기 어렵지만 이것을 잘 조절할 수만 있다면 투자에 긍정적인 영향을 끼칠수 있다. 왜냐면 센티멘탈은 많은 것을 따져야하는 투자에서 본인이 100% 조절 가능한 유일한 요인이며 그것을 잘 활용하는 만큼의 피드백이 돌아오기 때문이다. 문제는 센티멘탈을 어떻게 조절하느냐다.

센티멘탈은 사람 마음을 토양 삼아 자라기 때문에 심리를 잘 수련시켜야 한다. 만약 자신이 타인과 교류가 없고 전업투자자라면 감정을 없애도 불편함이 없을 것이다. 하지만 대부분의 경우 일상에서 타인과 교류가 있거나 노동자이므로 투자를 한답시고 감정을 없앨 수 없다. 따라서 감정을 그대로 유지하되 투자할 때 심리가 무너지지 않도록 해야 한다. 예를 들면 센티멘탈 조절을 위해 명상을 할 수 있다. 마음을 다스리는 방법은 명상 외에도 운동, 등산, 취미활동 등 다양하므로 각자 시행착오 끝에 투자의 센티멘탈을 가장 잘 조절할 수 있는 본인만의 방법을 찾으면 된다. 이러한 센티멘탈 조절이 필요한 이유는 시간은 투자자를 기다려 주지 않기 때문이다. 오히려 투자자가 매매하는 타이밍을 잡아야 한다. 그런데 절호의 타이밍에 센티멘탈이 온전하지 않다면 그때까지 쌓아온 투자흐름이 나빠지고 투자심리가 무너지면서 연쇄반응이 일어나는 최악의 상황까지 이를 수 있다. 만약 심리수련에 이미 통달했거나 감정조절이 어렵다면 확고한 투자원칙을 수립하고 지키는 지적 훈련이라도 시도하길 바란다. 그 종류가 무엇이 됐든 중요한 것은 센티멘탈의 변동성을 줄이는 것이다.

- FUS가치투자 설명서

앞서 알아본 펀더멘탈(F), 무한수익(U), 센티멘탈(S)를 활용하여 필자가 고안한 'FUS가치투자'에 대하여 좀 더 알아보겠다.

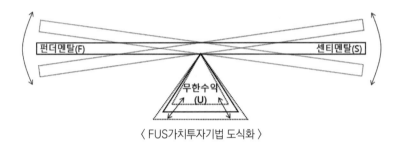

〈 FUS가치투자기법 도식화 〉

도식화는 FUS가치투자의 3가지 요인을 표현한 것이다. 유형의 자료를 분석하는 '펀더멘탈'과 무형의 감정을 조절하는 '센티멘탈'이 양 끝단에 존재하고 투자금인 '무한수익'이 가운데에 놓인다. 이 세 가지 요인을 활용하는 데 있어 가장 중요한 것은 '균형(Balance)'이다. 펀더멘탈 분석 성향이라고 해서 그것만 해서는 안 되고 센티멘탈의 달인이라고 해도 감정만 붙잡고 있어도 안 된다. 이 둘은 가급적 평형을 유지하는 것이 좋다. 무한수익은 크면 좋지만 클수록 펀더멘탈과 센티멘탈의 폭 역시 커진다. 따라서 무한수익이 커지더라도 펀더멘탈과 센티멘탈의 분석이 소홀해지면 안 된다.

만약 어느 한쪽 때문에 나머지 요인들에 부정적인 영향을 끼친다면 투자액을 그대로 두고 휴식을 취하기를 바란다. 그럼에도 불안하거든 투자액을 회수하고 당분간은 일상에 충실하기를 바란다. 암호화폐 시장은 다른 투자 시장과 달리 24시간 365일 쉼 없이 돌아가며 점점 더 많은 파생상품이 생기고 있기 때문에 투자를 잠시 멈추고 돌아와도 기회는 늘 존재한다. 중요한 것은 투자에 매몰되어 투자자 본인의 존재를 잊지 않는 것이다.

Ⓑ 투자의 본질

근본적으로 암호화폐 투자 역시 다른 투자와 다르지 않다. 다만 비트코인을 포함한 암호화폐가 기본적으로 워낙 변동성이 커서 예상치 못한 하락요인들이 존재하므로 마냥 수익을 기대할 수는 없다. 특히 본인이 평범한 투자자라면 투자 편익에 대한 기회비용을 더더욱 감안해야한다. 암호화폐 투자에 있어 가장 큰 기회비용이자 부작용은 크게 두 가지다.

첫째는 노동가치의 훼손이다. 우리는 땀흘려 번 돈이 가장 값진 것이고 노동의 가치는 신성한 것이라고 배웠고 또 그렇게 생각해왔다. 하지만 2017년 코인 붐은 그것을 경험한 이들의 기존 가치관을 바꿔놨고 일부는 여전히 그것에 의한 흉터가 남아있을 것이다.

둘째는 모든 세상을 블록체인과 암호화폐의 관점으로 바라보는 현상이다. 소위 암호화폐를 잘 모르던 시절에 필자를 포함한 많은 이들은 블록체인과 암호화폐가 단순히 IT영역의 혁신적인 기술이라고 생각했다. 하지만 알면 알수록 경제, 경제, 사회, 심리, 철학 등 오만 가지 분야를 다뤄

야했고 그것을 터득한 이들은 기본 상식 수준 이상으로 이 세계의 생리를 알게 된 반면 그 때문에 모든 언행과 상념이 블록체인화 되어버렸다.

다시 본론으로 돌아와서 여윳돈이 있고 투자할 생각이 있다면 FUS가치 투자방식 또는 자신에게 맞는 투자방식을 활용한다면 암호화폐의 투자매력도는 여전히 플러스다. 혹자는 이런 의문이 들지도 모른다, 나도 나를 모르는데 어떻게 분석해야 하는지를. 이것이 우리 투자자로서의 숙제이자 우리 인생에 가장 큰 난제이다. 따라서 그 숙제가 어차피 죽을 때까지 풀어야 할 인생의 문제라면 그리고 암호화폐 투자를 할 것이면 같은 고민에 대한 해답을 찾으면서 자기 인생도 잘 꾸려가고 투자수익도 창출하는 사람이 되어야 할 것이다.

Chapter20

우연한, 그러나 필연적인 대안을 제시하다

#기술실용상품 #블록체인세계관 #복수기축통화체제

Ⓑ 국가주도 법정화폐 및 시스템의 대안

- 대안의 근거

블록체인이 나오기 오래전부터 사회학자, 경제학자, 기술자, 암호학자, 혁신기업 등 다양한 시행착오가 있었고 그 덕분에 투명하고 신뢰할 수 있는 분산원장과 최고난이도의 장애를 허용해도 생존가능한 대규모 분산네트워크가 세상에 나올 수 있었다. 블록체인의 최초 구현체인 비트코인은 휴대성, 내구성, 대체가능성, 가치저장과 같은 돈의 기본 기능을 수행하는 한편 제3자를 신뢰하지 않아도 되는 탈중앙성, 암호기술에 의한 가명성과 사생활보호와 같은 특수기능을 탑재하고 있다. 그리고 비트코인으로부터 영감과 자극을 받아 탄생한 수많은 비트코인 대안프로젝트인 알트코인들이 끊임없이 생겨나고 있다. 결론적으로 블록체인 기술은 국가주도 법정화폐 및 시스템에 대항할 정도의 대안이 될 수 있는 강력한 근거가 됐다.

하지만 블록체인 이전에 많은 시행착오가 있었다해도 또 아무리 비트코인이 기본적으로 또 특수한 측면으로도 돈의 기능을 수행했더라도 그 가치를 아무도 알아보지 않았다면 현재까지 존속하지 못했을 것이다. 출중한 능력의 사토시가 그 포문을 열었지만 가치를 알아본 사람들이 컴퓨터와 인터넷을 기반으로 비트코인을 채굴하고 개발하고 사용하면서 범지구적인 커뮤니티를 형성한 몫도 무시할 수 없다. 마치 역대 인류사회에서 목격된 대중으로부터 혁명이 재현된다고 할 정도로 새로운 패러다임을 일으킬 수 있는 움직임들이 곳곳에서 일어나고 있으며 이 참여자들이야말로 또 다른 대안의 근거라고 볼 수 있다.

그뿐만이 아니다. 돌이켜보면 2008년 글로벌 금융위기 이후 미국을 필두로 하여 화폐를 마구 찍어내던 시기에 블록체인과 비트코인이 출현한 시기는 매우 적절했다. 중앙과 탈중앙의 순환 역사에서 봤듯이 아무리 강한 국가가 화폐독점과 지배를 누려도 때가 되면 역사의 수레바퀴가 돌면서 그 권한이 분산됐다. 실례를 들면 최강대국인 미국이 세계경제에서 미치는 영향력이 감소하고 있다. IMF추산에 따르면 미국은 2019년 기준 세계 경제의 15% 정도를 차지하고 있는데 이는 1980년 21.6%보다 6%p가량 줄었으며 중국은 19.2%를, 유럽연합(EU)도 16%를 점유할 만큼 저력을 보이고 있다.[37] 미국은 브레튼우즈체제 이후 자유무역시대를 열고 수많은 국가들과 동맹을 맺으면서 포용적 리더국가의 면모를 보여왔지만 불량국가를 제재하고자 해당 국가들을 달러화 기반 국제 금융체제에서 퇴출시켰고 다른 국가들에게도 막강한 군사력과 경제력을 기반으로 많은 간섭을 해오고 있다. 그 결과 중국을 비롯한 일부 국가들이 미국의 영향력에서 벗어나기 위해 대체 시스템을 만들기 시작했고 특히 2008년 글로벌 금융위기 이후로 달러 중심 국제 금융체제하에 주기적으로 발생하는 위기에 대한 불만도 커지고 있다. 어쩌면 비트코인의 출현이 세계 경제 안정성 확보를 위해 달러의 단독기축통화체제를 무너뜨리고 복수기축통화 체제의 가능성을 보여줄 수도 있다. 이러한 예측은 결국 블록체인과 비트코인의 출현이 너무 늦지도 너무 이르지도 않는 적절한 시기덕분에 가능하고 또 대안의 근거가 됐다.

요약하자면 비트코인은 기술적 토대, 혁신에 반응한 대중, 적절한 시점이 서로 시너지 효과를 일으키며 수천년 동안 각 사회에서 경제적 특권과 지배를 누려온 국가주도 법정화폐의 합리적인 대안의 근거가 되었다. 또한 근거가 더욱 강력해지고 명확해지면서 그 대안은 양적, 질적으로 점점 더 큰 영향력과 파급력을 발휘하고 있다. 앞서 수차례 다른 방식으로 설명되었지만 블록체인의 비트코인이 왜 훌륭한 대안이 될 수 있는지 살펴보겠다.

– 대안의 실체

비트코인(Bitcoin)을 한마디로 정의한다면 '기술실용상품'이다. 이름에서 유추되듯이 비트(Bit)는 기술을 의미하고 코인(coin)은 실용을 의미한다. 좀 더 세부적으로 보면 기술적으로는 블록체인을 기반으로 하고 있고 실용적으로는 거래를 위한 대안 화폐와 시스템을 모토로 한다. 즉, 비트코인은 블록체인을 기반으로 하고 있는 기술집합체이자 가치를 담고 쓰고 굴릴수 있는 가능성이 높은 상품이다. 여기에서 비트코인으로 정의되는 '상품'이란 우리가 화폐로 흔히 사고파는 그것과는 의미가 좀 다르다. 오히려 그 반대로 이 상품으로 일반 일상 속 상품은 물론 화폐마저 사거나 팔 수 있는 '상품적 성격의 화폐(Commodity currency, 이하 '상품화폐')'로 볼 수 있다. 이 상품화폐가 흥미로운 점은 내재적 가치없이 정부와 중앙은행의 법정화폐가 반강제로 부여한 신뢰를 기반으로 한 것과 달리 상품화폐는 자발적인 참여로 인한 사회적 합의(Public consensus)를 기반으로 했으며 그 사회적 합의에 의한 사회적 신용(Public confidence)이 위력을 발휘한다면 조악한 신용에 의지한 법정화폐는 그 가치를 잃을 수도 있다는 것이다.

어쨌든 그간 워낙 국가주도 법정화폐가 당연시되고 한 치의 의심없이 일상 속에서 편하게 사용해왔기 때문에 우리는 평상시 쓰는 화폐를 유일무이한 화폐로 생각해왔는지 모른다. 어쩌면 그 진리에 가까운 대전제를 의심하거나 내쳐야하는 시기가 다가오고 있는지도 모른다. 일찍이 오스트리아학파 경제학자들은 정부가 수천년 동안 돈을 독점하고 사람들을 착취한 것에 우리가 왜 그렇게 참아야 했는지 그리고 그 독점과 지배에 대해 근본적으로 의심하고 관심을 왜 가지지 않았는지에 대해 지적했다. 여태껏 다뤄왔던 내용대로라면 우리는 선지자들의 지적에 따라 진지한 고민과 결단력 있는 행동을 지금이라도 해야 하지 않을까.

그 고민과 행동이 필요한 이유는 바로 비트코인이 자유와 분배를 위한 촉매제이기 때문이다. 사토시가 비트코인의 최초 블록에 담은 메시지에서 알 수 있듯이 그것은 부패한 정부와 금융 기관에 대한 반발로 탄생했다. 또한 절대로 은행 업무를 더 효율적으로 하거나 금융 기술 발전을 위해 만들어진 것도 아니며 사토시와 초기 개발자들이 돈을 벌기위해 만든 것은 더더욱 아니다. 만약 그것들이 목적이었다면 기술적으로도 참여취지로도 시기적으로도 그 존재에 대해 전혀 설명이 되지 않으며 사토시와 초기 개발자들은 비트코인을 오픈소스로 개발하기는커녕 관련 특허와 수익모델을 쫓는데 사력을 다했을 것이다. 오히려 공고했던 국가의 화폐발행독점권을 건드림으로써 비트코인은 국가주도법정화폐 카르텔에 이의를 제기하고 글로벌 실용기술상품이자 기존 화폐와 시스템의 대안이 되어 그만의 기능을 발휘할 것이다.

Ⓑ 대안의 현주소

- 현대의 세계관

현대는 기계의 시대이다. 기계가 곧 우리의 생활방식이며 우리의 세계관은 기계에 집약되어 있다고 해도 과언이 아니다. 우리는 우주의 이러한 기계적 정교함에 감탄하고 그 정교함을 지구상에서 그대로 재현하고자 했으며 그 결과 현대인에게 역사는 기술발달의 과정이며 진보는 더욱 완벽한 기계를 만드는 일이 되어버렸다. 이것이 우리시대의 역사 패러다임이다. 그렇다면 수백 년 전부터 현재까지 인류사회를 지배한 '기계론적 세계관'을 만든 사람들은 누구인가.

현대 실용주의자들의 원조인 '프랜시스 베이컨(Francis Bacon)'은 1620년부터 세계를 구성하는 더 나은 방법이 있을것이라면서 "객관적으로 생각하고 증명하고 사실만 말해"라고 외쳤다. 베이컨이 새로운 세계관의 문을 열자마자 '르네 데카르트(Rene Descartes)'가 설계도를 들고 들어왔다. "수학이 인간에게 주어진 가장 강력한 지식 획득의 수단이며 수학은 모든 것의 원천이다"라면서 말이다. 그리고 기계론적 세계관의 진정한 신봉자인 데카르트의 뒤를 따른 인물은 '아이작 뉴턴(Issac Newton)'이었다. 그는 그 설계도에 따라 새로운 세계관을 완성시키기 위해 관성의 법칙, 힘과 가속도의 법칙, 작용과 반작용의 법칙 등 3가지 운동법칙을 포함한 유용한 도구를 제시했다. 즉, 베이컨이 판도라가 존재한다고 주장했다면 데카르트는 그 판도라를 발견했고 뉴턴이 그 판도라를 열 열쇠를 만들어 열어버린 것이다.

실제로 이 '기계론적 패러다임'은 단순하고 예측가능하며 무엇보다도 실효성이 있었다. 우주는 과연 어떻게 돌아가는가라는 희대의 의문이 비로소 해소된 것이다. 즉, 사물에는 질서가 존재하고 그 질서는 수학공식이나 과학적 관찰에 의해 밝혀질 수 있다는 것이다. 그런데 여기서 왜 사회 안에서 사람들의 정상적인 활동이 뒤엉키고 혼란스러운 것처럼 보이는가라는 의문이 생긴다. 우주가 돌아가는 법칙은 발견했지만 왜 사람들의 행동은 종잡을 수 없고 정부가 하는 일은 신통치 않으며 경제는 제멋

대로 흘러가는지에 대한 의문이 생겨났다. 그런데 이 의문은 의외로 쉽게 해소되어버렸는데 문제는 바로 우주를 지배하는 질서를 우리 사회가 따르지 않았기 때문이다. 인류에 새로운 이정표가 생긴 순간이었다.

상황이 이쯤 되자 인류사회를 새로운 이정표인 자연법칙에 맞게 욱여넣으려는 인물들이 등장한다. 우선 '존 로크(John Locke)'는 정부와 사회의 역할을 기계론적 질서 안으로 끌어들인다. 그는 인간사회가 자연법칙을 따르지 않아서 혼란스럽다고 결론을 내면서 각 개인은 사회구성원으로서 자기역할을 수행하면서 부를 축적하기 위해 노력하고 정부는 이런 개인들의 힘을 자연에 적용해서 부를 창출할 기반을 마련해야 한다고 말했다. 사람들이 무절제하게 부를 추구하고 그 과정에서 싸움이 있고 일부가 희생되지 않을까 하는 물음에도 그는 "인간은 그 천성이 선하나 악해진다면 그것은 부(富)가 부족하기 때문이다. 그런데 자연은 못 가진자들도 다 쓰고 남을 만큼 풍부하기에 싸울 필요가 없고 상호 간 이익이 상충하지 않기에 행동의 자유를 누릴 수 있다"고 말해버린다. 그는 '무한정한 확장'과 '물질적 풍요'의 철학자가 된 것이다. 또한 로크에 이어 '애덤 스미스(Adam Smith)' 역시 기계론적 세계관에 도취되어 새로운 경제이론을 만들어낸다. 그는 「국부론(The Wealth of Nations)」를 통해 움직이는 천체가 자연의 일정한 법칙을 따르는 것처럼 우리의 경제도 자연적인 법칙을 따르면 성장한다고 말했다. 정부의 규제와 통제가 있으면 경제는 부자연스러운 방향으로 끌려가고 비효율이 지나치게 발생해 결국 자연의 법칙이 깨진다는 것이다. 이 두 학자는 인간 활동의 기본은 물질적 자기 이익의 추구라고 믿었고 이는 지극히 자연스러운 것이며 결국 이기주의는 모든 사람에게 플러스가 되는 미덕이라고 주장했다. 즉, 더 많은 물질적 부가 축적 될수록 세계는 더욱 질서있게 되고, 진보는 물질적 풍요를 더욱 증대시키며 이때 과학과 기술이 유용한 도구가 된다는 것이다.[38]

- 블록체인 세계관

블록체인의 세계의 밑거름을 경제학자, 암호학자, 컴퓨터공학자 등이 만들었다면 사토시는 그 토양 위에 블록체인의 씨앗을 뿌리고 잘 가꾼 인물이다. 그는 블록체인을 최초로 제안하면서 블록체인 관리 프로그램인 비트코인 코어(Bitcoin Core)를 구현해 비트코인이라는 암호화폐를 생성했으며 그 거래내역을 블록체인으로 기록하도록 설계했다.

데카르트를 이은 뉴턴이 그랬듯이 실제 구현체인 블록체인 덕분에 사토시를 이은 수많은 개발자들이 비트코인과 다른 프로젝트를 통해 블록체인을 다양하게 활용한 수단들을 제시하고 있다. 하지만 아직까지 대중적 수용이 일어나기 위한 유의미한 기술 및 응용 수준에 도달하지 않아 새로운 산업혁명 내에서의 새로운 세계관을 보여주기에는 현재로서는 무리가 있다. 그렇지만 블록체인이 좋든 싫든 점점 더 많은 사람들이 그것의 잠재력을 발견하고 관심을 갖고 있다.

그런 의미에서 기계론적 세계관에 비추어볼 때 블록체인 세계관의 현 주소는 뉴턴이 운동법칙을 정립한 후 존 로크, 애덤 스미스 등 일부가 그 정립된 법칙을 정치, 사회, 경제 등에 적용하려는 바로 그 시점이라고 할 수 있다. 이 시점에 우리는 블록체인과 비트코인이라는 대안을 어떻게 대해야 하는가.

Ⓑ 대안을 대하는 자세

블록체인을 활용한 프로젝트들은 많지만 블록체인의 기본에 가장 충실하면서 그 역사를 제대로 관통한 것이 비트코인이기 때문에 여기서는 비트코인을 블록체인 기반의 암호화폐 전체의 의미로 여기면서 국가주도 법정화폐 및 시스템의 대안으로 간주해보겠다. 또한 그것을 대하는 우리의 자세에 대해 알아보고 비트코인이라는 대안을 받아들이기 위한 외적인 분석과 내적인 성찰의 중요성에 대해서도 살펴보겠다.

– 외적 분석: 비트코인은 어디로 향하는가

우리는 앞서 인류 역사의 기술, 경제, 역사, 사회, 국가와 정부 등 다방면으로 기본적 이해와 심층적 분석을 해봤다. 그 중 기술적인 메커니즘과 국가와 정부의 동향에 대해서 다시 살펴보겠다. 비트코인은 10년이 넘는 기간 동안 각 반감기마다 1번 이상의 등락 사이클을 반복해오고 있으며 그 자취를 토대로 볼 때 장기 상승세를 유지하고 있다. 따라서 거시적인 관점에서 보면 2020년 5월의 반감기와 정부 및 당국의 개입에 따라 앞으로의 비트코인 방향이 결정될 여지가 크다.

우선 비트코인 반감기의 선례를 보면 도래하기 전 짧게는 6개월, 길게는 1년 동안 하락추세가 상승추세로 전환됐고 반감기가 지나면 또 다른 호재들과 함께 더 큰 상승을 보였으며 따라서 반감기 이전 어느 시점에 확연한 상승세로 전환될 수도 있다. 다만 정부와 당국의 규제가 그 어느 때보다 명확해지고 있기 때문에 기존의 두 차례 반감기 때보다 상승효과가 예상과 다르게 진행될 수도 있다. 주요 선진국가들 특히 미국의 경우 비트코인에 대하여 수동적인 입장에서 능동적인 입장으로 태세전환을 하면서 미국 증권거래위원회(SEC) 및 상품선물관리위원회(CFTC)를 앞세워 규제마련과 제제조치를 동시에 펼치고 있으며 우리는 정부와 당국의 판단에 대하여 주시할 필요가 있다. 역사적으로 볼 때 북미 골드러시의 베틀러, 비트코인 이전에 존재한 전자골드 등은 수단과 방법을 가리지 않는 정부와 당국의 간섭 때문에 서서히 몰락했고 만약 비트코인도 그들에게 도움이 되지 않는다고 판단한다면 반감기 효과는 커녕 한때 반짝한 인류 최대의 버블로 기록될 수도 있다. 그런 의미에서 국가가 주도하는 디지털 화폐, 민간 기업이 주도하는 디엠, 그리고 블록체인 영역에서 자생해온 비트코인, 이더리움, 지캐시, 모네로, 레이븐코인, 테더, 다이 등을 지켜볼 필요가 있고 그와 더불어 자국통화가 독재정치, 인플레이션 등으로 몰락한 베네수엘라, 아르헨티나, 짐바브웨와 같은 국가의 상황도 지켜봐야 한다.

만약 정부와 당국이 비트코인을 내치지 않는다면 그것은 대안으로서의 잠재력을 더욱 뿜낼 것이며 그 과정에 있어서 생길 긍정적 요인과 부정적 요인에 대해서 알아보겠다.

우선 긍정적 요인으로는 대중적 수용이다. 아직까지는 비트코인의 포지션이 과연 '상품화폐'인지 '결제화폐'인지 정체성과 포지션이 애매하고 확장성, 편의성과 같은 이슈가 개선되어야 한다. 그게 어느 정도 개선되어야 일반인들이 비로소 혁신이 혁신인 줄도 모른 채 일상에서 활용할 것이며 그 결과가 대중적 수용일 것이다. 하지만 냉정하게도 아직까지는 대중을 납득시킬만한 활용성, 편의성, 확장성이 부족하다. 다만 전화기, 인터넷과 같은 혁신도 하루 아침에 일어나 일상을 탈바꿈하지 않은 것처럼 블록체인과 비트코인 역시 서서히 우리 일상 속에 스며들 것이다. 그리고 그렇게 서서히 스며드는 과정에서 개선된 기능 덕분에 대중을 충분히 수용 가능한 특이점(Critical mass)에 도달하는 순간, 비트코인을 포함한 암호화폐의 유의미한 활용사례(Use cases)들이 증폭되면서 그 진가를 발휘할지도 모른다.

부정적 요인으로는 다른 신기술과의 충돌이다. 예를 들면, 벌써부터 사람들은 양자컴퓨터의 등장을 걱정한다. 비트코인을 포함한 암호화폐는 그 이름에서 유추되듯이 암호화된 소프트웨어이자 통화를 목적으로 구현된 기술집약체이다. 그런데 양자컴퓨터가 나오면 기존 수퍼컴퓨터보다 월등한 컴퓨팅파워로 그 암호를 무력화시킨다는 불편한 가설이 있고 미래의 어느 시점에든 그것이 더 이상 가설이 아닌 현실이 될 수도 있다. 하지만 양자컴퓨터 역시 현실화될 때까지는 갈 길이 아직 멀고 블록체인 개발자들은 이미 양자컴퓨터에 대항할 수 있는 알고리듬 개발을 진행하고 있고 실제로 양자컴퓨터 시대에 암호화폐가 생존의 기로에 설지는 시간이 지나봐야 안다.

종합적으로 미시적 변동성을 보이겠지만 반감기 효과와 더불어 정부와 당국의 판단이 우호적이라면 비트코인은 대안으로서의 가능성을 충분히 보여줄 기회가 생길 것이다.

– 내적 성찰: 비트코인을 어떻게 봐야 하는가

필자를 포함한 블록체인 및 암호화폐 커뮤니티에 참여한 사람들이 경험상 깨달은 것이 있다면 그것은 바로 '관심과 참여'가 매우 중요하다는 것이다. 가령, 비트코인을 채굴하거나 매매할 수도 있고 관련 정보를 각종 커뮤니티에 전파할 수도 있다. 블록체인과 비트코인의 가치는 다른 브랜드처럼 단기간의 소수에 의한 지지로 이뤄지지 않는다. 오히려 충분한 시간을 통해 전전 더 많은 사람들이 모여 관심과 참여를 통해 그만의 가치가 구축되는 것이다. 가끔 사람들은 블록체인과 비트코인의 가치는 '어디서 오냐'고 묻지만 그때마다 역으로 그 가치가 발현되기 위해 '당신은 뭐하고 있냐'고 되묻고 싶다. 투자만 해도 머리 아픈 영역이지만 그것의 본질적인 가치가 어디로부터 나오는지 한번정도는 곰곰이 생각하는 것도 매우 의미 있을 것이다. 그런데 간단히 생각해보면 그 질문에 대한 답이 생각보다 쉽게 나올 수도 있다. 과거를 돌이켜 보면 민주주의에서의 투표권에도 남녀차별, 인종차별이 존재한 폐단이 있었다. 그 방식이 더 합리적이고 공정하다고 해도 대의민주주의 체제에서는 간접적으로 그 권리가 유효하며 그 효과마저도 저조한 투표율에 번번이 흐려진다. 백번 양보해서 투표율이 높고 공정하게 시행된다 해도 인간의 탐욕 때문에 중간에 정책의 혜택을 갉아먹는 힘 있는 자들이 존재한다. 여기까지만 봐도 자연스럽게 우리는 블록체인의 가능성을 발견할 수 있다. 블록체인 플랫폼에서는 인류 역사에 있어 투표제도, 시민권제도 등 혁신적인 사회제도라고 평가받는 것보다 더 평등하다. 즉, 성별이 뭐든 나이가 몇이든 종교나 출신이 어디든 묻지도 따지지도 않고 기여도에 따라서 보상이 투명하게 또 즉시 부여 가능하다. 현재 민주주의에 비해 완전한 대안은 아니더라도 현재 폐단의 민낯을 보여주는 역할을 수행하므로 여기서 우리는 그만의 가치를 발견할 수 있다. 내적 성찰에 있어 가장 조심해야 하는 것은 바로 무관심이다. 무관심은 동서고금을 막론하고 망조의 지름길이기 때문이다. 다행히 비트코인은 전에 없던 혁신치고는 적절한 기술로 적절한 시기에 선구자들에 의해 개발되고 성장하여 현재까지 큰 관심을 유지할 수 있었고 그 덕분에 커뮤니티와 시총이 지속적으로 커질 수 있었다.

- 대안의 미래

결론적으로 블록체인과 비트코인은 그 특성상 참여자들이 어떻게 행동하느냐에 따라 그 가치가 달라진다. 대안의 행복회로를 돌린다면 비트코인 또는 제2의 비트코인이 글로벌 화폐로 떠올라 중앙화와 탈중앙화의 조화, 인플레이션과 디플레이션의 균형, 국경을 넘는 효율성과 편의성을 성취할 수도 있다. 하지만 신이 내린 금도 이루지 못한 업적이기에 막연한 기대는 금물이다. 오히려 대안으로서의 실험적 역할이 더 현실적이다. 닉슨 쇼크이후 부분지급 제도 하에 신기루처럼 떠다니는 신용화폐를 몰아내고 중앙은행이 아닌 국가가 직접 화폐발행을 하되 그 모델로 비트코인을 삼기를 기대한다. 설령 발행량, 통화정책 등이 사전에 설정되지 않더라도 민관학이 모두 참여해 화폐 메커니즘을 결정한다면 부풀다 못해 터져버릴 것 같은 돈의 버블에 불안해하지 않을 것이다.

그러한 대안의 미래를 기다리면서 우리가 이성적으로 대안에 대한 관심도를 높이고 창의적인 아이디어 제안과 건전한 비판 등을 이어간다면 보다 현실적인 대안이 탄생할 것이다. 그런 날이 오기를 기다리며, 필자는 아래와 같은 제언을 마지막으로 남겨본다.

"역대 혁신처럼 블록체인과 비트코인은 실로 놀라운 아이디어이자 혁신적 기술이다. 그럼에도 결국엔 사람이 답이다. 즉, 그것을 어떻게 대하는지가 관건이라는 말이다. 역사적 패러다임은 늘 변했으며 그 사이클은 늘 존재했다. 다만 그 변동의 방향과 소요시간 등이 다를 뿐이다. 이러한 트렌드를 거부할 것인가 받아들일 것인가, 거부한다면 다른 대안이 있는가, 받아들인다면 준비가 되어 있는가. 과거 혁명이 그랬듯이 우리는 이 모든 의문에 생각과 행동으로 보여줘야 할 것이다."

- 오공

참고 자료

〈내용〉

[1], [4] https://p2pfoundation.ning.com/forum/topics/bitcoin-open-source

[2] https://news.bitcoin.com/the-satoshi-revolution-a-revolution-of-rising-expectations-chap1-part1/

[3] https://news.bitcoin.com/satoshi-revolution-chapter-2-currency-creates-freedom-and-civilization-or-oppression-part-4/

[5] https://news.bitcoin.com/bitcoin-history-part-6-the-first-bitcoin-exchange

[6] https://en.wikipedia.org/wiki/Silk_Road_(marketplace)

[7] https://en.wikipedia.org/wiki/Mt._Gox

[8] http://wiki.hash.kr/index.php/%EC%BD%94%EC%9D%B8%EB%B2%A0%EC%9D%B4%EC%8A%A4

[9] http://moneys.mt.co.kr/news/mwView.php?no=2018083118498045002&code=&MGTSN

[10] https://www.forbes.com/forbes/2011/0509/technology-psilocybin-bitcoins-gavin-andresen-crypto-currency.html#24bdf965353e

[11] http://www.kiri.or.kr/pdf/%EC%A0%84%EB%AC%B8%EC%9E%90%EB%A3%8C/KIRI_20100226_171058.pdf

[12] 21세기 미국의 패권과 지정학, 2014, 피터 자이한

[13] https://twitter.com/CremeDeLaCrypto/status/928241083988840448

[14] https://www.coinwire.com/survey-monkey-and-global-blockchain-business-council-study-american-attitudes-on-bitcoin

[15] https://www.investinblockchain.com/chinese-survey-finds-respondents-want-to-invest-in-crypto

[16] https://99bitcoins.com/bitcoin-price-and-value-deflation/

[17] https://dailyhistory.org/

[18] http://www.mshistorynow.mdah.ms.gov

[19] https://hackernoon.com/the-impact-of-bitcoins-deflationary-token-economics-on-its-viability-as-a-global-digital-currency-878f3042fb08

[20] https://news.bitcoin.com/the-satoshi-revolution-chapter-5-privacy-anonymity-and-pseudonymity-part-1/

[21] https://news.bitcoin.com/wendy-mcelroy-do-not-passively-nationalize-your-privacy/

[22] https://cointelegraph.com/news/antonopoulos-cash-settled-bitcoin-futures-traders-face-black-hole

[23] https://www.coindesk.com/trump-administration-popped-2017-bitcoin-bubble-ex-cftc-chair-says

[24] 비트코인 현상 블록체인 2.0, 2017, 마이클 케이시

[25] '화폐 경제 1', 중국 CCTV 다큐멘터리 〈화폐〉제작팀, 가나출판사, 2014

[26] https://medium.com/securitytokenacademy/overstock-medici-ventures-tzero-patrick-byrne-46668cbd09f1

[27] https://news.bitcoin.com/the-satoshi-revolution-chapter-2-how-and-why-government-outlawed-private-money/

[28] https://twitter.com/realdonaldtrump

[29] https://harrityllp.com/top-companies-in-blockchain-patents/

[30] http://blog.daum.net/zamsuham/11495676

[31] https://www.kdemo.or.kr/blog/world/post/344

[32] http://www.edujin.co.kr/news/articleView.html?idxno=23174

[33] https://www.kdemo.or.kr/blog/world/post/361

[34] https://news.bitcoin.com/satoshi-revolution-chapter-2-currency-creates-
freedom-and-civilization-or-oppression-part-4/

[35], [36] 버블경제학, 오바타 세키, 2009

[37] https://www.scmp.com/economy/china-economy/article/3039793/
chinas-yuan-10-years-ending-us-dollar-hegemony-says-jeffrey

[38] 엔트로피, 제레미 리프킨, 2015

〈사진〉

〈1〉 https://www.dw.com/en/bretton-woods-at-75-has-the-system-
reached-its-limits/a-49687599

〈2〉 https://thesocietypages.org/socimages/2010/03/08/the-graying-of-
america

〈3〉 https://blog.telegeography.com/2018-global-internet-map

〈4〉 https://medium.com/digitalassetresearch/monero-becomes-bulletproof-
f98c6408babf

〈5〉 https://blockgeeks.com/guides/what-is-zksnarks

〈6〉 https://fred.stlouisfed.org/series/BOGMBASE

비트코인 세계사

저   자 오공

저작권자 송승환

1판 1쇄 발행 2020년 11월 25일
1판 2쇄 발행 2021년 3월 25일

발 행 처 하움출판사
발 행 인 문현광
편   집 유별리
주   소 전라북도 군산시 수송로 315 하움출판사
I S B N 979-11-6440-700-2

홈페이지 http://haum.kr/
이 메 일 haum1000@naver.com

좋은 책을 만들겠습니다.
하움출판사는 독자 여러분의 의견에 항상 귀 기울이고 있습니다.

이 도서의 국립중앙도서관 출판예정도서목록(CIP)은 서지정보유통지원시스템 홈페이지(http://seoji.nl.go.kr)와
국가자료종합목록 구축시스템(http://kolis-net.nl.go.kr)에서 이용하실 수 있습니다.(CIP제어번호 : CIP2020042705)